"十三五"高职院校财经精品系列教材

企业财务报表分析实训

（第三版）

主 编 ◎ 韦秀华

西南财经大学出版社
Southwestern University of Finance & Economics Press

中国·成都

图书在版编目(CIP)数据

企业财务报表分析实训/韦秀华主编 . —3 版.—成都:西南财经大学出版社,2018. 12(2021. 1 重印)

ISBN 978-7-5504-3860-6

Ⅰ.①企… Ⅱ.①韦… Ⅲ.①企业管理—会计报表—会计分析
Ⅳ.①F275. 2

中国版本图书馆 CIP 数据核字(2018)第 298600 号

企业财务报表分析实训(第三版)

主　编:韦秀华

责任编辑:孙婧

责任校对:王青清

封面设计:何东琳设计工作室

责任印制:朱曼丽

出版发行	西南财经大学出版社(四川省成都市光华村街 55 号)
网　　址	http://www. bookcj. com
电子邮件	bookcj@ foxmail. com
邮政编码	610074
电　　话	028-87353785
照　　排	四川胜翔数码印务设计有限公司
印　　刷	郫县犀浦印刷厂
成品尺寸	185mm×260mm
印　　张	15. 5
字　　数	367 千字
版　　次	2019 年 1 月第 3 版
印　　次	2021 年 1 月第 2 次印刷
印　　数	3001— 5000 册
书　　号	ISBN 978-7-5504-3860-6
定　　价	39. 80 元

前言

随着我国资本市场的迅猛发展，广大投资者需要全面深入地了解企业的业绩，评价企业的投资价值，以便做出正确的投资决策。企业的债权人需要正确地评价企业的偿债能力以便做出信贷决策。企业的内部管理人员需要深入地分析企业的成本费用及利润变化趋势以便做出正确的管理决策。审计、税务部门需要通过对财务报告的审核及时地指出存在的问题。企业的供应商、客户需要正确地预测企业未来的走势。政府监管部门要对企业做出正确的判断和评价，并揭示企业中存在的问题。总之，企业所处的外部环境的各利益群体，需要从不同的方面了解、分析和评价企业，不同的利益群体代表的利益不同，分析报表的角度也会不同，所用的分析方法和技巧也不同。财务分析在现代经济生活中的地位和作用日渐凸显。近年来，我国许多高校开设了财务报表分析课程，以进一步培养和提高学生财务分析的能力。

但学习财务分析课程本身需要很好的财务会计基础，灵活地掌握和应用各种分析方法。在教学的过程中，本书作者深感现有的教材在训练学生思维方面力不从心。学生在学习财务报表分析课程时存在两大问题：一是对财务分析如何入手、分析的一般规律较难把握；二是缺乏现实的案例。而这两大问题正是影响学生财务分析能力提高的最大"瓶颈"。为此，本书作者编写了《财务报表分析实训》这本书。

本书分上、下两篇：上篇为案例分析点评篇，该篇通过两个上市公司的实际案例系统地介绍了企业财务报表分析的基本方法，重点阐述了从财务能力、财务结构等方面评价企业财务状况的一般思路；下篇为基础训练和实训篇，本篇有偿债能力分析、营运能力分析、盈利能力分析、获现能力分析、发展能力分析和综合分析六大模块。其中，基础训练是为课程的同步训练而设计，分单项选择、多项选择、判断、计算与分析等类型，通过本篇训练，为后面的案例实训奠定基础。每个模块均设计若干个上市公司的实际案例，以此营造一个企业财务分析的实训环境，增强学生的实际应用能力。总之，本书作者的初衷旨在通过"案例点评—基础训练—案例实训"这样一个学习步骤，完成"示范—实践"这样一个实训教学过程，使学生能更好地将理论与实践结合起来，迅速提高其财务分析的能力。

本书可作为财经院校特别是高职高专院校经济类专业财务报表分析课程的实训教程，同时，对所有想通过案例分析方法来提升其财务分析能力的朋友也有一定的参考价值。

　　最后，希望《财务报表分析实训》一书能对您学习和工作有所帮助；同时，衷心地希望您对书中可能出现的错漏提出宝贵意见。

目 录

上篇 案例分析点评

下篇 基础训练与实训

目　录

上篇
案例分析点评

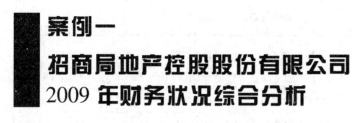

案例一
招商局地产控股股份有限公司
2009 年财务状况综合分析

【案例分析目标】

通过本案例读者能明确财务报表分析的基本内容，掌握企业财务状况评价的方法，并从中寻找企业存在的财务问题，预测企业的发展前景。

【案例分析资料】

3

【资料一】招商局地产控股股份有限公司 2009 年年度报告相关资料

下面是招商局地产控股股份有限公司 2009 年年报中的主要内容：

招商局地产控股股份有限公司 2009 年年度报告（摘要）

一、公司基本情况（如表 1-1-1 所示）

表 1-1-1　　　　　　　　　　　　公司基本情况

股票简称	招商地产、招商局 B
股票代码	000024、200024
上市交易所	深圳证券交易所
注册地址	深圳南山区蛇口工业区兴华路 6 号南海意库 3 号楼
注册地址邮政编码	518067
办公地址	深圳南山区蛇口工业区兴华路 6 号南海意库 3 号楼
办公地址的邮政编码	518067
公司国际互联网网址	http：//www. cmpd. cn
电子邮箱	investor@ cmpd. cn

二、会计数据和业务数据摘要

（一）主要会计数据（如表1-1-2所示）

表1-1-2　　　　　　　　　　　　　　主要会计数据

指标项目年度	2009 年（元）	2008 年（元）	本年比上年增减（%）	2007 年（元）
营业总收入	10 137 701 049	3 573 184 200	183.72	4 111 644 668
利润总额	2 273 730 035	1 301 864 971	74.65	1 454 440 222
归属于上市公司股东的净利润	1 644 143 880	1 227 615 829	33.93	1 157 877 638
归属于上市公司股东的扣除非经常性损益的净利润	1 654 768 378	1 254 636 882	31.89	1 069 028 729
经营活动产生的现金流量净额	7 054 731 333	−3 919 843 675	279.97	−4 002 591 582
总资产	47 897 160 497	37 437 014 995	27.94	25 107 163 682
归属于上市公司股东的股东权益	16 278 736 754	14 862 746 365	9.53	7 902 920 455
股本	1 717 300 503	1 717 300 503	0	844 867 002

（二）主要财务指标（如表1-1-3所示）

表1-1-3　　　　　　　　　　　　　　主要财务数据

指标	2009 年	2008 年	本年比上年增减	2007 年
基本每股收益（元/股）	0.96	0.94	2.13%	1.08
稀释每股收益（元/股）	0.96	0.94	2.13%	1.01
扣除非经常性损益后的基本每股收益（元/股）	0.96	0.96	0	0.99
加权平均净资产收益率	10.54%	13.70%	减少 3.16 个百分点	21.77%
扣除非经常性损益后加权平均净资产收益率	10.61%	14.01%	减少 3.40 个百分点	20.10%
每股经营活动产生的现金流量净额（元/股）	4.11	−2.28	280.26%	−4.74
指标项目年度	2009 年	2008 年	本年比上年增减	2007 年
归属于上市公司股东的每股净资产（元/股）	9.48	8.65	9.60%	9.35

（三）按国际会计准则调整对净利润和净资产的影响（未经审计，如表 1-1-4 所示）

表 1-1-4　　　　　**按国际会计准则调整对净利润和净资产的影响**　　　　单位：元

项目	归属于上市公司股东的净利润		归属于上市公司股东的净资产	
	2009 年	2008 年	2009 年	2008 年
按国际财务报告准则	1 644 143 880	1 227 615 829	17 618 565 983	16 202 575 594
按中国会计准则	1 644 143 880	1 227 615 829	16 278 736 754	14 862 746 365
境内外会计准则差异	—	—	1 339 829 229	1 339 829 229
其中：商誉调整	—	—	1 339 829 229	1 339 829 229
境内外会计准则差异说明	根据国际财务报告准则及中国会计准则计算的归属于上市公司股东的净利润没有差异，根据国际财务报告准则对归属于上市公司股东的净资产进行调整的主要原因：根据中国会计准则及其相关规定，同一控制下企业合并产生的股权投资差额应当调整资本公积，而国际财务报告准则对合并产生的商誉作为资产单独列示。			

三、股本变动及股东情况

（一）股份变动情况　（如表 1-1-5 所示）

表 1-1-5　　　　　　　　　　　　　**股份变动情况**

	本报告期变动前		报告期变动增减（＋，－）				本报告期变动后	
	数量（股）	比例（%）	送股	公积金转股	其他（股）	小计（股）	数量（股）	比例（%）
一、有限售条件股份	929 481 534	54.12	—	—	-42 050	-42 050	929 439 484	54.12
1. 国家持股	—	—	—	—	—	—	—	—
2. 国有法人持股	731 298 105	42.58	—	—	—	—	731 298 105	42.58
3. 其他内资持股	—	—	—	—	—	—	—	—
其中：境内非国有法人持股	—	—	—	—	—	—	—	—
境内自然人持股	—	—	—	—	—	—	—	—
4. 外资持股	197 709 640	11.51	—	—	-200	-200	197 709 440	11.51
其中：境外法人持股	197 709 640	11.51	—	—	-200	-200	197 709 440	11.51
境外自然人持股	—	—	—	—	—	—	—	—
5. 高管持股	473 789	0.03	—	—	-41 850	-41 850	431 939	0.03
二、无限售条件股份	787 818 969	45.88	—	—	42 050	42 050	787 861 019	45.88
1. 人民币普通股	646 407 544	37.64	—	—	26 850	26 850	646 434 394	37.64
2. 境内上市的外资股	141 411 425	8.24	—	—	15 200	15 200	141 426 625	8.24
3. 境外上市的外资股	—	—	—	—	—	—	—	—
4. 其他	—	—	—	—	—	—	—	—
三、股份总数	1 717 300 503	100.00	—	—	—	—	1 717 300 503	100.00

说明：

（1）有限售条件的外资持股系蛇口工业区下属子公司持股，报告期变化数为其券商对年初数的统计差异；

（2）报告期内，公司前任监事持有的有限售条件股份解除限售，转入无限售条件股份；

（3）有限售条件的股份包括：蛇口工业区直接持有的 A 股 693 419 317 股和间接持有的 B 股 197 709 440 股；漳州开发区直接持有的 A 股 37 878 788 股；高管持有的 A 股 238 664 股，B 股 193 275 股。

限售股份变动情况表（略）

（二）前 10 名股东、前 10 名无限售条件股东持股情况（如表 1-1-6 所示）

表 1-1-6　　　　前 10 名股东、前 10 名无限售条件股东持股情况　　　　单位：股

股东总数	94 965 户（其中，A 股 85 810 户，B 股 9 155 户）				
前 10 名股东情况					
股东名称	股东性质	持股比例	持股总数	持有有限售件股份数量	质押或冻结的股份数量
蛇口工业区	国有法人	40.38%	693 419 317	693 419 317	无
全天域投资	境外法人	5.48%	94 144 050	94 144 050	无
招商证券香港有限公司	境外法人	2.97%	50 479 885	49 242 245	无
漳州开发区	国有法人	2.21%	37 878 788	37 878 788	无
FOXTROT INTERNATIONAL LIMITED	境外法人	1.61%	27 720 000	27 720 000	无
ORIENTURE INVESTMENT	境外法人	1.55%	26 603 145	26 603 145	无
鹏华优质治理股票型证券投资基金（LOF）	境内非国有法人	1.10%	18 839 837	0	未知
中国人寿保险股份有限公司—分红—个人分红—005L-FH002	境内非国有法人	0.99%	17 000 115	0	未知
鹏华价值优势股票型证券投资基金	境内非国有法人	0.78%	13 371 593	0	未知
中国人寿保险股份有限公司—传统—普通保险产—005L-CT001	境内非国有法人	0.66%	11 405 620	0	未知
持股情况说明	招商证券香港有限公司持有的 49 242 245 股系由达峰国际委托买入				
前 10 名无限售条件股东					
股东名称	持有无限售条件股份数量		股份种类		
鹏华优质治理股票型证券投资基金（LOF）	18 839 837		A 股		
中国人寿保险股份有限公司—分红—个人分红—005L-FH002	17 000 115		A 股		
鹏华价值优势股票型证券投资基金	13 371 593		A 股		

表1－1－6（续）

中国人寿保险股份有限公司－传统－普通保险产品－005L－CT001	11 405 620	A 股
富国天瑞强势地区精选混合型开放式证券投资基金	10 137 461	A 股
华夏蓝筹核心混合型证券投资基金（LOF）	9 602 600	A 股
鹏华动力增长混合型证券投资基金	9 410 467	A 股
景顺长城精选蓝筹股票型证券投资基金	9 367 100	A 股
DREYFUS PREMIER INVESTMENT FDS INC. － DREYFUS GREATER CHINA FD	8 378 941	B 股
景顺长城鼎益股票型开放式证券投资基金	8 079 699	A 股
上述股东关联关系或一致行动的说明型证	①鹏华优质治理股票型证券投资基金、鹏华价值优势股票型证券投资基金、鹏华动力增长混合投资基金同属鹏华基金管理有限公司管理；②景顺长城精选蓝筹股票型证券投资基金、景顺长城鼎益股票型开放式证券投资基金同属景顺长城基金管理有限公司管理	

（三）　公司控股股东及实际控制人情况简介

1. 控股股东：蛇口工业区

法定代表人：傅育宁

注册时间：1992 年 2 月

注册资本：人民币 22.36 亿元

经营范围：交通运输、工业制造、金融保险、对外贸易、房地产、邮电通信、旅游、文艺演出、有限广播电视业务、酒店和其他各类企业的投资和管理；码头、仓储服务；所属企业产品的销售和所需设备、原材料、零配件的供应和销售；举办体育比赛；提供与上述业务有关的技术、经营、法律咨询和技术、信息服务。

2. 实际控制人：招商局集团

法定代表人：秦晓

注册时间：1986 年 10 月

注册资本：人民币 63 亿元

经营范围：水陆客货运输及代理，水陆运输工具、设备的租赁及代理，港口及仓储业务的投资和管理，海上救助、打捞、拖航；工业制造；船舶、海上石油钻探设备的建造、修理、检验和销售；钻井平台、集装箱的修理、检验；水陆建筑工程和海上石油开发工程的承包、施工及后勤服务；水陆交通运输设备及相关物资的采购、供应和销售；交通进出口业务；金融、保险、信托、证券、期货行业的投资和管理；投资管理旅游、酒店、饮食业及相关服务业；房地产开发及物业管理、咨询业务；石油化工业务投资管理；交通基础设施投资及经营；境外资产经营；开发和经营管理深圳蛇口工业区、福建漳州开发区。

四、董事、监事、高级管理人员和员工情况（略）

五、董事会报告

（一）管理层讨论与分析

1. 2009 年经营环境分析

从年初的"危机重重"，到明显的"V"型反转，中国宏观经济在挑战和压力中成功走过了 2009 年。而中国房地产市场在 2009 年更是经历了一个从低迷到迅速升温的过程，为宏观经济的企稳回升发挥了举足轻重的作用。房地产市场逐步繁荣的动力来自国家积极的财政政策和适度宽松的货币政策。然而，经济刺激计划促进中国房地产乃至中国经济回稳的同时也带来了通货膨胀预期和部分城市资产价格泡沫隐患。公司认为，资产价格泡沫的积聚不利于行业的健康发展，因此，政府推出调控政策势在必行。公司相信，在全社会共同努力下，中国的房地产业必将健康前行。

2009 年，招商局地产控股股份有限公司（以下简称"招商地产"）25 岁了。从精耕蛇口到布局全国，公司继承了招商地产一贯的稳健经营风格，并以先进的经营理念，精益求精的专业追求、敢于担当、注重人文关怀的核心价值观，锤炼成一个稳健但不乏个性的企业。25 年的历练，逐渐形成了招商地产特色的核心竞争力。

作为国务院国有资产监督委员会（以下简称"国资委"）保留的 16 家以"房地产开发与经营"为主营业务的央企之一，公司是招商局集团下属的唯一经营房地产业务的平台。招商局集团力争将公司打造成一个有实力、有责任的地产旗舰，在资源及资金的获取上，集团凭借其较为强大的综合实力将逐渐加大对公司的支持力度，成为公司发展的强大后盾。

公司的优势还来自多年经营积累并逐步成熟的"住宅与商业并举模式""绿色地产技术"和"社区综合开发经验"。公司在经营房地产开发销售业务的同时逐年增加商业租赁物业，目前拥有约 70 万平方米可租物业，大部分集中在蛇口海上世界商业圈。随着 2010 年蛇口地铁开通的临近及深港合作一体化的深入，公司的商业出租物业增值空间非常广阔。未来，大股东对建设蛇口太子湾国际邮轮母港和海上世界 CBD 的大手笔规划，以及其他城市商业地产的逐步增加，将给公司商业地产业务的发展提供更充足的资源，并为公司金融创新、融资渠道多元化提供新的空间。

绿色地产技术的领先和实践，使公司产品更具有独特的竞争力。在绿色地产技术方面，公司走在了同行的前列，可以说是国内"绿色地产"的领跑者。源于对行业乃至城市的可持续发展的思考与担当，对新的居住以及房地产开发模式不断地探索，公司于 2004—2009 年分别以"可持续发展的理念与实践""绿色社区和谐家园""绿色建筑循环经济""绿色实践城市再生""绿色开发城市更新""绿色新城低碳发展"为主题举办了六次"中外绿色地产论坛"。历经六届，中外绿色地产论坛已经成为境内外生态开发和绿色建筑领域内的专家、学者以及媒体的年度盛会，也是目前中国绿色开发领域学术水平最高的公益性国际会议之一。在倡导绿色地产理念的同时，公司积极应用绿色技术，建造"绿色建筑"。通过采用温湿度独立控制空调、太阳能光伏电池、集中新风系统等各种不同的节能技术，公司在探索实践中建造出深圳泰格公寓、广州金山谷、深圳南海意库等一批高舒适、低能耗的绿色建筑，并获得了行业认可和高度的评价。从2001年至2009年，公司获得了37项省级以上的"绿色荣誉"，其中广州金山谷项目更是荣获2009年联合国人居署颁发的联合国HBA"人居最佳范例奖"，这是我国唯一当选的获奖项目，且全球仅有5个项目获此殊荣。目前，公司正在全国各个项目中推广绿色技术体系，使之标准化、普及化，着力打造更多的绿色节能建筑。

社区综合开发，仍然是公司突出的优势所在。社区综合开发理念解决了对居民生活多样需求的整体大循环问题，使社区具有很强的凝聚力和多重社会功能，为社区开发提供一套最为合适的综合解决方案，为社区赋予真正的活力和良性运作的发展动力。蛇口这11平方千米就是最好的例证。如今，公司正在尝试将综合社区开发方式有选择地复制到其他地区的项目中，成为进行异地扩张的核心竞争力。在广州金山谷、苏州小石城、重庆江湾城、北京公园1872都可以看到产品类型多样、涵盖面广的大型社区正在形成。

对公司而言，随着规模化发展和经营管理流程的逐步成熟，现正步入精细化管理的阶段。2009年公司重点加强了对成本、营销、服务三项能力的提升，做到全过程成本控制、全员营销、全员服务。

降低成本是企业管理的永恒主题之一。2009年公司深入开展持续降低成本工作，优化成本目标管理体系，执行从项目总投资、成本估算、成本目标、执行预算四阶段的控制体系，逐级降低目标成本；并针对成本细项的主要环节提出改进方案，特别是做实策划设计源头阶段的成本控制，对主体结构、公共部位装修会所样板房及景观工程等影响成本的关键环节和主要要素执行限额设计，从设计环节把控主要成本项，有效降低了项目的目标成本。在费用管理方面，公司执行预算刚性管理，严控行政开支，实行总额和可控费用分项双不突破的严格管理，有效控制了管理费用的增长。

继2008"销售年"之后，2009年公司提出全员营销的口号。在市场乏力的年初，公司谨慎而不悲观，坚持"灵活应对、快速反应"的销售策略，全面建设公司全国营销体系，形成专业的销售技术共享平台。之后，随着市场出现复苏迹象，公司及时提出"把握时机、加速销售"的阶段性策略。销售策略和销售力度的及时调整，使公司全年销售总额完成近150亿元。

2009年是公司的"服务年"。公司通过推行"郁金香行动"，从准交楼、入伙、投诉处理三大关键环节落实十一项措施，如举办"客户开放日"、设立"项目经理接待处"、开通"保修绿色通道"，致力于进一步建立有招商地产特色的服务体系。公司首先启动了PDA验房系统和制度，不仅将验房所有环节的信息全部系统化、实效化，而且将客户反馈的所有信息全部电子化和档案化，全方位与客户信息无缝对接；设置了完善的监督体系，所有服务内容均纳入公司内部考核体系。"郁金香行动"整合并提升了"客户服务"的多项内涵，兑现了公司"家在情在"的诺言，赢得了客户的认可与肯定，具体表现为商品房交付时客户问题的明显降低，客户的满意度不断提升。

公司一贯坚持"规模、质量、效益"均衡发展的原则。公司对满足企业发展所需的土地、资金、债务等关键要素建立了均衡发展关系的财务模型，为防范经营和财务风险起到了重要作用。公司继续进行多元化融资，满足公司生产经营对资金的需求。抓住有利时机优化债务结构，增加中长期借款在有息债务中的比重。截至报告期末，公司中长期借款占总借款的70%且多数为固定利率；通过锁定借款期限和利率，较有效地控制资金成本，为公司的后续发展提供强有力的支持。

面对火爆的土地市场，公司始终遵循稳健储地的原则，在坚持积极争取的同时保持清醒的头脑，谨慎拿地。2009年公司通过合作竞拍等方式取得重庆弹子石地块、天津靖江路地块等各城市核心地段的六幅土地，新增规划建筑面积196万平方米，其中权益建筑面积108万平方米，为公司的可持续发展储备了资源。

2. 公司经营情况回顾

（1）总体经营情况

2009年，公司面对行业形势的快速转变，积极洞察和把握行业复苏时机，适时调整开发节奏和销售策略，以市场为导向、以服务为主题，开发和销售都实现了突破，取得了良好的经营业绩。全年实现营业收入总额101.38亿元，归属于上市公司股东的净利润16.44亿元，较2008同期增长34%。

营业收入中，商品房销售收入为84.90亿元，结算面积为62.48万平方米。商品房销售收入含按建造合同确认的尚未结算的项目收入为0.53亿元，本期尚未结算；投资性物业租赁收入为4.83亿元，租赁面积累计达661万平方米；园区供电销售收入为5.99亿元，售电77 606万度；园区供水销售收入为0.65亿元，售水2 556万吨。

报告期内，公司取得了不俗的销售业绩，完成房地产签约销售金额148.42亿元，销售面积121.19万平方米，平均售价约12 247元/平方米，销售业绩超额完成年初计划，销售金额和销售面积分别较去年增长131%和172%。

（2）主营业务经营情况

①房地产开发与销售。报告期内，公司在11个城市同时进行房地产开发，截至2009年年末，公司在售面积为21.4万平方米，在建面积为357万平方米。

②投资性物业的经营。受金融危机影响，2009年投资性物业的整体出租率有所下降，对此，公司采取措施提升服务品质，积极维护优质老客户，使租金单价比上年有所增加，一定程度上抵消了出租率下滑对业绩造成的负面影响。通过努力，全年完成租金收入4.83亿元，累积出租面积661万平方米，主要经营指标与2008年基本持平。2009年投资性物业概况如表1-1-7所示。

表1-1-7　　　　　　　　　　2009年投资性物业概况

物业类别	可租面积（万平方米）	累计出租面积（万平方米）		出租率（%）	
		2009年	2008年	2009年	2008年
公寓	11.07	92.18	101.31	69	81
别墅	6.59	59.49	68.90	75	87
写字楼	19.92	179.03	181.74	74	75
商铺	17.05	180.63	186.92	88	95
厂房及其他	15.63	149.93	149.08	82	86
合计	70.26	661.26	687.95	79	84

③园区供电供水。受园区内工业用户迁移、水电用户结构调整的影响，供电供水业务量2009年仍有一定幅度的下降。全年售电量为77 606万度，实现售电收入59 949

万元；全年售水量 2 556 万吨，实现售水收入 6 541 万元。近年供电、供水业务量情况如表 1-1-8 表所示。

表 1-1-8　　　　　　　　近年供电、供水业务量一览表

业务名称	单位	2009 年	2008 年	比上年增减
供电量	万度	77 606	84 146	−7.77%
供水量	万吨	2 556	2 841	−10.04%

④物业管理。2009 年年度，公司物业管理以配套地产业务为核心，抓住"客户服务年"主题，以提升品质为工作主线，通过安全保品质、培训促品质、创新升品质，用高品质服务地产新项目、拓展市场新项目、稳固重要在管项目，实现了客户满意程度高的目标。全年实现管理收入 3.83 亿元，较 2008 年同期增长 27%。物业管理面积变动如表 1-1-9 所示。

表 1-1-9　　　　　　　　物业管理面积变动表

业务分类	2009 年（万平方米）	2008 年（万平方米）	比上年增减（%）
委托管理	996	869	14.61
顾问管理	188	588	−68.03

（3）主营业务分行业产品情况表（如表 1-1-10 所示）

表 1-1-10　　　　　　　　主营业务分行业产品情况表

分行业	营业收入（万元）	营业成本（万元）	毛利率（%）	营业收入比上年增减（%）	营业成本比上年增减（%）	毛利率比上年增减百分点
房地产开发销售	848 983	480 325	43	338	392	−7
出租物业经营	48 251	25 731	47	−4	−1	−1
房地产中介	12 737	9 104	29	112	61	23
园区供电供水	66 491	48 597	27	−12	−9	−3
物业管理	38 279	31 442	18	27	22	4
工程施工收入	1 340	1 327	1	—	—	—

（4）主营业务分地区情况表（如表 1-1-11 所示）

表 1-1-11　　　　　　　　主营业务分地区情况表

地区	营业收入（万元）	营业收入比上年增减（%）
环渤海地区	116 893.00	85.61
长三角地区	270 944.00	425.09
珠三角地区	605 659.00	165.13

表1-1-11（续）

地区	营业收入（万元）	营业收入比上年增减（%）
其他地区	20 174.00	45.23
合计	1 013 670.00	183.72

（5）采取公允价值计量的项目（如表1-1-12所示）

表1-1-12　　　　　采取公允价值计量的项目　　　　　单位：元

项目	期初金额	本期公允价值变动损益	计入权益的累计公允价值变动	本期计提的减值	期末金额
以公允价值计量且其变动计入当期损益的金融资产	97 331 980.00	-90 894 501.00	—	—	6 437 479.00
其中：衍生金融资产	97 331 980.00	-90 894 501.00	—	—	6 437 479.00
可供出售金融资产	1 743 773.00		3 154 467.00		4 898 240.00
金融资产小计	99 075 753.00	-90 894 501.00	3 154 467.00		11 335 719.00
金融负债	0.00	12 769 002.00	—		12 829 413.00
合计	99 075 753.00	—			-1 493 694.00

（6）募集资金使用情况

2008年公司使用的募集资金包括：2007年非公开发行A股股票募集资金和2008年公开发行股票募集资金，募集资金投资重大项目、项目进度及收益情况如表1-1-13、表1-1-14所示。

表1-1-13　　　　2007年非公开发行A股股票募集资金投资项目、

项目进度及收益情况　　　　　单位：万元

实际募集资金总额		229 217	本年度已使用募集资金总额		16 439	
			已累计使用募集资金总额		221 166	
承诺项目	是否变更项目	拟投入金额	实际投入金额	是否符合计划进度	预计收益总额	实现收益总额
收购深圳招商地产5%股权	否	40 000	40 000	是	N/A	11 251
收购新时代广场写字楼	否	88 000	88 000	是	16 491	5 302
收购美伦公寓土地使用权并开发建设	否	25 000	16 949	见说明③	6 793	—
海月华庭	否	33 000	33 000	是	14 733	15 137
南京依云溪谷1~2期（原仙林项目）	否	43 217	43 217	是	16 116	21 350

表1-1-13（续）

合计	—	229 217	221 166	—	—	53 040
是否达到计划进度和预计收益的说明	①公司原募集说明书预计深圳招商地产2007年之后净利润可保持稳定增长。深圳招商地产2007年年度、2008年年度和2009年年度实现的归属于母公司股东的净利润分别为91 473万元、57 876万元和117 487万元，2009年度的净利润高于2008年度的净利润 ②新时代广场写字楼于2007年年度、2008年年度及2009年年度实现收益分别为659万元、2 226万元及2 417万元。由于公司购入新时代广场后采用更为稳健的折旧政策，该楼宇年折旧额较上市公告书中测算效益相关的年折旧额高782万元，且上市公告书中测算效益时使用的税率系15%，低于实际税率。如按上市公告书中折旧和税率口径计算，2007年、2008年及2009年新时代广场实现收益基本达到预期收益水平 ③因为募集资金到位比预计的晚，美伦公寓项目的募集资金使用进度比预计的延后。截至2009年12月31日，美伦公寓项目正在开发中，尚未产生效益 ④依云溪谷承诺效益包括两期项目收益，共计16 116万元，其中承诺依云溪谷一期净利润为人民币4 945万元，依云溪谷二期净利润为11 171万元。截至2009年12月31日，依云溪谷一期累计结转销售面积比例为98%，依云溪谷二期累计结转销售面积比例为100%，两期项目共实现净利润21 350万元，达到预期收益水平					
变更原因及变更程序说明	无变更					
尚未使用的募集资金用途及去向	截至2009年12月31日，公司尚未使用的募集资金为8 051万元，占所募集资金总额的3.51%。尚未使用的募集资金将于2010年陆续投入于美伦公寓项目中					

表1-1-14　2008年公开发行股票募集资金投资项目、项目进度及收益情况　单位：万元

实际募集资金总额		577 722		本年度已使用募集资金总额		140 889
				已累计使用募集资金总额		487 713
承诺项目	是否变更项目	拟投入金额	实际投入金额	是否符合计划进度	预计收益总额	实现利润总额
花园城数码大厦	否	22 722	21 006	是	2 029	-206
花园城五期	否	22 000	22 000	是	8 830	N/A
科技大厦二期	否	16 000	16 000	是	1 421	N/A
招商局广场（原领航塔）	否	44 000	44 000	是	31 973	N/A
伍兹公寓（原领航园）	否	34 000	32 086	是	13 462	N/A
雍景湾	否	130 000	93 660	是	52 198	N/A
招商观园	否	40 000	21 815	是	50 523	N/A
招商澜园	否	70 000	60 653	是	37 115	N/A
天津星城（原卫津南路）	否	60 000	55 374	是	111 088	7 455
招商江湾城	否	40 000	40 000	是	68 424	N/A
依云水岸三期	否	26 000	20 406	是	15 088	7 610

表1-1-14(续)

招商南桥雅苑（原南桥项目）	否	35 000	30 740	是	18 653	N/A
招商雍华苑（原颛桥项目）	否	38 000	29 973	是	27 485	N/A
合计	—	577 722	487 713	—	—	—
预计收益的说明	①花园城数码大厦项目全部用于出租，投资回收期约为14年（含建设期），承诺内部收益率为8.93%。花园城数码大厦于2009年11月开始对外出租，由于仍处于租赁推广期，因此2009年尚未达到预期收益。②科技大厦二期项目全部用于出租，投资回收期约为14年（含建设期），承诺内部收益率为8.88%。③截至2009年12月31日，天津星城项目累计结转销售面积比例为11%，实现净利润7 455万元，预计全部结转可达到预期收益。④截至2009年12月31日，依云水岸三期累计结转销售面积比例为100%，实现净利润人民币7 610万元，依云水岸三期于2008年8月开盘，由于2008年年度经济形势有悖于预期，因此未达到预期收益。⑤截至2009年12月31日，除花园城数码大厦项目、天津星城项目和依云水岸三期项目外，其他募集资金投资项目均在开发中，尚未实现效益
变更原因及变更程序说明	无变更
尚未使用的募集资金用途及去向	截至2009年12月31日，公司尚未使用的募集资金为90 009万元，占所募集资金总额的15.58%。尚未使用的募集资金将于2010年陆续投入9个尚未投入的项目中

（7）非募集资金投资重大项目、项目进度及收益情况（如表1-1-15所示）

表1-1-15　　　　非募集资金投资重大项目、项目进度及收益情况

项目名称	2009年投资（万元）	投资额较上年增长（%）	项目进度	2009年收益情况
南京G67项目	143 181	—	前期策划	—
天津靖江路项目	66 206	—	前期策划	—
漳州南炮台项目	63 269	—	前期策划	—
深圳尖岗山项目	54 654	—	前期策划	—
佛山依云水岸	49 057	42	一期已竣工入伙，二期主体施工	实现毛利6 762万元
北京公园1872	37 338	27	一期9号楼竣工入伙，其余尚在施工	实现毛利1 308万元
北京溪城家园	33 418	19	一期主体封顶	
苏州小石城	28 673	20	一期已竣工入伙，二、三期已开工	实现毛利11 726万元
广州金山谷	28 483	27	一期已竣工入伙，二、三期已开工	实现毛利16 510万元
曦城二至五期	28 379	9	二期已竣工入伙，三、四期已开工	实现毛利54 425万元

表1-1-15（续）

项目名称	2009年投资（万元）	投资额较上年增长（%）	项目进度	2009年收益情况
珠海招商花园城一期（A）	24 864	135	主体施工	—
深圳招商果岭花园	22 251	116	前期策划	—
依山郡	21 357	99	已竣工入伙	实现毛利14 753万元
珠海招商花园城二、三期（B）	15 668	58	已开工	—
招商海湾花园	13 312	23	已开工	—
上海海德花园二至四期	11 213	9	二期及三期北区已竣工入伙，三期南区主体施工	实现毛利5 443万元
佛山依云上城	9 183	6	一期主体施工	—
兰溪谷二期	7 513	12	已竣工	实现毛利50 415万元
天津西康路36号	6 555	20	别墅已竣工入伙，其余尚在施工	实现毛利9 242万元
重庆招商花园城	3 907	31	前期策划	—
兰溪谷二期二号地块	3 176	20	主体已封顶	—

（二）公司财务状况分析

1. 财务状况变动情况分析（如表1-1-16所示）

表1-1-16 财务状况变动情况

项目	2009年（万元）	2008年（万元）	变动幅度（%）	主要影响因素
交易性金融资产	644	9 733	-93	因本期NDF合同交割减少及NDF市场价格波动而减少
预付款项	875	2 832	-69	预付工程款减少
其他应收款	192 651	77 851	147	预付拍地保证金及定金增加
其他流动资产	62 480	22 760	175	房地产销售收入增加致预缴税金增加
在建工程	1 925	3 961	-51	在建工程竣工转入固定资产
递延所得税资产	29 049	4 088	611	预提土地增值税产生的暂时性差异确认的递延
短期借款	137 293	361 396	-62	因本期归还部分借款而减少
应付票据	25 790	14 329	80	本期新增银行承兑汇票
应付账款	270 552	186 369	45	应付地价款及工程款增加
预收款项	949 846	273 147	248	预收售房款增加

表1-1-16(续)

项目	2009 年 （万元）	2008 年 （万元）	变动幅度 （%）	主要影响因素
应付职工薪酬	16 283	12 190	34	职工薪酬增加
应交税费	58 986	27 055	118	应付所得税及增值税增加
应付利息	2 187	4 105	-47	银行借款减少所致
应付股利	10 775	878	1127	子公司应付少数股东利润增加
其他应付款	583 533	315 457	85	子公司少数股东投入的项目垫款及关联公司借款增加
其他流动负债	184 356	45 907	302	房地产销售收入增加致预提土地增值税增加
长期应付款	4 647	3 329	40	应付本体维修基金增加
少数股东权益	202 330	141 676	43	合作项目注册资本及实现利润增加所致

2. 资产负债构成情况分析（如表1-1-17所示）

表1-1-17　　资产负债构成情况

项目	2008 年		2009 年		比重变化 百分比	主要影响因素
	金额 （万元）	占总资产 比重（%）	金额 （万元）	占总资产 比重（%）		
货币资金	948 949	20	738 913	20	—	预收售房款增加
存货	3 046 118	64	2 386 930	64	—	业务规模扩大
投资性房地产	278 784	6	263 298	7	-1	新增主要为花园城数码大厦
短期借款	137 293	3	361 396	10	-7	因本期归还部分借款而减少
应付账款	270 552	6	186 369	5	1	应付地价及工程款增加
预收款项	949 846	20	273 147	7	13	预收售房款增加
其他应付款	583 533	12	315 457	8	4	子公司少数股东投入的垫款及关联公司借款增加
长期借款	572 030	12	680 732	18	-6	因本期归还部分借款而减少

3. 报告期内损益项目及所得税的变动情况（如表1-1-18所示）

表1-1-18　　报告期内损益项目及所得税的变动情况

项目	2009 年 （万元）	2008 年 （万元）	变动幅度 （%）	主要影响因素
营业收入	1 013 770	357 318	184	房地产销售收入增加

表1-1-18(续)

项目	2009 年 （万元）	2008 年 （万元）	变动幅度 （％）	主要影响因素
营业成本	596 174	209 777	184	房地产销售成本增加
税金及附加	162 322	26 498	513	房地产销售收入增加致税金增加
财务费用	−1 536	3 091	−150	利息收入增加上年计提了专项存货减值准备及其他应收
资产减值损失	20 382	40 765	−100	坏账准备
公允价值变动收益	−10 366	14 547	−171	NDF 业务公允价值变动损失
投资收益	30 457	80 282	−62	上年因处置子公司产生较大收益
营业外支出	3 043	1 252	143	预计负债支出增加
所得税费用	51 926	20 986	147	应税利润增加

4. 报告期内现金流量构成变动情况（如表 1-1-19 所示）

表 1-1-19　　　　　　报告期内现金流量构成变动情况

项目	2009 年度 （万元）	2008 年度 （万元）	增减额 （万元）	增长率 （％）	主要 影响因素
经营活动产生的现金流量净额	705 473	−391 984	1 097 457	280	房地产销售收入增加
投资活动产生的现金流量净额	−44 579	−41 924	−2 655	−6	处置子公司收益减少
筹资活动产生的现金流量净额	−518 914	816 445	−1 335 359	−164	归还银行借款

5. 产品销售及主要技术人员变动情况等与公司经营有关的信息

报告期内，公司主要销售及技术人员无重大变化。

6. 主要子公司、参股公司的经营情况及业绩分析（如表 1-1-20 所示）

表 1-1-20　　　　　　主要子公司、参股公司的经营情况及业绩分析

公司名称	主要产品 或服务	注册 资本 （万元）	总资产		净资产		营业利润		净利润	
			金额 （万元）	比上年 增减 （％）	金额 （万元）	比上年 增减 （％）	金额 （万元）	比上年 增减 （％）	金额 （万元）	比上年 增减 （％）
深圳招商地产	房地产	50 000	2 255 948	28	346 602	327	160 346	131	117 487	103
招商供电	园区供电	5 700	160 421	7	76 903	20	14 432	−29	12 676	−25
招商水务	园区供水	4 300	21 024	8	15 942	−2	292	−21	280	96
招商局物业	物业管理	2 500	33 501	22	7 384	21	2 509	22	1 811	12
苏州招商地产	房地产	3 000	52 292	25	3 000	−80	10 600	324	7 951	320
广州招商地产	房地产	5 000	180 155	−9	14 020	2995	16 274	559	13 566	483
天津招胜房地产	房地产	3 000	142 082	−12	7 649	434	7 763	701	6 215	583
佛山鑫城房地产	房地产	12 700	214 697	53	97 747	4	4 633	366	3 893	324

表 1 - 1 - 20（续）

公司名称	主要产品或服务	注册资本（万元）	总资产		净资产		营业利润		净利润	
			金额（万元）	比上年增减（%）	金额（万元）	比上年增减（%）	金额（万元）	比上年增减（%）	金额（万元）	比上年增减（%）
苏州招商南山房地产	房地产	10 000	131 912	-11	20 661	9	9 794	1150	7 593	918
南京招商地产	房地产	3 000	193 894	184	22 978	239	21 500	297	16 192	291

7. 重大资产减值

（1）存货减值准备

2008 年年末，公司按照企业会计准则及公司会计政策的相关规定及要求，根据当时的市场情况，结合项目的销售预期，对佛山依云上城和苏州唯亭两个项目计提了存货跌价准备合计人民币 29 621 万元。本报告期末，根据最新市场、销售情况及项目的销售预期，公司重新对所有项目进行了减值测试。其中，佛山依云上城和苏州唯亭两个项目于 2009 年年末的可变现净值与账面价值（已扣除减值准备）的差额较小，仍然存在减值风险，故 2009 年年末对上述项目维持计提减值准备的判断。

除此之外，无其他房地产项目的重大减值迹象。

（2）应收款项减值准备

2008 年年末，子公司香港瑞嘉未如约定期限交纳南京栖霞区仙林湖 G82 地块的首期土地款，对已经支付的竞买保证金港币 12 250 万元全额计提了坏账准备。2009 年 12 月，公司接到项目所在地国土资源局通知，认定子公司香港瑞嘉主动放弃竞得资格，已支付的拍地保证金不予退回。经董事会批准，公司核销上述应收款项及其计提的坏账准备金（折合人民币 10 786.24 万元）予以核销。此核销不会影响 2009 年年度损益。

8. 董事会对公司会计政策、会计估计变更的原因及影响的说明

报告期内，公司根据财政部于 2009 年颁布的《企业会计准则解释第 3 号》（以下简称《解释 3 号》）的要求，对下述主要会计政策进行了变更：

（1）采用成本法核算的长期股权投资

《解释 3 号》对采用成本法核算的长期股权投资，投资企业取得被投资单位宣告发放的现金股利或利润的会计处理方法做出了新的规定，即除取得投资时实际支付的价款或对价款中包含的已宣告但尚未发放的现金股利或利润外，投资企业应当按照享有被投资单位宣告发放的现金股利或利润确认投资收益，不再划分是否属于投资前和投资后被投资单位实现的净利润。公司据此将会计政策修订为，"采用成本法核算时，长期股权投资按初始投资成本计价，除取得投资时实际支付的价款或者对价款中包含的已宣告但尚未发放的现金股利或者利润外，当期投资收益按照享有被投资单位宣告发放的现金股利或利润确认。"

（2）财务报告分部信息

《解释 3 号》要求企业应当以内部组织结构、管理要求、内部报告制度为依据确定经营分部，以经营分部为基础确定报告分部，并按新的规定披露分部信息。公司将原按业务分部及地区分部披露分部信息的披露方式修订为："以内部组织结构、管理要求、内部报告制度为依据确定经营分部，以经营分部为基础确定报告分部进行分部信息披露。"

　　公司对上述两项会计政策变更采用未来适用法，对公司2009年年度及以前年度的报表无影响。

　　9. 2009年年度利润分配预案及资本公积金转增股本预案

　　截至2009年年末，公司经审计的母公司未分配利润为3 654 676 783元，其中年初未分配利润转入2 670 741 774元，本年净利润转入1 155 665 059元，分配上年度利润171 730 050元。

　　根据有关法规及公司章程规定，2009年年度利润分配预案为：按母公司净利润1 155 665 059元的10%提取法定盈余公积115 566 506元；按年末总股本1 717 300 503股为基数，每10股派1元现金（含税），即派发现金股利171 730 050元；剩余未分配利润3 367 380 227元留存至下一年度。本年度公司不进行资本公积金转增股本。

　　（三）公司对未来发展的展望

　　1. 行业趋势分析

　　如果说2009年是中国经济困难的一年，那么2010年将是更为复杂的一年。复杂的政策环境及不确定的政策预期为2010年的房地产市场带来更多变数。但公司认为，从未来长远来看，政府的调控将引导房地产企业的整合和行业的结构调整，加强行业集中度，促使房地产开发企业建设符合市场需要的产品，并最终促进房地产市场的平稳健康发展。

　　城镇化进程也将支撑房地产长期向好。城镇化在未来数年将是不可改变的大趋势，中国将形成以大城市为中心，中小城市为骨干，小城镇为基础的多层次的城镇体系，带来更多的消费潜力；城市尤其是大城市外沿的产业化加速，以及城市之间快速交通网络建设的有序推进，拉近了城际间的距离，加快了人口的流动。人口从农村到城镇、从城镇到中心城市、从城市中心到卫星城市以及从城市中心到城市外沿的多方向交错流动，将导致房地产市场需求的结构性调整，既有对住宅的需求，也有对办公、商业的需求。因此，城镇化将为我国房地产业提供巨大的发展空间。

　　面对当前的市场环境，公司将更加密切关注宏观经济的运行，积极应对政策的变动，准确认识市场趋势，攻守兼备，随机应变，快速反应，以确保市场机会来临时能及时把握，市场面临调整时又能有效控制风险。

　　2. 主要应对策略

　　公司将做足应对各种变化的准备，在变化中求发展，在变数中寻找机遇，努力在2010年继续创造优良业绩。

　　在核心能力提升方面，公司将进一步强化客服能力、销售能力、策划设计能力、工程管理能力和成本管理能力，并将客户服务能力确立为公司的核心能力之一，继续着力打造服务体系，强化全员全过程服务，使服务内容和工作方式更加标准化和贴近客户需求。为了支持上述各项能力的提升，公司将致力于建设"学习型企业"，加强知识管理，培植学习文化，在经济形势和产业的变动发展中不断地主动学习各方面的知识。公司还将建立战略性人才规划体系，通过内部培养和外部引进相结合的原则发展队伍并提升队伍整体战斗力。

　　在土地获取方面，公司将坚持积极稳健、持续均匀地拿地原则，根据市场变化因时因地采取多渠道、灵活的拿地方式。对于一线城市着重关注旧改带来的新机会，在拿地机会较多、成功率相对较高的二线城市继续捕捉新的扩展机会；依托集团和大股东的支持，倚靠其完整的产业链，积极争取大面积的土地资源；加强与合作方的互动，进一步完善合作开发模式，争取更多合作拿地的机会；更多的关注大面积综合用地的拿地机会，发挥园区综合开发的优势，合理分配商业物业与住宅用地，实现居住、就业的互动。在融资和资金管理方面公司将继续利用现有的各种融资方式，研究、探索利用保险资金、投资基金等新的融资渠道满足公司规模扩张的资金需求，并做好财务资源的配置，进一步优化公司借款结构、币种结构、期限结构和信用结构，提高资金管理效率，降低资金成本，严格监控债务及债务率等关键指标，控制财务风险。

公司将全力加大绿色技术的推广力度，明确绿色技术作为公司一项核心能力来加以培育和提升，力求突破绿色理念的应用领域，从以设计、生产环节为主，扩大到设计、采购、生产、营销、管理等所有环节，将"绿色地产，低碳生活"理念系统性地融入企业行为中，实现公司从发展绿色技术向全面建设"绿色公司"的跨越。

六、 监事会报告

（一） 监事会工作情况

2009年，监事会按照《中华人民共和国公司法》《公司章程》及《监事会议事规则》的相关规定，依法履行监督职责，认真开展工作。报告期内，监事会成员列席了历次董事会会议，参加了历次股东大会；审查了公司定期财务报告；监事会对公司股东大会、董事会的召集召开程序和决策程序、董事会对股东大会决议的执行情况、公司高级管理人员的执行职务情况以及公司管理制度的执行情况等进行了监督，督促公司董事会和管理层依法运作、科学决策。

监事会认为：公司董事会认真执行了股东大会的决议，董事会决议符合有关法规和《公司章程》的规定，没有出现损害公司及股东利益的行为；公司管理层认真执行了董事会决议，没有出现违法违规行为。报告期内，公司监事会共召开了四次会议，具体情况如下：

（1）2009年3月27日，公司第六届监事会以现场会议方式召开了第六届监事会第三次会议。审议的议题为：《2008年监事工作报告》《2008年年度报告》《公司内部控制的评估报告》等，决议公告于2009年3月31日对外披露。

（2）2009年4月20日，公司第六届监事会以通信表决方式召开了第六届监事会第四次会议，会议审议通过了《2009年第一季度报告》。

（3）2009年8月17日，公司第六届监事会以通信表决方式召开了第六届监事会第五次会议，会议审议通过了《2009年半年度报告》，决议公告于2009年8月18日对外披露。

（4）2009年10月26日，公司第六届监事会以通信表决方式召开了第六届监事会第六次会议，会议审议通过了《2009年第三季度报告》。

以上披露报刊均为《中国证券报》《证券时报》。

（二） 监事会对下列事项的监督检查并发表意见

1. 依法运作情况

报告期内，公司持续完善内部控制制度，公司治理和内部控制水平进一步提高。公司股东大会、董事会及公司管理层按照决策权限和程序履行职责，依法合规运作。公司董事及管理人员履职过程中遵守承诺，维护公司和全体股东利益，不存在违反法律、法规、公司章程或损害公司利益的行为。

2. 检查公司财务情况

公司坚持不断完善财务制度、核算规范。财务报告真实、准确地反映了公司的财务状况和经营成果。

3. 公司收购、出售资产交易情况和关联交易情况

报告期内，公司发生的关联交易主要包括：招商建设承包建设蛇口工业区下属子公司前海湾花园项目总包工程涉及的关联交易；房屋租赁；关联方向公司提供借款或为公司银行借款提供担保等交易。公司发生关联交易前均咨询了独立董事意见，监事会认为交易事项表决程序合法合规，交易公平、合理，符合公司业务发展的需要，不存在损害公司及其他股东利益的情况。

4. 公司募集资金存放及使用情况

公司使用中的募集资金包括2007年非公开发行A股股票募集资金和2008年公开发行股票募集资金，公司建立了《募集资金管理制度》。募集资金存放及使用严格执行募集资金监管法规及公司制度的规定，公司审计稽核部对募集资金的存放及使用进行了日常监督，没有发生募集资金实际投入项目发生变更的情形。

5. 内部控制的自我评价报告

董事会出具的《内部控制自我评价报告》真实、完整地反映了公司内部控制的实际情况。公司内部控制制度基本健全，不存在重大缺陷。这些内部控制的设计是合理的，执行是有效的。

七、财务报告

（一）审计报告

招商局地产控股股份有限公司2009年度
审计报告

德师报（审）字（10）第P0457号

招商局地产控股股份有限公司全体股东：

我们审计了后附的招商局地产控股股份有限公司（以下简称招商地产）的财务报表，包括2009年12月31日的公司及合并资产负债表、2009年度的公司及合并利润表、公司及合并股东权益变动表和公司及合并现金流量表以及财务报表附注。

（一）管理层对财务报表的责任

按照企业会计准则的规定编制财务报表是招商地产管理层的责任。这种责任包括：①设计、实施和维护与财务报表编制相关的内部控制，以使财务报表不存在由于舞弊或错误而导致的重大错报；②选择和运用恰当的会计政策；③做出合理的会计估计。

（二）注册会计师的责任

我们的责任是在实施审计工作的基础上对财务报表发表审计意见。我们按照中国注册会计师审计准则的规定执行了审计工作。中国注册会计师审计准则要求我们遵守职业道德规范，计划和实施审计工作以对财务报表是否不存在重大错报获取合理保证。

审计工作涉及实施审计程序，以获取有关财务报表金额和披露的审计证据。选择的审计程序取决于注册会计师的判断，包括对由于舞弊或错误导致的财务报表重大错报风险的评估。在进行风险评估时，我们考虑与财务报表编制相关的内部控制，以设

计恰当的审计程序，但目的并非对内部控制的有效性发表意见。

审计工作还包括评价管理层选用会计政策的恰当性和做出会计估计的合理性，以及评价财务报表的总体列报。

我们相信，我们获取的审计证据是充分、适当的，为发表审计意见提供了基础。

（三）审计意见

我们认为，招商地产的财务报表已经按照企业会计准则的规定编制，在所有重大方面公允反映了招商地产2009年12月31日的公司及合并财务状况以及2009年度的公司及合并经营成果和公司及合并现金流量。

德勤华永会计师事务所有限公司　　　　　　　中国注册会计师：李渭华
　　　中国上海　　　　　　　　　　　　　　中国注册会计师：黄钥
　　　　　　　　　　　　　　　　　　　　　2010年04月18日

（二）财务报表

见资料二。

（三）财务报表附注

招商局地产控股股份有限公司2009年年度财务报表附注

（一）公司基本情况

招商局地产控股股份有限公司（以下简称本公司）原名招商局蛇口控股股份有限公司，系由招商局蛇口工业区有限公司在原蛇口招商港务有限公司基础上改组设立的中外合资股份有限公司，于1990年9月在中国深圳成立。

1993年2月23日，本公司以募集设立方式向境内公开发行A股股票27 000 000股、向境外公开发行B股股票50 000 000股，发行后本公司股份总额达到210 000 000股。本公司发行的A股、B股于1993年6月在中国深圳证券交易所上市。

1995年7月，本公司部分B股以SDR（Singapore Depository Receipts，中文译为"新加坡托管收据"）形式在新加坡证券交易所上市。

2004年6月，本公司更名为招商局地产控股股份有限公司。经过1994年至2004年的历次分红及配售，截至2004年12月31日，本公司总股份增至618 822 672股。

2006年1月18日，本公司相关股东会议审议通过了A股股权分置改革方案，即本公司流通A股股东每持有10股A股流通股股份获得非流通股股东支付2股A股及现金人民币3.14元对价安排。股权分置改革方案实施后，本公司股份总数不变。经中国证监会证监发字〔2006〕67号文核准，本公司于2006年8月30日采用向原A股股东全额优先配售，原A股股东放弃部分在网下对机构投资者定价发行的方式公开发行15 100 000张可转换公司债券，每张可转换公司债券面值为人民币100元。该部分可转换公司债券于2006年9月11日起在深圳证券交易所挂牌交易，简称"招商转债"，转股日为2007年3月1日。

2007年5月25日，招商转债停止交易和转股，未转股的招商转债全部被本公司赎回。至此，本公司的可转换债券共计15 093 841张（债券面值1 509 384 100元）被申请转股，共转增股份115 307 691股；剩余6 159张可转换债券（债券面值615 900元）被本公司赎回。至此，本公司股份增至734 130 363股。

经中国证监会证监发行字〔2007〕299号文核准，本公司于2007年9月19日向本公司股东招商局蛇口工业区有限公司非公开发行股票 110 736 639 股。此次发行后，本公司总股份增至 844 867 002 股。

2008 年 3 月 17 日，本公司 2007 年度股东大会通过了 2007 年度利润分配及资本公积转增资本方案，以 2007 年 12 月 31 日总股份 844 867 002 股为基数，每 10 股送 3 股红股，同时每 10 股以资本公积转增 2 股。送股及转增后，本公司总股份增至 1 267 300 503 股。

经中国证监会证监许可〔2008〕989 号文核准，本公司于 2008 年 11 月 26 日向原 A 股股东公开发行股票 450 000 000 股，其中，本公司股东招商局蛇口工业区有限公司认购 279 349 288 股。此次发行后本公司总股份增至 1 717 300 503 股。

本公司总部位于广东省深圳市。本公司及其子公司（以下简称本集团）主要从事房地产开发经营、公用事业（供应水和电）和物业管理。

本公司的母公司为招商局蛇口工业区有限公司，最终控股股东为招商局集团有限公司。

（二）公司主要会计政策、会计估计和前期差错

1. 财务报表编制基础

本集团会计核算以权责发生制为记账基础。除某些金融工具以公允价值计量外，本财务报表以历史成本作为计量基础。资产如果发生减值，则按照相关规定计提相应的减值准备。

2. 遵循企业会计准则的声明

本公司编制的财务报表符合新会计准则的要求，真实、完整地反映了本公司于 2009 年 12 月 31 日的公司及合并财务状况以及 2009 年年度的公司及合并经营成果和公司及合并现金流量。

3. 会计期间

本集团的会计年度为公历年度，即每年 1 月 1 日起至 12 月 31 日止。

4. 记账本位币

人民币为本公司及境内子公司经营所处的主要经济环境中的货币，本公司及境内子公司以人民币为记账本位币。本公司在香港及其他境外的子公司根据其经营所处的主要经济环境中的货币，确定港币为其记账本位币。本公司编制本财务报表时所采用的货币为人民币。

5. 同一控制下和非同一控制下企业合并的会计处理方法（略）

6. 合并财务报表的编制方法

子公司所有者权益中不属于母公司的份额作为少数股东权益，在合并资产负债表中股东权益项目下以"少数股东权益"项目列示。子公司当期净损益中属于少数股东权益的份额，在合并利润表中净利润项目下以"少数股东损益"项目列示。少数股东分担的子公司的亏损超过了少数股东在该子公司期初所有者权益中所享有的份额，如果公司章程或协议规定少数股东有义务承担并且有能力予以弥补的，冲减少数股东权益，否则冲减归属于母公司股东权益。该子公司以后期实现的利润，在弥补母公司承担的属于少数股东的损失之前，全部作为归属于母公司的股东权益。

7. 现金及现金等价物的确定标准

现金是指企业库存现金以及可以随时用于支付的存款。现金等价物是指本集团持

有的期限短、流动性强、易于转换为已知金额现金、价值变动风险很小的投资。

8. 应收款项（如表 1 - 1 - 21 所示）

表 1 - 1 - 21 　　　　　　按账龄分析法计提坏账准备的比例

账龄	应收账款计提比例（%）	其他应收款计提比例（%）
3 月以内（含 3 个月）	1	1
3 ~ 6 月	2	2
6 ~ 9 月	3	3
9 ~ 12 月	5	5
1 ~ 2 年	10	10
2 ~ 3 年	30	30
3 ~ 4 年	50	50
4 ~ 5 年	80	80
5 年以上	100	100

9. 固定资产（如表 1 - 1 - 22 所示）

表 1 - 1 - 22 　　　　　　固定资产折旧

类别	折旧年限（年）	残值率（%）	年折旧率（%）
房屋及建筑物	10 ~ 50	5 ~ 10	1.8 ~ 9.5
机器设备	10 ~ 20	5 ~ 10	4.5 ~ 9.5
电子设备、家具、器具及其他	5 ~ 10	5	9.5 ~ 19
运输设备	5 ~ 10	5	9.5 ~ 19

（三）主要税种及税率（如表 1 - 1 - 23 所示）

表 1 - 1 - 23 　　　　　　主要税种及税率

税种	计税依据	税率
企业所得税[①]	应纳税所得额	
增值税	商品销售收入[②]	16%
	供电收入[③]	16%
	供水收入	6%
土地增值税	房地产销售收入 - 扣除项目金额	按超率累进税率30% ~ 60%
契税	土地使用权及房屋的受让金额	3%
房产税	房屋原值的70%[④]	1.2%

表1-1-23（续）

税种	计税依据	税率
城市维护建设税	已交增值税	1%~3%
教育费附加	已交增值税	3%

注：①除表1-1-24所列地区公司外，本公司之其他子公司适用的所得税税率为25%。

②③增值税税额为销项税额扣除可抵扣进项税后的余额，销项税额按相关税法规定的销售收入额和相应税率计算。

④本集团的固定资产房屋、出租物业按账面资产原值的70%及规定税率计缴房产税，其中新建房屋经税务机关备案后三年内免缴房产税。

表1-1-24　　　　　　**不同地区使用不同的税率**

地区	税率
深圳、珠海地区	20%
香港地区	16.5%

（四）合并财务报表项目注释

1. 货币资金（如表1-1-25所示）

表1-1-25　　　　　　　　**货币资金项目**

项目	期末数			期初数		
	原币金额	折算率	人民币金额	原币金额	折算率	人民币金额
现金						
人民币	37 271	1.00	37 271	50 001	1.00	50 001
港币	6 519	0.88	5 740	20 276	0.88	17 836
银行存款						
人民币	8 524 304 914	1.00	8 524 304 914	6 884 738 331	1.00	6 884 738 331
美元	36 388 061	6.83	248 474 062	68 154 853	6.83	465 827 107
港币	3 224 701	0.88	2 839 080	8 388 656	0.88	7 393 460
其他货币资金[①]						
美元	102 892 290	6.83	702 599 868	2 690 200	6.83	18 386 441
人民币	11 230 000	1.00	11 230 000	12 720 371	1.00	12 720 371
合计	—	—	9 489 490 935	—	—	7 389 133 547

注：①其他货币资金的余额主要为验资专户存放资金、远期外汇交易合约及工程款保函的保证、交易性金融资产、交易性金融负债。

2. 交易性金融资产/交易性金融负债（如表1-1-26所示）

表1-1-26　　　　　　　　交易性金融资产/交易性金融负债　　　　　单位：人民币元

项目	期末公允价值	期初公允价值
交易性金融资产		
交易性债券投资	—	—
交易性权益工具投资	—	—
指定为以公允价值计量且其变动计入当期损益的金融资产	—	—
衍生金融资产	6 437 479①	97 331 980
其他	—	—
合计	6 437 479	97 331 980
交易性金融负债		
交易性债券投资	—	—
交易性权益工具投资	—	—
指定为以公允价值计量且其变动计入当期损益的金融负债	—	—
衍生金融负债	12 829 413②	—
其他	—	—
合计	12 829 413	—

注：①②系本公司之子公司瑞嘉投资实业有限公司与ING Bank N. V., HongKong Branch 签订的若干不交割本金的远期外汇买卖合约之年末公允价值。截至2009年12月31日，上述远期外汇买卖合约的名义本金共计290 229 000美元。该合约期为2010年2月3日至2010年11月26日。

3. 应收账款

①应收账款按账龄披露如表1-1-27所示。

表1-1-27　　　　　　　　应收账款账龄

账龄	期末数				期初数			
	金额（元）	比例（%）	坏账准备（元）	账面价值（元）	金额（元）	比例（%）	坏账准备（元）	账面价值（元）
1年以内	114 517 835	92	2 176 502	112 341 333	106 050 263	94	2 312 665	103 737 598
1~2年	4 360 465	4	120 106	4 240 359	1 420 716	1	25 136	1 395 580
2~3年	524 574	—	14 417	510 157	169 547	1	31 982	137 565
3年以上	4 869 129	4	2 998 082	1 871 047	4 700 950	4	2 793 814	1 907 136
合计	124 272 003	100	5 309 107	118 962 896	112 341 476	100	5 163 597	107 177 879

②本报告期应收账款余额中无持有本公司5%（含5%）以上表决权股份的股东的款项。

③应收账款金额前五名单位情况如表1-1-28所示。

表 1 - 1 - 28　　　　应收账款金额前五名单位情况　　　　单位：元

单位名称	占应收账款总额的客户与本公司关系比例（%）	金额（元）	年限
依云溪谷一期独栋 1 号	7	8 050 000	1 年以内
聚信科技有限公司	5	6 755 953	1 年以内
依云溪谷二期 9 栋 102 号	4	5 100 000	1 年以内
深圳天虹商场有限公司	3	3 314 533	1 年以内
深圳生地投资发展有限公司	1	1 800 000	1 年以内
合计	20	25 020 486	—

（4）应收账款余额中无应收关联方款项。

4. 其他应收款

（1）其他应收款按账龄披露（如表 1 - 1 - 29 所示）。

表 1 - 1 - 29　　　　其他应收款账龄

账龄	期末数				期初数			
	金额（元）	比例（%）	坏账准备（元）	账面价值（元）	金额（元）	比例（%）	坏账准备（元）	账面价值（元）
1 年以内	1 849 097 605	96	40 196	1 849 057 409	625 184 871	71	59 823	625 125 048
1~2 年	73 203 703	4	534 946	72 668 757	258 550 646	29	108 049 251	150 501 395
2~3 年	2 702 795	—	13 025	2 689 770	1 644 540	—	214 920	1 429 620
3 年以上	3 839 254	—	1 745 947	2 093 307	3 171 213	—	1 721 148	1 450 065
合计	1 928 843 357	100	2 334 114	1 926 509 243	888 551 270	100	110 045 142	778 506 128

（2）本报告期其他应收款余额中无持有本公司 5%（含 5%）以上表决权股份的股东的款项。

（3）其他应收款金额前五名单位情况（如表 1 - 1 - 30 所示）。

表 1 - 1 - 30　　　　其他应收款金额前五名单位情况

单位名称	与本公司关系	金额（元）	年限	占其他应收款总额的比例（%）
重庆市土地和矿业权交易中心①	非关联方	1 365 754 365	1 年以内	71
深圳 TCL 光电科技有限公司	本公司之联营公司	187 851 513	1 年以内	10
惠州市泰通置业投资有限公司	本公司之合营公司	121 257 000	1 年以内	6
嘉森国际有限公司	子公司之股东	79 574 894	1 年以内	4
成都北郊风景区管理委员会	非关联方	50 000 000	1 年以内	3
合计	—	1 804 437 772		94

注：①系本公司之子公司 Cosmo City Limited 支付的重庆市南岸区弹子石组团 G 分区宗地土地使用权的竞买保证金。

（4）应收关联方款项（如表 1-1-31 所示）

表 1-1-31　　　　　　　　　　　　应收关联方款项

单位名称	与本公司关系	金额（元）	占其他应收款总额的比例（%）
深圳 TCL 光电科技有限公司	本公司之联营公司	187 851 513	10
惠州市泰通置业投资有限公司	本公司之合营公司	121 257 000	6
合计	—	309 108 513	16

5. 预付款项

（1）预付款项按账龄列示（如表 1-1-32 所示）。

表 1-1-32　　　　　　　　　　预付款项按账龄列示　　　　　　　　单位：元

账龄	期末数		期初数	
	金额	比例（%）	金额	比例（%）
1 年以内	3 222 296	37	26 822 305	95
1~2 年	5 190 617	59	1 444 551	5
2~3 年	334 400	4	50 000	—
3 年以上	—		—	
合计	8 747 313	100	28 316 856	100

（2）本报告期预付款项余额中无持有本公司 5%（含 5%）以上表决权股份的股东的款项

6. 存货（如表 1-1-33 所示）

表 1-1-33　　　　　　　　　　　　　存货　　　　　　　　　　　　单位：元

项目	期末数			期初数		
	账面余额	跌价准备	账面价值	账面余额	跌价准备	账面价值
房地产开发成本	29 767 117 792	296 210 000	29 470 907 792	22 931 730 833	296 210 000	22 635 520 833
房地产开发产品	931 435 216	—	931 435 216	1 227 864 442	—	1 227 864 442
原材料	4 276 489	—	4 276 489	4 450 453	—	4 450 453
低值易耗品及其他	1 925 385	162 982	1 762 403	1 628 505	162 982	1 465 523
小计	30 704 754 882	296 372 982	30 408 381 900	24 165 674 233	296 372 982	23 869 301 251

7. 其他流动资产（如表 1-1-34 所示）

表 1-1-34　　　　　　　　　　　其他流动资产　　　　　　　　　　单位：元

项目	期末数	期初数
预付税金及附加	334 952 908	86 302 838
预付所得税	112 458 907	35 052 099

项目	期末数	期初数
预付土地增值税①	160 046 409	88 259 891
预付租金	8 968 112	8 968 112
其他	8 374 315	9 013 802
合计	624 800 651	227 596 742

注：①本集团对于房产竣工结算前预收的售房款按照法定的预征比例预缴土地增值税并计入其他流动资产。

在房产竣工结算后，按照转让房地产取得的收入减去法定扣除项目后得出的增值额和相应的税率计算实际应缴纳的土地增值税，在抵减了相应的预缴金额后计入其他流动负债。

8. 可供出售金融资产（见表 1－1－35）

表 1－1－35　　　　　　　　　　**可供出售金融资产**　　　　　　单位：元

项目	期末公允价值	期初公允价值
可供出售权益工具	4 898 240	1 743 773
其中：国农科技股票	4 898 240	1 743 773
其他	—	—
合计	4 898 240	1 743 773

9. 长期应收款（如表 1－1－36 所示）

表 1－1－36　　　　　　　　　　**长期应收款**　　　　　　　　单位：元

项目	期末数	期初数
委托贷款①	924 366 673	838 808 511
股权转让尾款②	137 779 364	133 151 523
合计	1 062 146 037	971 960 034

注：①系本公司根据与中国农业银行深圳南山支行签订的《委托贷款委托合同》，由农业银行深圳南山支行根据本公司提交的《委托贷款通知单》在委托贷款额度人民币 900 000 000 元内向南京富城房地产开发有限公司（以下简称南京富城公司）发放的委托贷款，南京富城公司以其持有的南京国际金融中心负 1 层至 6 层、8 层至 51 层的房产计 100 189 平方米作为抵押担保。截至 2009 年 12 月 31 日，委托贷款本金计人民币 875 830 063 元，应收委托贷款利息计人民币 48 536 610 元。

②系本公司之子公司 Heighten Holdings Limited 根据与 ADF Phoenix IV Limited 签署的《股份出售与购买协议》应收 Elite Trade Investments Limited 股权的转让尾款计人民币 152 906 973 元，该尾款将于 2 至 3 年内收回。本集团参照同期银行贷款利率，计算了未确认融资收益计人民币 15 127 609 元，并相应抵减了长期应收款。

10. 投资性房地产（如表1-1-37所示）

表1-1-37　　　　　　　　　　投资性房地产　　　　　　　　　　单位：元

项目	期初账面余额	本期增加	本期减少	期末账面余额
一、账面原值合计	3 289 222 345	286 043 527	5 268 138	3 569 997 734
1. 房屋及建筑物	2 245 831 068	148 223 491	5 268 138	2 388 786 421
2. 土地使用权	1 043 391 277	137 820 036	—	1 181 211 313
二、累计折旧和累计摊销合计	656 246 575	126 593 356	684 447	782 155 484
1. 房屋及建筑物	584 344 355	100 013 519	684 447	683 673 427
2. 土地使用权	71 902 220	26 579 837	—	98 482 057
三、投资性房地产账面净值合计	2 632 975 770	—	—	2 787 842 250
1. 房屋及建筑物	1 661 486 713	—	—	1 705 112 994
2. 土地使用权	971 489 057	—	—	1 082 729 256
四、投资性房地产账面价值合计	2 632 975 770	—		2 787 842 25
1. 房屋及建筑物	1 661 486 713	—	—	1 705 112 994
2. 土地使用权	971 489 057	—	—	1 082 729 256

11. 固定资产（如表1-1-38所示）

表1-1-38　　　　　　　　　　固定资产　　　　　　　　　　单位：元

项目	期初账面余额	本期增加	本期减少	期末账面余额
一、账面原值合计	661 586 744	53 229 350	6 807 276	708 008 818
其中：房屋及建筑物	198 330 643	29 730 734	—	228 061 377
机器设备	353 161 844	16 301 315	4 011 416	365 451 743
运输设备	51 596 324	3 945 194	1 376 253	54 165 265
电子设备、家具、器具及其他	58 497 933	3 252 107	1 419 607	60 330 433
二、累计折旧合计	377 012 822	37 324 758	5 944 716	408 392 864
其中：房屋及建筑物	85 350 479	9 832 051	—	95 182 530
机器设备	226 470 023	13 273 022	3 425 196	236 317 849
运输设备	28 538 856	7 237 210	1 248 784	34 527 282
电子设备、家具、器具及其他	36 653 464	6 982 475	1 270 736	42 365 203
三、固定资产账面净值合计	284 573 922	—	—	299 615 954
其中：房屋及建筑物	112 980 164	—	—	132 878 847
机器设备	126 691 821	—	—	129 133 894
运输设备	23 057 468	—	—	19 637 983
电子设备、家具、器具及其他	21 844 469	—	—	17 965 230
四、固定资产账面价值合计	284 573 922	—	—	299 615 954

表1-1-38(续)

项目	期初账面余额	本期增加	本期减少	期末账面余额
其中：房屋及建筑物	112 980 164	—	—	132 878 847
机器设备	126 691 821	—	—	129 133 894
运输设备	23 057 468	—	—	19 637 983
电子设备、家具、器具及其他	21 844 469	—	—	17 965 230

注：（1）本期折旧为人民币37 324 758元。

（2）本期由在建工程转入而增加的固定资产原值为人民币33 288 474元。

（3）截至2009年12月31日，本集团尚有净值合计人民币44 331 442元的房屋及建筑物产权证尚未取得。上述固定资产由于建筑时间较长，目前的原始资料尚不能满足办证要求，故暂不能办理产权证书。

12. 在建工程（如表1-1-39所示）

表1-1-39 在建工程 单位：元

项目	期末数			期初数		
	账面余额	减值准备	账面净值	账面余额	减值准备	账面净值
建筑工程	2 936 043	—	2 936 043	2 876 543	—	2 876 543
变电站工程	13 719 271	—	13 719 271	32 800 543	—	32 800 543
供水工程	2 598 693	—	2 598 693	3 937 896	—	3 937 896
合计	19 254 007	—	19 254 007	39 614 982	—	39 614 982

13. 短期借款（如表1-1-40所示）

表1-1-40 短期借款 单位：人民币元

项目	期末数	期初数
保证借款	811 665 548	398 125 029[①]
信用借款	974 804 580	2 802 290 730
合计	1 372 929 609	3 613 956 278

注：①本公司之子公司深圳招商供电有限公司向荷兰安智银行上海分行借款30 000 000美元（折合人民币204 846 000元），由本公司提供担保；向招商银行深圳蛇口支行借款28 306 000美元（折合人民币193 279 029元），由招商局蛇口工业区有限公司担保。

14. 应付票据（如表1-1-41所示）

表1-1-41 应付票据 单位：元

种类	期末数	期初数
商业承兑汇票	—	—
银行承兑汇票（注）	143 287 841	257 896 108
合计	143 287 841	257 896 108

注：招商局蛇口工业区有限公司为本公司的子公司深圳招商房地产有限公司在招商银行深圳新时代支行开立的银行承兑汇票提供担保，担保金额为人民币257 896 108元。上述银行承兑汇票将于2010年到期。

15. 应付账款

（1）应付账款明细（如表1-1-42所示）。

表1-1-42 应付账款明细 单位：元

项目	期末数	期初数
工程款	1 454 062 917	919 955 937
地价款	1 096 001 348	782 815 589
股权收购款	70 650 000	70 650 000
保修金	21 499 544	13 262 875
其他	63 307 476	77 004 071
合计	2 705 521 285	1 863 688 472

（2）本报告期应付账款余额中应付持有本公司5%（含5%）以上表决权股份的股东或关联方的款项情况（如表1-1-43所示）。

表1-1-43 持有本公司5%（含5%）以上表决权股份的股东或关联方 单位：元

单位名称	期末数	期初数
招商局蛇口工业区有限公司	5 338 724	82 395 024
合计	5 338 724	82 395 024

16. 预收款项（如表1-1-44所示）

表1-1-44 预收款项

账龄	期末数		期初数	
	金额（元）	百分比（%）	金额（元）	百分比（%）
1年以内	9 454 578 537	100	2 699 705 236	99
1～2年	33 778 332	—	29 679 420	1
2～3年	8 026 332	—	2 088 037	—
3年以上	2 078 090	—	—	—
合计	9 498 461 291	100	2 731 472 693	100

17. 应付职工薪酬（如表1-1-45所示）

表1-1-45 应付职工薪酬 单位：元

项目	期初账面余额	本期增加	本期减少	期末账面余额
一、工资、奖金、津贴和补贴	99 318 894	474 080 471	434 619 375	138 779 990
二、职工福利费	932 921	41 456 779	41 686 068	703 632
三、社会保险费	5 707 212	54 651 994	55 242 486	5 116 720

表1-1-45（续）

项目	期初账面余额	本期增加	本期减少	期末账面余额
四、住房公积金	84 043	5 426 926	5 420 762	90 207
五、辞退福利	—	2 598 745	1 318 745	1 280 000
六、其他	15 856 978	24 214 662	23 209 207	16 862 433
其中：工会经费和职工教育经费	15 366 917	12 289 570	12 168 092	15 488 395
合计	121 900 048	602 429 577	561 496 643	162 832 982

注：工会经费和职工教育经费余额为人民币 15 488 395 元，因解除劳动关系给予补偿金额的余额为 1 280 000 元。

18. 应交税费（如表 1-1-46 所示）

表 1-1-46　　　　　　　　应交税费　　　　　　　　单位：元

项目	期末数	期初数
企业所得税	345 044 458	109 859 036
土地增值税	82 326 199	43 687 588
增值税	15 659 902	12 072 972
个人所得税	4 462 646	3 323 067
城市维护建设税	1 225 228	1 345 840
土地使用税	765 383	341 748
消费税	—	—
其他	39 800 764	44 435 225
合计	489 284 580	215 065 476

19. 应付利息（如表 1-1-47 所示）

表 1-1-47　　　　　　　　应收利息　　　　　　　　单位：元

项目	期末数	期初数
分期付息到期还本的长期借款利息	19 532 853	27 434 963
企业债券利息	—	—
短期借款应付利息	2 339 565	13 616 242
合计	21 872 418	41 051 205

20. 其他应付款

（1）其他应付款明细（如表1-1-48所示）。

表1-1-48　　　　　　　　　其他应付款明细　　　　　　　　　单位：元

项目	期末数	期初数
合作公司往来	3 673 592 439	2 431 730 657
关联公司借款	887 698 968	—
保证金	642 352 024	196 216 920
代收及暂收款	368 284 408	421 185 881
其他	263 402 148	105 435 577
合计	5 835 329 987	3 154 569 035

（2）账龄超过1年的大额其他应付款情况的说明（如表1-1-49所示）。

表1-1-49　　　　　　账龄超过1年的大额其他应付款情况　　　　　　单位：元

单位名称	期末数	账龄	未支付原因
会德丰地产（中国）有限公司	750 524 622	2～3年	会鹏房地产发展有限公司应付会德丰地产（中国）有限公司代付佛山信捷房地产有限公司投资款
深圳市南山开发实业有限公司	368 562 217	2～3年	苏州招商南山地产有限公司应付深圳市南山开发实业有限公司代垫款
北京嘉铭房地产开发有限公司	310 759 524	1～2年	招商局嘉铭（北京）房地产开发有限公司应付北京嘉铭房地产开发有限责任公司代垫款

21. 长期借款

（1）长期借款分类（如表1-1-50所示）。

表1-1-50　　　　　　　　　长期借款分类　　　　　　　　　单位：元

项目	期末数	期初数
保证借款①	2 244 268 040	2 554 408 935
信用借款	3 323 128 000	3 500 000 000
委托借款②	152 906 972	752 906 972
合计	5 720 303 012	6 807 315 907

注：①本公司向招商银行深圳蛇口支行借款人民币500 000 000元，向招商银行深圳新时代支行借款人民币600 000 000元，均由招商局蛇口工业区有限公司提供担保。本公司的子公司瑞嘉投资实业有限公司向招商银行离岸业务部借款100 000 000美元（折合人民币682 845 360元），向荷兰安智银行香港分行借款50 000 000美元（折合人民币341 422 680元），均由招商局集团（香港）有限公司提供担保本公司之子公司珠海源丰房地产有限公司向广东发展银行珠海分行借款人民币120 000 000元，由本公司按贷款本金未偿还部分的百分之五十一提供担保。

②根据本公司之子公司深圳招商建设有限公司与南京富城房地产开发有限公司、中国银行深圳蛇口支行签订的《人民币委托贷款合同》，南京富城房地产开发有限公司委托中国银行深圳蛇口支行向深圳招商建设有限公司提供的委托借款，期限为3年。

（2）金额前五名的长期借款（如表1-1-51所示）。

表1-1-51　　　　　　　　　　　金额前五名的长期借款

贷款单位	借款起始日	借款终止日	币种	利率（%）	期初数		期末数	
					外币金额（美元）	本币金额（元）	外币金额（美元）	本币金额（元）
新华信托投资股份有限公司	2009.07.21	2012.07.20	人民币	4.86	—	1 000 000 000		
招商银行离岸业务部	2008.12.15	2011.11.28	美元	浮动利率	60 000 000	409 707 216	80 000 000	546 785 055
招商银行深圳新时代支行	2009.07.27	2012.07.27	人民币	4.86	—	600 000 000		
建设银行深圳蛇口支行	2008.11.24	2011.02.23	人民币	4.86	—	500 000 000		500 000 000
中国银行深圳蛇口支行	2009.07.24	2012.07.24	人民币	4.86	—	400 000 000		
合计						2 909 707 216		1 046 785 055

22. 长期应付款（如表1-1-52所示）

表1-1-52　　　　　　　　　　　长期应付款　　　　　　　　　　单位：元

单位	期限	初始金额	利率（%）	应计利息	期末余额
本体维修基金	—	45 269 703	—	—	45 269 703
深圳市招商创业有限公司	—	1 200 000	—	—	1 200 000
合计		46 469 703			46 469 703

23. 其他非流动负债（如表1-1-53所示）

表1-1-53　　　　　　　　　　　其他非流动负债　　　　　　　　　　单位：元

项目	期末账面余额	期初账面余额
递延租金收入	2 983 360	3 650 020
市水务局拨基建款	2 737 985	2 837 387
文化事业发展专项资金	1 500 000	1 500 000
其他水务拨款	96 300	96 300
合计	7 317 645	8 083 707
减：一年内到期的其他非流动负债	99 402	99 402
其中：市水务局拨基建款	99 402	99 402
一年后到期的非流动负债	7 218 243	7 984 305

24. 资本公积（如表 1-1-54 所示）

表 1-1-54　　　　　　　　　　　　资本公积　　　　　　　　　　　单位：元

项目	期初数	本期增加	本期减少	期末数
2009 年年度				
股本溢价	8 433 024 544	—	63 074 934	8 369 949 610
其中：投资者投入的资本	8 884 412 549	—	—	8 884 412 549
可转换公司债券行使转换权	1 394 072 217	—	—	1 394 072 217
同一控制下合并形成的差额	(1 354 694 800)	—	—	(1 354 694 800)
向子公司的少数股东收购股权①	(321 792 022)	—	63 074 934	(384 866 956)
资本公积转增股本	(168 973 400)	—	—	(168 973 400)
其他综合收益	11 108 482	2 457 054	—	13 565 536
其他资本公积	104 411 758	—	—	104 411 758
原制度资本公积转入	104 411 758	—	—	104 411 758
合计	8 548 544 784	2 457 054	63 074 934	8 487 926 904
2008 年年度				
股本溢价	3 295 677 809	5 327 220 556	189 873 821	8 433 024 544
其中：投资者投入的资本	3 557 191 993	5 327 220 556	—	8 884 412 549
可转换公司债券行使转换权	1 394 072 217	—	—	1 394 072 217
同一控制下合并形成的差额	(1 354 694 800)	—	—	(1 354 694 800)
向子公司的少数股东收购股权	(300 891 601)	-20 900 421	—	(321 792 022)
资本公积转增股本（注2）	—	—	168 973 400	(168 973 400)
其他综合收益	13 768 428	—	2 659 946	11 108 482
其他资本公积	104 411 758	—	—	104 411 758
原制度资本公积转入	104 411 758	—	—	104 411 758
合计	3 413 857 995	5 327 220 556	192 533 767	8 548 544 784

注：①本公司之子公司深圳招商房地产有限公司以 82 500 000 元向少数股东自然人高宏购买其持有的深圳市美越房地产顾问有限公司 45% 的股权时，因支付的对价与按照比例计算的应享有深圳市美越房地产顾问有限公司自合并日开始持续计算的净资产份额之间的差额，而相应调整减少资本公积合计 61 450 000 元。本公司之子公司漳州招商房地产有限公司以 10 448 376 元向少数股东漳州市鸿隆控股有限公司购买其持有的漳州招商鸿隆房地产有限公司 30% 的股权时，因支付的对价与按照比例计算的应享有漳州招商鸿隆房地产有限公司自合并日开始持续计算的净资产份额之间的差额，而相应调整减少资本公积合计 1 624 934 元。

25. 盈余公积（如表 1 - 1 - 55 所示）

表 1 - 1 - 55　　　　　　　　　**盈余公积**　　　　　　　　单位：元

项目	期初数	本期增加	本期减少	期末数
2009 年年度				
法定盈余公积	530 106 466	115 566 506	—	645 672 972
任意盈余公积	140 120 038	—	—	140 120 038
合计	670 226 504	115 566 506	—	785 793 010
2008 年年度				
法定盈余公积	471 924 069	58 182 397	—	530 106 466
任意盈余公积	140 120 038	—	—	140 120 038
合计	612 044 107	58 182 397	—	670 226 504

26. 未分配利润（如表 1 - 1 - 56 所示）

表 1 - 1 - 56　　　　　　　　　**未分配利润**　　　　　　　　单位：元

项目	金额	提取或分配比例
2009 年年度		
调整前：上年末未分配利润	3 858 062 286	—
调整：年初未分配利润合计数（调增＋，调减－）	—	—
调整后：年初未分配利润	3 858 062 286	—
加：本期归属于母公司所有者的净利润	1 644 143 880	—
减：提取法定盈余公积	115 566 506	注（1）
提取任意盈余公积	—	—
提取一般风险准备	—	—
应付普通股股利	171 730 050	注（2）
期末未分配利润	5 214 909 610	—
2008 年年度		
调整前：上年末未分配利润	3 026 575 655	—
调整：年初未分配利润合计数（调增＋，调减－）	—	—
调整后：年初未分配利润	3 026 575 655	—
加：本期归属于母公司所有者的净利润	1 227 615 829	—
减：提取法定盈余公积	58 182 397	注（3）
提取任意盈余公积	—	—
提取一般风险准备	—	—
应付普通股股利	84 486 700	

表1-1-56（续）

项目	金额	提取或分配比例
转作股本的普通股股利	253 460 101	—
期末未分配利润	3 858 062 286	—

注：（1）提取法定盈余公积。根据公司章程规定，法定盈余公积金按净利润之10%提取。本公司法定盈余公积金累计额为本公司注册资本百分之五十以上的，可不再提取。

（2）本年度股东大会已批准的现金股利。根据2009年4月召开的2008年年度股东大会决议，本公司以截至2008年12月3日总股份1 717 300 503股为基数，每10股派送现金股利人民币1元，共计派送现金股利人民币171 730 050元。

（3）资产负债表日后决议的利润分配情况。根据本公司于2010年4月18日召开的第六届董事会第十三次会议通过的2009年度利润分配预案，本公司以2009年12月31日总股份1 717 300 503股为基数，每10股派送现金股利人民币1元，共计派送现金股利171 730 050元。上述股利分配方案尚待股东大会审议批准。

（4）子公司已提取的盈余公积。截至2009年12月31日，本集团未分配利润余额中包括子公司已提取的盈余公积合计505 929 305元（2008年12月31日：327 355 398元）。

27．营业收入、营业成本

（1）营业收入（如表1-1-57所示）。

表1-1-57　　　　　营业收入　　　　　单位：元

项目	本期发生额	上期发生额
主营业务收入	10 133 283 214	3 568 843 651
其他业务收入	4 417 835	4 340 549
营业成本	5 961 738 151	2 097 773 113

（2）主营业务（分行业，如表1-1-58所示）。

表1-1-58　　　　　主营业务　　　　　单位：元

行业名称	本期发生额		上期发生额	
	营业收入	营业成本	营业收入	营业成本
房地产业	9 128 326 900	5 185 817 100	2 515 297 197	1 306 287 950
公用事业	659 760 716	480 850 876	752 896 356	532 943 867
物业管理	345 195 598	292 940 925	300 650 098	258 193 239
合计	10 133 283 214	5 959 608 901	3 568 843 651	2 097 425 056

28．税金及附加（如表1-1-59所示）

表1-1-59　　　　　税金及附加　　　　　单位：元

项目	本期发生额	上期发生额	计缴标准
土地增值税	1 134 830 896	114 034 707	—
城市维护建设税	8 311 513	4 280 540	—
教育费附加	5 421 267	4 881 497	—

表 1 - 1 - 59（续）

项目	本期发生额	上期发生额	计缴标准
其他	2 579 638	1 289 112	—
合计	1 151 143 314	124 485 856	—

注：计缴标准如表 1 - 1 - 23 所示。

29. 财务费用（如表 1 - 1 - 60 所示）

表 1 - 1 - 60 财务费用 单位：元

项目	本期发生额	上期发生额
利息支出	587 046 294	876 231 262
减：已资本化的利息费用	522 627 599	795 241 730
减：利息收入	88 190 811	45 967 009
汇兑差额	2 362 643	（127 313 841）
减：已资本化的汇兑差额	—	（115 391 334）
其他	6 053 429	7 813 627
合计	（15 356 044）	30 913 643

30. 借款费用（如表 1 - 1 - 61 所示）

表 1 - 1 - 61 借款费用 单位：元

项目	当期资本化的借款费用金额（元）	资本化率（%）
存货	522 627 599	5.06
当期资本化借款费用小计	522 627 599	5.06
计入当期损益的借款费用	64 418 695	—
当期借款费用合计	587 046 294	5.06

31. 公允价值变动收益（如表 1 - 1 - 62 所示）

表 1 - 1 - 62 公允价值变动收益 单位：元

产生公允价值变动收益的来源	本期发生额	上期发生额
交易性金融资产	（90 894 501）	145 469 305
其中：衍生金融工具产生的公允价值变动收益	（90 894 501）	145 469 305
交易性金融负债	（12 769 002）	—
合计	（103 663 503）	145 469 305

32. 投资收益（如表1-1-63所示）

表1-1-63 **投资收益** 单位：元

项目	本期发生额	上期发生额
权益法核算的长期股权投资收益	176 731 790	176 812 461
处置长期股权投资产生的投资收益	1 910 316[①]	681 925 855
处置交易性金融资产取得的投资收益	75 292 797	(55 923 027)
其他	50 634 704[②]	—
合计	304 569 607	802 815 289

注：①系因本集团本年度处置子公司成都招商置地有限公司、招商花园城（北京）房地产开发有限公司而取得的收益。

②其中本集团委托贷款利息收入扣除相关税费后收益计46 007 850元。

33. 资产减值损失（如表1-1-64所示）

表1-1-64 **资产减值损失** 单位：元

项目	本期发生额	上期发生额
一、坏账损失	484 187	111 444 635
二、存货跌价损失	—	296 210 000
合计	484 187	407 654 635

34. 营业外收入

（1）营业外收入明细（如表1-1-65所示）。

表1-1-65 **营业外收入明细** 单位：元

项目	本期发生额	上期发生额
非流动资产处置利得合计	20 524	263 020
其中：固定资产处置利得	20 524	263 020
政府补助	19 038 698	21 454 931
预计负债转回	8 251 911	396 249
违约金收入	1 180 117	555 632
其他	1 031 710	1 503 535
合计	29 522 960	24 173 367

（2）政府补助明细（如表1-1-66所示）。

表1-1-66 **政府补助明细** 单位：元

项目	本期发生额	上期发生额	说明
电力进口环节增值税返还	15 510 000	19 891 869	①
产业发展专项资金	1 400 000	—	②

表1-1-66(续)

项目	本期发生额	上期发生额	说明
税收返还	1 184 296	1 180 460	③
文体馆经营补贴	700 000	——	④
金融危机扶持资金	100 000	——	⑤
管道改造财政拨款	99 402	99 402	⑥
太阳能应用补助	45 000	——	⑦
会场活动补助	——	283 200	——
合计	19 038 698	21 454 931	——

注：①经财政部和国家税务总局财关税〔2009〕21号文批准，自2009年1月1日起至2009年12月31日止，本公司之子公司深圳招商供电有限公司从香港进口的电力，以5.6亿度为基数，基数内进口电力缴纳的进口环节增值税按照30%的比例予以返还，超出基数部分的进口电力照常缴纳进口环节增值税。

②系本公司之子公司上海丰扬房地产开发有限公司收到的产业发展专项资金。

③系本公司之子公司上海招商局物业管理有限公司根据与上海市虹口区政府签订的税收返还协议书而取得的税收返还款。

④系本公司之子公司漳州招商房地产有限公司收到招商局漳州开发区管理委员会关于漳州开发区一区G地块招商文体馆经营补贴。

⑤系本公司之子公司深圳招商房地产有限公司收到的深圳市南山区财政局金融危机扶持资金及收到的深圳市宝安区财政局关于深圳招商澜园项目太阳能应用补助首期经费。

⑥系本公司之子公司深圳招商水务有限公司收到的用于沙河西路DN1200管道改造及西丽（北环-朗山路口）原水管扩容的财政拨款形成的递延收益。

（35）营业外支出（如表1-1-67所示）

表1-1-67　　　　　　　　营业外支出　　　　　　　　单位：元

项目	本期发生额	上期发生额
非流动资产处置损失合计	631 517	2 111 390
其中：固定资产处置损失	631 517	2 111 390
预计负债支出	27 810 000	7 450 000
对外捐赠	990 461	2 398 000
其他	1 001 110	557 066
合计	30 433 088	12 516 456

（36）所得税费用（如表1-1-68所示）

表1-1-68　　　　　　　　所得税费用　　　　　　　　单位：元

项目	本期发生额	上期发生额
按税法及相关规定计算的当期所得税	768 873 929	241 724 126
递延所得税调整	(249 609 745)	(31 859 260)
合计	519 264 184	209 864 866

八、备查文件（略）

【资料二】招商局地产控股股份有限公司 2006—2009 年财务报表

1. 资产负债表（如表 1－1－69 所示）

表 1－1－69　　　　　　　　　　　　招商地产资产负债表　　　　　　　　　　　　单位：元

会计年度	2006 年	2007 年	2008 年	2009 年
货币资金	1 008 701 234.00	3 588 095 863.00	7 389 133 547.00	9 489 490 935.00
交易性金融资产	—	—	97 331 980.00	6 437 479.00
应收账款	29 101 813.00	56 498 734.00	107 177 879.00	118 962 896.00
预付账款	2 497 461.00	7 295 171.00	28 316 856.00	8 747 313.00
其他应收款	256 354 321.00	836 891 695.00	778 506 128.00	1 926 509 243.00
存货	9 578 770 092.00	17 167 330 873.00	23 869 301 251.00	30 461 181 900.00
一年内到期的非流动资产	20 551 246.00	—	40 129.00	26 754.00
其他流动资产	2 535 817.00	9 608 644.00	227 596 742.00	624 800 651.00
流动资产合计	10 898 511 984.00	21 665 720 980.00	32 497 404 512.00	42 636 157 171.00
可供出售金融资产		3 887 829.00	1 743 773.00	4 898 240.00
持有至到期投资	—	—	—	—
长期应收款			971 960 034.00	1 062 146 037.00
长期股权投资	1 172 374 927.00	568 290 424.00	771 232 269.00	616 512 618.00
投资性房地产		2 377 676 137.00	2 632 975 770.00	2 787 842 250.00
固定资产	573 218 494.00	289 152 145.00	284 573 922.00	299 615 954.00
在建工程	42 728 684.00	131 394 118.00	39 614 982.00	19 254 007.00
无形资产	14 291 083.00	52 463 926.00	94 212.00	54 121.00
商誉	—	1 460 212.00		
长期待摊费用	2 129 066.00	8 100 944.00	196 539 294.00	180 194 127.00
递延所得税资产	—	9 016 967.00	40 876 227.00	290 485 972.00
其他非流动资产	1 498 590 244.00	—	—	—
非流动资产合计	3 303 332 498.00	3 441 442 702.00	4 939 610 483.00	5 261 003 326.00
资产总计	14 201 844 482.00	25 107 163 682.00	37 437 014 995.00	47 897 160 497.00
短期借款	2 206 033 995.00	5 671 532 494.00	3 613 956 278.00	1 372 929 609.00
交易性金融负债		50 589 723.00	—	12 829 413.00
应付票据	329 213 822.00	97 215 654.00	143 287 841.00	257 896 108.00
应付账款	1 154 971 425.00	2 916 864 090.00	1 863 688 472.00	2 705 521 285.00
预收款项	825 831 213.00	183 053 832.00	2 731 472 693.00	9 498 461 291.00
应付职工薪酬	102 623 026.00	136 219 785.00	121 900 048.00	162 832 982.00
应交税费	169 238 984.00	317 190 250.00	270 545 613.00	589 859 453.00
应付利息	—	30 685 761.00	41 051 205.00	21 872 418.00
应付股利	4 445 091.00	22 905 569.00	8 778 785.00	107 751 887.00

表1－1－69（续）

会计年度	2006 年	2007 年	2008 年	2009 年
其他应付款	639 249 640.00	2 139 591 897.00	3 154 569 035.00	5 835 329 987.00
一年内到期的非流动负债	167 891 666.00	300 000 000.00	1 810 099 402.00	1 303 501 721.00
其他流动负债	156 464 551.00	415 608 438.00	459 072 398.00	1 843 563 001.00
流动负债合计	5 755 963 413.00	12 281 457 493.00	14 218 421 770.00	23 712 349 155.00
长期借款	2 430 000 000.00	3 645 235 019.00	6 807 315 907.00	5 720 303 012.00
应付债券	1 510 000 000.00	—	—	—
长期应付款	—	28 790 682.00	33 285 411.00	46 469 703.00
专项应付款	3 161 000.00	—	—	—
预计负债	—	1 211 060.00	90 466 298.00	108 052 194.00
递延所得税负债	—	547 380.00	34 300.00	731 713.00
其他非流动负债	4 980 000.00	5 177 320.00	7 984 305.00	7 218 243.00
非流动负债合计	3 948 141 000.00	3 680 961 461.00	6 939 086 221.00	5 882 774 865.00
负债合计	9 704 104 413.00	15 962 418 954.00	21 157 507 991.00	29 595 124 020.00
实收资本（或股本）	618 822 672.00	844 867 002.00	1 717 300 503.00	1 717 300 503.00
资本公积	1 491 566 681.00	3 413 857 995.00	8 548 544 784.00	8 487 926 904.00
盈余公积	706 035 235.00	612 044 107.00	670 226 504.00	785 793 010.00
减：库存股	—	—	—	—
未分配利润	1 535 728 546.00	3 026 575 655.00	3 858 062 286.00	5 214 909 610.00
少数股东权益	159 553 655.00	1 241 824 273.00	1 416 760 639.00	2 023 299 723.00
外币报表折算价差	− 13 966 720.00	5 575 696.00	68 612 288.00	72 806 727.00
归属母公司所有者权益（或股东权益）	4 338 186 414.00	7 902 920 455.00	14 862 746 365.00	16 278 736 754.00
所有者权益（或股东权益）合计	4 497 740 069.00	9 144 744 728.00	16 279 507 004.00	18 302 036 477.00
负债和所有者（或股东权益）合计	14 201 844 482.00	25 107 163 682.00	37 437 014 995.00	47 897 160 497.00

2. 利润表（如表1－1－70所示）

表1－1－70　　　　　　　　　招商地产利润表　　　　　　　　　单位：元

会计年度	2006 年	2007 年	2008 年	2009 年
一、营业收入	2 939 402 576.00	4 111 644 668.00	3 573 184 200.00	10 137 701 049.00
减：营业成本	1 830 897 548.00	2 179 150 950.00	2 097 773 113.00	5 961 738 151.00
税金及附加	218 563 509.00	512 845 080.00	264 980 117.00	1 623 223 320.00
销售费用	76 192 595.00	76 214 765.00	226 715 702.00	285 334 726.00
管理费用	116 508 734.00	160 771 981.00	203 223 524.00	208 542 650.00
财务费用	− 7 902 914.00	10 604 630.00	30 913 643.00	− 15 356 044.00
资产减值损失	—	− 4 678 993.00	407 654 635.00	484 187.00

43

表 1 - 1 - 70(续)

会计年度	2006 年	2007 年	2008 年	2009 年
加：公允价值变动净收益	—	-50 589 723.00	145 469 305.00	-103 663 503.00
投资收益	-27 041 749.00	201 064 535.00	802 815 289.00	304 569 607.00
其中：对联营企业和合营企业的投资收益		143 786 639.00	176 812 461.00	176 731 790.00
影响营业利润的其他科目	5 034 525.00	—		
二、营业利润	683 135 880.00	1 327 211 067.00	1 290 208 060.00	2 274 640 163.00
加：补贴收入	36 785 343.00			
营业外收入	986 341.00	129 972 366.00	24 173 367.00	29 522 960.00
减：营业外支出	2 153 210.00	2 743 211.00	12 516 456.00	30 433 088.00
其中：非流动资产处置净损失	—	1 527 513.00		631 517.00
三、利润总额	718 754 354.00	1 454 440 222.00	1 301 864 971.00	2 273 730 035.00
减：所得税	126 676 793.00	259 309 334.00	209 864 866.00	519 264 184.00
加：影响净利润的其他科目				—
四、净利润	592 077 561.00	1 195 130 888.00	1 092 000 105.00	1 754 465 851.00
归属于母公司所有者的净利润	567 912 385.00	1 157 877 638.00	1 227 615 829.00	1 644 143 880.00
少数股东损益	24 165 176.00	37 253 250.00	-135 615 724.00	110 321 971.00
五、每股收益	—	—	—	—
（一）基本每股收益	—	1.62	0.94	0.96
（二）稀释每股收益	—	1.52	0.94	0.96

3. 现金流量表（如表 1 - 1 - 71 所示）

表 1 - 1 - 71　　　　　　　　招商地产现金流量表　　　　　　　单位：元

报告年度	2006 年	2007 年	2008 年	2009 年
一、经营活动产生的现金流量				
销售商品、提供劳务收到的现金	3 704 348 389.00	3 785 454 537.00	6 195 335 331.00	15 926 683 850.00
收到的税费返还	33 394 543.00	57 829 657.00	25 520 015.00	598 706.00
收到其他与经营活动有关的现金	474 568 979.00	1 756 268 725.00	887 926 560.00	3 542 739 117.00
经营活动现金流入小计	4 212 311 911.00	5 599 552 919.00	7 108 781 906.00	19 470 021 673.00
购买商品、接受劳务支付的现金	5 120 798 875.00	8 213 204 025.00	9 374 818 057.00	8 370 247 406.00
支付给职工以及为职工支付的现金	268 267 408.00	384 051 253.00	515 097 597.00	561 496 643.00
支付的各项税费	450 022 736.00	547 320 197.00	802 008 011.00	1 426 342 512.00
支付其他与经营活动有关的现金	293 375 050.00	457 569 026.00	336 701 916.00	2 057 203 779.00
经营活动现金流出小计	6 132 464 069.00	9 602 144 501.00	11 028 625 581.00	12 415 290 340.00

表 1 - 1 - 71（续）

报告年度	2006 年	2007 年	2008 年	2009 年
经营活动产生的现金流量净额	-1 920 152 158.00	-4 002 591 582.00	-3 919 843 675.00	7 054 731 333.00
二、投资活动产生的现金流量				
收回投资收到的现金	105 326 264.00	14 966 942.00	40 702 142.00	—
取得投资收益收到的现金	1 393 633.00	35 416 464.00	12 870 616.00	413 971.00
处置固定资产、无形资产和其他长期资产收回的现金净额	409 124.00	304 267 845.00	2 772 549.00	251 567.00
处置子公司及其他营业单位收到的现金净额	—	—	681 912 273.00	13 304 811.00
收到其他与投资活动有关的现金	15 893 880.00	—	—	485 915 710.00
投资活动现金流入小计	123 022 901.00	354 651 251.00	738 257 580.00	499 886 059.00
购建固定资产、无形资产和其他长期资产支付的现金	136 590 322.00	1 039 817 130.00	83 837 658.00	75 630 570.00
投资支付的现金	240 224 481.00	628 565 935.00	1 013 522 765.00	870 044 567.00
取得子公司及其他营业单位支付的现金净额	—	227 583 787.00	5 252 240.00	—
支付其他与投资活动有关的现金	—	19 910 931.00	54 886 338.00	—
投资活动现金流出小计	376 814 803.00	1 915 877 783.00	1 157 499 001.00	945 675 137.00
投资活动产生的现金流量净额	-253 791 902.00	-1 561 226 532.00	-419 241 421.00	-445 789 078.00
三、筹资活动产生的现金流量				
吸收投资收到的现金	10 000 000.00	3 188 359 229.00	6 444 200 352.00	338 613 350.00
取得借款收到的现金	1 485 733 348.00	8 758 782 055.00	8 943 642 350.00	5 612 106 753.00
收到其他与筹资活动有关的现金	4 280 120 460.00	—	—	—
筹资活动现金流入小计	5 775 853 808.00	11 947 141 284.00	15 387 842 702.00	5 950 720 103.00
偿还债务支付的现金	2 763 700 115.00	3 240 580 558.00	6 329 137 678.00	10 044 491 466.00
分配股利、利润或偿付利息支付的现金	223 117 559.00	510 825 979.00	894 253 290.00	1 095 366 405.00
支付其他与筹资活动有关的现金	4 072 548.00	—	—	—
筹资活动现金流出小计	2 990 890 222.00	3 751 406 537.00	7 223 390 968.00	11 139 857 871.00
筹资活动产生的现金流量净额	2 784 963 586.00	8 195 734 747.00	8 164 451 734.00	-5 189 137 768.00
四、汇率变动对现金的影响	1 351 478.00	-6 337 460.00	-12 294 446.00	-2 200 526.00
其他原因对现金的影响	—	—	—	—
五、现金及现金等价物净增加额	612 371 004.00	2 625 579 173.00	3 813 072 192.00	1 417 603 961.00
期初现金及现金等价物余额	311 164 767.00	919 405 741.00	3 544 984 914.00	7 358 057 106.00
期末现金及现金等价物余额	923 535 771.00	3 544 984 914.00	7 358 057 106.00	8 775 661 067.00

【资料三】上市公司房地产行业财务指标平均值（如表 1－1－72 所示）

表 1－1－72　　　　　　　上市公司房地产行业财务指标平均值

财务指标		上市公司平均值	房地产行业平均值	财务指标		上市公司平均值	房地产行业平均值
净资产收益率（%）	2008 年	8.66	9.71	资产负债率（%）	2008 年	54.59	63.1
	2009 年	9.45	11.33		2009 年	57.52	65.24
总资产报酬率	2008 年	6.6	6.27	已获利息倍数	2008 年	5.18	10.48
	2009 年	6.8	6.66		2009 年	7.21	13.32
营业利润率（%）	2008 年	4.83	18.12	速动比率（%）	2008 年	64.46	50.65
	2009 年	7.07	20.2		2009 年	69.84	64.81
盈利现金保障倍数	2008 年	1.82	-1.59	现金流动负债比率（%）	2008 年	18.99	-13.11
	2009 年	2.09	1.12		2009 年	21.75	10.19
股本收益率 %	2008 年	31.83	39.04	营业收入增长率（%）	2008 年	18.75	17.05
	2009 年	36.9	41.97		2009 年	3.85	30.58
总资产周转率	2008 年	0.9	0.3	资本扩张率（%）	2008 年	14.74	29
	2009 年	0.78	0.3		2009 年	17.6	30.32
流动资产周转率	2008 年	2.18	0.35	累计保留盈余率（%）	2008 年	35.03	29.55
	2009 年	1.82	0.36		2009 年	35.83	32.77
应收账款周转率	2008 年	17.05	29.88	总资产增长率（%）	2008 年	17.97	31.07
	2009 年	14.1	22.96		2009 年	22.53	37.93
存货周转率	2008 年	5.08	0.31	营业利润增长率（%）	2008 年	-43.43	6.48
	2009 年	4.13	0.34		2009 年	51.83	54.39

招商局地产控股股份有限公司 2009 年财务状况综合分析

一、行业与公司简介

招商局地产控股股份有限公司（简称招商地产），成立于 1984 年，是香港招商局集团旗下三大核心产业（交通运输及基础设施、地产、金融）之一的地产业旗舰公司，也是国家一级房地产综合开发公司和中国最早的专业房地产开发企业之一。公司于 1993 年在深圳证券交易所挂牌上市（A 股 000024，B 股 2000024），其主要下属企业包括深圳招商房地产有限公司、深圳招商供电有限公司和深圳招商水务有限公司。目前公司分别在北京、上海、广州设立区域管理总部，在天津、重庆、南京、苏州以及漳州等城市设立注册专业开发公司。

经过 20 多年的发展，招商地产已成为一家集开发、物业管理有机配合、物业品种齐全的房地产业集团，形成了以深圳为核心，以珠三角、长三角和环渤海经济带为重点经营区域的市场格局。截止到 2009 年年末，公司总股本达 17.17 亿股，总资产超过 479 亿元。公司分别在深圳、北京、上海、广州、天津、苏州、南京、佛山、珠海、重庆、漳州、成都、惠州等13个大中城市拥有42个大型房地产项目，累积开发面积超过1 639万平方米。

在20多年的实践中，招商地产总结出一套注重生态、强调可持续发展的"绿色地产"企业发展理念，并成功开创了国内的社区综合开发模式。凭借公司治理模式与经营业绩，招商地产收获一系列殊荣：2002—2009年连续跻身中国房地产上市公司综合实力 TOP10；2004—2009年蝉联中国蓝筹地产企业称号；以40.71亿的品牌价值荣登"中国房地产公司品牌价值TOP10"；2009年，招商地产还成了联合国首届人居企业最佳奖的国内唯一获得者，全球仅有五个项目获此殊荣。招商地产是中国国资委首批重点扶持的5家房地产企业之一，并因旗下租赁、供电等业务所带来的丰厚的经常性利润，被誉为"最具抗风险能力的开发商"之一。

本文以招商地产2006年的财务状况为起点，对其2007—2009年年度的经营业绩和财务状况做全面分析。

二、公司财务报表初步分析

（一）资产负债表初步分析

根据表1-1-69的资料，采用环比的方法对公司的资产负债表的主要项目进行趋势分析，编制2007—2009年招商地产资产负债表趋势与结构分析表（如表1-1-73所示）。

表1-1-73　　　　　　　　　资产负债表趋势与结构分析表　　　　　　　　单位:%

项目	2007 年		2008 年		2009 年	
	增减率	比重	增减率	比重	增减率	比重
货币资金	255.71	14.29	105.93	19.74	28.42	19.82
应收账款	94.14	0.23	89.7	0.29	11.00	0.25
其他应收款	226.46	3.34	-6.98	2.08	147.46	4.03
存货	79.22	68.39	39.04	63.76	27.62	63.61
其他流动资产	278.92	0.04	2 268.67	0.61	174.52	1.31
流动资产合计	98.80	86.29	49.99	86.81	31.20	89.02
长期应收款				2.60	9.28	2.22
长期股权投资	-51.53	2.26	35.71	2.06	-20.06	1.29
投资性房地产		9.47	10.74	7.03	5.88	5.82
固定资产	-49.56	1.15	-1.58	0.76	5.29	0.63
非流动资产合计	4.18	13.71	43.53	13.19	6.51	10.98
资产总计	76.79	100.00	49.11	100.00	27.94	100.00
短期借款	157.09	22.59	-36.28	9.65	-62.01	2.87
应付账款	152.55	11.62	-36.11	4.98	45.17	5.65
预收款项	-77.83	0.73	1392.17	7.30	247.74	19.83
应交税费	87.42	1.26	-14.71	0.72	118.03	1.23

表1-1-73(续)

项目	2007 年		2008 年		2009 年	
	增减率	比重	增减率	比重	增减率	比重
其他应付款	234.70	8.52	47.44	8.43	84.98	12.18
一年内到期的非流动负债	78.69	1.19	503.37	4.84	-27.99	2.72
其他流动负债	165.62	1.66	10.46	1.23	301.58	3.85
流动负债合计	113.37	48.92	15.77	37.98	66.77	49.51
长期借款	50.01	14.52	86.75	18.18	-15.97	11.94
非流动负债合计	-6.77	14.66	88.51	18.54	-15.22	12.28
负债合计	64.49	63.58	32.55	56.51	39.88	61.79
实收资本（或股本）	36.53	3.37	103.26	4.59	0.00	3.59
资本公积	128.88	13.60	150.41	22.83	-0.71	17.72
盈余公积	-13.31	2.44	9.51	1.79	17.24	1.64
未分配利润	97.08	12.05	27.47	10.31	35.17	10.89
少数股东权益	678.31	4.95	14.09	3.78	42.81	4.22
归属母公司所有者权益	82.17	31.48	88.07	39.70	9.53	33.99
所有者权益（或股东权益）合计	103.32	36.42	78.02	43.49	12.42	38.21
负债和所有者（或股东权益）合计	76.79	100.00	49.11	100.00	27.94	100.00

1. 资产负债表总体状况的初步分析

从表1-1-73可以看出：

（1）从总体上来看，2007—2009年，招商地产的资产规模保持较快的增长，环比增幅分别为76.79%、49.11%和27.94%，虽然，增幅有所下降，但年增长达110亿元，反映出公司良好的发展势头。

（2）流动资产近三年的增长幅度分别为98.8%、49.99%和31.2%，均超过总资产的增幅；非流动资产分别增长4.18%、43.53%和6.51%，可见，流动资产的快速增长是总资产增长的主要原因。

（3）从资产结构来看，流动资产占总资产的比重近三年分别为86.29%、86.81%和89.02%，非流动资产的比重分别为13.71%、13.19%和10.98%。其中，2009年年末的公司资产总额中，货币资金占19.81%，存货63.6%，其他应收款占4.02%，这是流动资产占89.02%的主要原因；投资性房地产占5.82%，长期应收款占2.22%，固定资产占0.63%，其非流动资产占10.98%。这样的资产结构基本上是比较合理的。作为房地产行业，其中存货占总资产的比重最大，说明该公司以备出售的房屋或处在开发过程中的在建房屋等供应还是比较充足的，其流动资产的比重89.02%远远高于非流动资产的比重10.98%，说明该公司的资产流动性和变现能力很强，对经济形势的应变能力较好；流动资产的增幅远远大于非流动资产的增幅，表明公司资产的流动性增强，资金运营顺畅。

（4）从资金来源来看，2007—2009年，公司负债的增幅分别为64.49%、32.55%、39.88%，其中流动负债分别增长113.37%、15.77%、66.77%，所有者权益分别增长103.32%、78.02%、12.42%。从结构来看，2007—2009年负债的增幅分别为64.49%、32.55%、39.88%，说明公司的抗风险能力有一定的提高但负债的增幅还是过大，2009年的负债增幅大于资产增幅，应引起重视；负债所占比重有增有减但变化不大，保持在60%左右；所有者权益的增幅分别为103.32%、78.02%、12.42%，增幅不断在下降；所占比重也有增有减，保持在40%左右。由此可见，负债占总资产的比重大于所有者权益占总资产的比重，应引起重视，并减轻企业的债务负担，降低财务风险。

2. 资产负债表主要项目的分析

（1）货币资金分析。公司近三年货币资金分别增长255.7%、105.93%和28.42%，虽然环比增幅逐年放缓，但其占总资产的比重相对稳定，也处在较高的水平，2008—2009年均在19%左右，说明公司资金流动性较强，有较充裕的货币资金。

（2）应收款项分析。应收账款2009年比2008年增长11%，比2008年的增长率89.7%大幅地回落，不过其比重较低。从后面利润表分析中可以看到，2009年营业收入增长183.72%，说明公司产品销售收入资金回收迅速；其他应收款2009年比2008年上升147.46%，其比重从2008年的2.08%提高到2009年的4.02%，原因是公司预付拍地保证金及定金增加所致。

（3）存货分析。2007—2009年，公司存货的增幅逐年放缓，分别为79.22%、39.04%和27.62%，其占资产的比重2008—2009年均保持在63%左右，作为房地产开发企业，表明公司存有大量的土地和开发的房地产，为公司可持续的发展提供了后劲。

（4）长期投资分析。公司长期股权投资规模较小，其比重从2008年的2.06%下降到2009年的1.29%；投资性房地产的比重从2009年的9.47%也下降到2009年的5.82%，说明公司在收缩对外投资规模，以保证主营业务的发展。

（5）固定资产分析。2007—2009年，公司的固定资产所占比重和增幅都有所下降，且比重和增幅都很小。一般情况下房地产公司的固定资产账面数，相对于企业的注册资本、开发规模来说，金额不会很大。所以说，这样的结构是合理的。

（6）流动负债分析。2009年公司的流动负债占总资本的比重为49.51%，比2008年的37.98%提高了11.53个百分点，其主要原因是预售款大幅度提高所致，其所占比重由2008年的7.3%上升到2009年的19.83%；其他应付款2009年比2008年也上升了3.75个百分点，达到12.18%，主要原因是子公司少数股东投入的项目垫款及关联公司借款增加所致。

（7）长期负债分析。公司的长期负债主要体现在长期借款上，其比重近三年分别为14.52%、18.18%和11.94%。

（8）股东权益分析。公司2009年的股东权益比2008年增长了12.42%，但由于增幅低于总资产，导致其比重只有38.21%，比2008年下降了5.28个百分点。

3. 资产负债表的总体评价

综上所述，企业的资产总体质量较好，能维持正常的周转。公司的资产规模扩张较快，但资产增长的效率还有待提高，应在资金的回收加强管理；资产流动性和变现能力很强，对经济形势的应变能力较好；并且近三年公司资产的流动性不断增强，资金运营顺畅。但存货和负债的比重仍然较大，应引起重视，并加强对存货的管理和销售工作，减轻公司的债务负担，降低财务风险。总的来说，公司的流动资产和负债较高，表明该公司的稳定性较差，但较灵活，公司的财务状况良好。

（二）利润表初步分析

根据表1-1-70的资料，采用环比的方法对公司的利润表进行趋势分析，编制2007—2009年招商地产利润表趋势与结构分析表（如表1-1-74所示）。

表1-1-74　　　　　　　　　利润表趋势与结构分析表　　　　　　　　单位:%

项目	2007年		2008年		2009年	
	增减率	比重	增减率	比重	增减率	比重
一、营业收入	39.88	100.00	-13.10	100.00	183.72	100.00
减：营业成本	19.02	53.00	-3.73	58.71	184.19	58.81
营业税金及附加	134.64	12.47	-48.33	7.42	512.58	16.01
销售费用	0.03	1.85	197.47	6.34	25.86	2.81
管理费用	37.99	3.91	26.40	5.69	2.62	2.06
财务费用	-234.19	0.26	191.51	0.87	-149.67	-0.15
资产减值损失		-0.11	8 812.44	11.41	-99.88	0.00
加：公允价值变动净收益	-1.23		-387.55	4.07	-171.26	-1.02
投资收益	-843.53	4.89	299.28	22.47	-62.06	3.00
其中：对联营企业和合营企业的投资收益		3.50	22.97	4.95	-0.05	1.74
二、营业利润	94.28	32.28	-2.79	36.11	76.30	22.44
加：营业外收入	13 077.22	3.16	-81.40	0.68	22.13	0.29
减：营业外支出	27.40	0.07	356.27	0.35	143.14	0.30
其中：非流动资产处置净损失		0.04				0.01
三、利润总额	102.36	35.37	-10.49	36.43	74.65	22.43
减：所得税	104.70	6.31	-19.07	5.87	147.43	5.12
四、净利润	101.85	29.07	-8.63	30.56	60.67	17.31
归属于母公司所有者的净利润	103.88	28.16	6.02	34.36	33.93	16.22
少数股东损益	54.16	0.91	-464.04	-3.80	-181.35	1.09
五、每股收益						
（一）基本每股收益		0.00	-41.98	0.00	2.13	0.00
（二）稀释每股收益		0.00	-38.16	0.00	2.13	0.00

从资料一招商地产2009年年度报告中可知公司2009年主营业务情况，如表1－1－75、表1－1－76所示。

表1－1－75　　　　　　　2009年主营业务分行业产品情况表

分行业	营业收入		营业成本		毛利率（％）	营业收入比上年增减（％）
	金额（元）	比重（％）	金额（元）	比重（％）		
房地产开发销售	848 983	83.55	480 325	80.52	43	338
出租物业经营	48 251	4.75	25 731	4.31	47	－4
房地产中介	12 737	1.25	9 104	1.53	29	112
园区供电供水	66 491	6.54	48 597	8.15	27	－12
物业管理	38 279	3.77	31 442	5.27	18	27
工程施工收入	1 340	0.13	1 327	0.22	1	—
合计	1 016 081	100	596 526	100	41.29	—

表1－1－76　　　　　　　2009年主营业务分地区情况表

地区	营业收入		营业收入比上年增减（％）
	金额（元）	比重（％）	
环渤海地区	116 893.00	11.53	85.61
长三角地区	270 944.00	26.73	425.09
珠三角地区	605 659.00	59.74	165.13
其他地区	20 174.00	1.99	45.23
合计	1 013 770.00	100	183.72

1. 利润表总体状况的初步分析

从表1－1－74中可以看出：

（1）从营业收入来看，招商地产近三年营业收入分别增长39.88%、－13.1%、183.72%，波动幅度较大。2008年营业收入的下降，主要是由于国际金融风暴的影响，房地产陷入低迷，2009年，在国家积极的财政政策和适度宽松的货币政策刺激下，房地产市场逐步繁荣，使公司的主营收入大幅提高183.72%。

（2）从利润情况来看，2007年，不论是营业利润、利润总额还是净利润，其增幅均超过营业收入；2008年，营业利润、利润总额和净利润分别下降2.79%、10.49%和8.63%，其下降幅度也都低于营业收入；2009年营业利润增长76.3%，低于营业收入的增幅，主要原因是投资收益大幅度减少以及增值税金大幅度提高。

2. 利润表主要项目的分析

（1）营业收入分析。从产品收入结构来看，由表1－1－75、表1－1－76可知，房地产开发销售收入2009年比2008年增长了338%，其收入占总收入的83.55%，为营业收入的大幅提升提供了重要的保障，表明公司的主营业务非常突出；2009年，出租物业经营和园区供电供水两项收入略有下降，房地产中介收入和物业管理收入也有不同程度的提高。从收入的地区构成来看，由表1-1-75可以知，长三角和珠三角地区销售收入比重占了主营收入的86.47%，这两个地区的营业收入2009年和2008年分别增长了26.73%和59.74%，为营业收入的增长提供了重要的保证。

（2）营业利润分析。营业利润2009年比2008年增长76%，远远低于营业收入的增长幅度，主要原因是税金及附加大幅增长所致，其占营业收入的比重从2008年的7.42%上升到2009年的16.01%，直接导致了营业利润占营业收入的比重从2008年的36.11%下降到2009年的22.44%；2009年，管理费用和销售费用的增幅也远低于营业收入的增幅，使其占营业收入的比重比2008年都有所下降；投资收益和资产减值损失2009年大幅度减少，比重分别从2008年的22.47%、11.41%下降到2009年的3%和0。

（3）净利润分析。营业外收入和营业外支出2009年比2008年尽管有不同程度的增长，但由于其占收入的比重很小，所以对利润总额影响不大；所得税占收入的比重2009年保持了2008年的水平，由于以上分析的原因，净利润占营业收入的比重从2008年的30.56%下降到2009年的17.31%。

3. 利润表的总体评价

综合以上分析，总的来讲，招商地产2009年主营业务鲜明，营业收入增长较快，主营业务的盈利水平保持稳定，盈利能力较强。

（三）现金流量表初步分析

根据表1-1-71的资料，采用环比的方法对公司的现金流量表的主要项目进行趋势分析，编制2007—2009年招商地产现金流量表的趋势、结构和内部结构分析表。（如表1-1-77至表1-1-80）

表1-1-77　　　　　　　　　现金流量趋势分析表　　　　　　　　单位:%

项目	2007年增长率	2008年增长率	2009年增长率
一、经营活动产生的现金流量			
销售商品、提供劳务收到的现金	2.19	63.66	157.08
收到的税费返还	73.17	−55.87	−97.65
收到其他与经营活动有关的现金	270.08	−49.44	298.99
经营活动现金流入小计	32.93	26.95	173.89
购买商品、接受劳务支付的现金	60.39	14.14	−10.72
支付给职工以及为职工支付的现金	43.16	34.12	9.01
支付的各项税费	21.62	46.53	77.85
支付其他与经营活动有关的现金	55.97	−26.42	510.99
经营活动现金流出小计	56.58	14.86	12.57
经营活动产生的现金流量净额	−108.45	2.07	279.97
二、投资活动产生的现金流量			

表1-1-77(续)

项目	2007年增长率	2008年增长率	2009年增长率
收回投资收到的现金	-85.79	171.95	
取得投资收益收到的现金	2 441.30	-63.66	-96.78
处置固定资产、无形资产和其他长期资产收回的现金净额	74 270.57	-99.09	-90.93
处置子公司及其他营业单位收到的现金净额			-98.05
收到其他与投资活动有关的现金			
投资活动现金流入小计	188.28	108.16	-32.29
购建固定资产、无形资产和其他长期资产支付的现金	661.27	-91.94	-9.79
投资支付的现金	161.66	61.24	-14.16
取得子公司及其他营业单位支付的现金净额		-97.69	
支付其他与投资活动有关的现金		175.66	
投资活动现金流出小计	408.44	-39.58	-18.30
投资活动产生的现金流量净额	515.16	-73.15	6.33
三、筹资活动产生的现金流量			
吸收投资收到的现金	31 783.59	102.12	-94.75
取得借款收到的现金	489.53	2.11	-37.25
收到其他与筹资活动有关的现金			
筹资活动现金流入小计	106.85	28.80	-61.33
偿还债务支付的现金	17.26	95.31	58.70
分配股利、利润或偿付利息支付的现金	128.95	75.06	22.49
支付其他与筹资活动有关的现金			
筹资活动现金流出小计	25.43	92.55	54.22
筹资活动产生的现金流量净额	194.29	-0.38	-163.56
四、汇率变动对现金的影响	-568.93	94.00	-82.10
五、现金及现金等价物净增加额	328.76	45.23	-62.82
期初现金及现金等价物余额	195.47	285.57	107.56
期末现金及现金等价物余额	283.85	107.56	19.27

表 1 - 1 - 78 现金流入结构分析表

项目	数额（千元）			比重（%）		
	2007 年	2008 年	2009 年	2007 年	2008 年	2009 年
销售商品、提供劳务收到的现金	3 785 455	6 195 335	15 926 684	21. 15	26. 67	61. 44
收到的税费返还	57 830	25 520	599	0. 32	0. 11	0
收到其他与经营活动有关的现金	1 756 269	887 927	3 542 739	9. 81	3. 82	13. 67
经营活动现金流入小计	5 599 553	7 108 782	19 470 022	31. 28	30. 6	75. 11
收回投资收到的现金	14 967	40 702	—	0. 08	0. 17	
取得投资收益收到的现金	35 416	12 871	414	0. 2	0. 05	0
处置固定资产、无形资产和其他长期资产收回的现金净额	304 268	2 773	252	1. 7	0. 01	0
处置子公司及其他营业单位收到的现金净额	—	681 912	13 305		2. 93	0. 05
收到其他与投资活动有关的现金	—	—	485 916			1. 87
投资活动现金流入小计	354 651	738 258	499 886	1. 98	3. 17	1. 93
吸收投资收到的现金	3 188 359	6 444 200	338 613	17. 81	27. 74	1. 31
取得借款收到的现金	8 758 782	8 943 642	5 612 107	48. 93	38. 49	21. 65
收到其他与筹资活动有关的现金	—	—	—			
筹资活动现金流入小计	11 947 141	15 387 843	5 950 720	66. 74	66. 23	22. 96
合计	17 901 345	23 234 882	25 920 628	100	100	100

表 1 - 1 - 79 现金流出结构分析表

项目	数额（千元）			比重（%）		
	2007 年	2008 年	2009 年	2007 年	2008 年	2009 年
购买商品、接受劳务支付的现金	8 213 204	9 374 818	8 370 247	53. 79	48. 3	34. 16
支付给职工以及为职工支付的现金	384 051	515 098	561 497	2. 52	2. 65	2. 29
支付的各项税费	547 320	802 008	1 426 343	3. 58	4. 13	5. 82
支付其他与经营活动有关的现金	457 569	336 702	2 057 204	3	1. 73	8. 4
经营活动现金流出小计	9 602 145	11 028 626	12 415 290	62. 88	56. 82	50. 67
购建固定资产、无形资产和其他长期资产支付的现金	1 039 817	83 838	75 631	6. 81	0. 43	0. 31
投资支付的现金	628 566	1 013 523	870 045	4. 12	5. 22	3. 55
取得子公司及其他营业单位支付的现金净额	227 584	5 252		1. 49	0. 03	

表1-1-79（续）

项目	数额（千元）			比重（%）		
	2007 年	2008 年	2009 年	2007 年	2008 年	2009 年
支付其他与投资活动有关的现金	19 911	54 886	—	0.13	0.28	—
投资活动现金流出小计	1 915 878	1 157 499	945 675	12.55	5.96	3.86
偿还债务支付的现金	3 240 581	6 329 138	10 044 491	21.22	32.61	40.99
分配股利、利润或偿付利息支付的现金	510 826	894 253	1 095 366	3.34	4.6	4.47
支付其他与筹资活动有关的现金	—	—	—	—	—	—
筹资活动现金流出小计	3 751 407	7 223 391	11 139 85	24.57	37.22	45.47
合计	15 269 429	19 409 516	24 500 823	100	100	100

表 1-1-80　　　　　　　　　　现金净流量结构分析表

项目	2007 年		2008 年		2009 年	
	数额（千元）	比重（%）	数额（千元）	比重（%）	数额（千元）	比重（%）
经营活动产生的现金流量净额	− 4 002 591 582	− 152.45	− 3 919 843 675	− 102.80	7 054 731 333	497.65
投资活动产生的现金流量净额	− 1 561 226 532	− 59.46	− 419 241 421.00	− 11.00	− 445 789 078	− 31.45
筹资活动产生的现金流量净额	8 195 734 747	312.15	8 164 451 734	214.12	− 5 189 137 768	− 366.05
汇率变动对现金的影响	− 6 337 460	− 0.24	− 12 294 446	− 0.32	− 2 200 526	− 0.15
现金及现金等价物净增加额	2 625 579 173	100.00	3 813 072 192	100.00	1 417 603 961	100.00

现金流量表的总体评价如下：

1. 现金流入结构评价

2007—2009 年的现金流入结构中，2007 年、2008 年筹资活动现金流入的比重比较高，占到 66% 左右，其中借款筹资分别占 48.93% 和 38.49%，而经营活动现金流入只占 30% 左右，但 2009 年的结构发生了较大变化，经营活动现金流入比重占 75.11%，筹资活动现金流入比重下降到 22.96%，表明公司的现金流入由筹资活动转移到经营活动，并主要是通过销售商品、提供劳务收到的现金来提高经营活动现金的流入，说明公司收入的收现能力在提高。三年来投资活动所占的比重都很小，2009 年仅有 1.93%。总的来说，公司的现金流入结构较合理，更多地通过经营活动来获取现金，其筹资活动的比重较大，一方面说明公司的融资能力较强，另一方面也说明公司还债压力大，财务风险较高，但这种情况在 2009 年得到了较好的改善。

2. 现金流出结构评价

2007 年、2008 年、2009 年三年的现金流出结构中，经营活动现金流出所占比重不断下降，但都超过 50%，所占比重最大，公司对经营活动投入的资金还是占得比较多的，但 2009 年的增幅仅为 12.57%，主要是所占比重较大的购买商品、接受劳务支付的现金呈负增长状态；投资活动流出现金所占的比重也不断下降且呈负增长趋势，说明公司对外投资有所减少；而筹资活动现金流出所占的比重和增幅不断上升，2009 年的增幅为 54.22%，说明公司更多地去进行融资，但 2009 年筹资活动的现金流出量大于流入量，说明公司在融资的同时进行了一定的收回投资活动。

3. 现金净流量评价

2007—2009 年，公司的经营活动现金流量流入流出比例不断上升，从 58.32% 上升到 156.82%，经营活动产生的现金流量净额比重由 2007 年的 −152.45% 快速上升到 2009 年的 497.65%。由此可见，公司经营活动创造现金的能力在增加。而筹资活动却恰恰相反，现金流量流入流出比例由 2007 年的 318.47% 不断下降到 2009 年的 53.42%，现金流量净额比重也由 2007 年的 312.15% 快速下降到 2009 年的 −336.05%，表明公司筹资活动创造现金的能力不断下降。而投资活动产生的现金流量净额三年来的比重都为负数，分别是 −59.46%、−11.00% 和 −31.45%，流入流出比例也都小于 1，说明公司在投资活动上的情况并不乐观。

综上所述，公司经营活动现金流量还是比较充裕的，且 2009 年来占有重要的地位，有一定程度的现金流动实力；投资活动所固有的风险也不容忽视；筹资活动产生的现金流入预示着筹资能力较强，但 2009 年逐渐转向经营活动。今后公司现金流量管理仍需保持并增强经营活动的获利能力，另外也要警惕由于投资活动不当造成的财务状况恶化。

三、财务能力分析

（一）偿债能力分析

偿债能力是指企业偿还本身所欠债务的现金保障程度。企业的债务包括流动负债和长期负债，评价企业短期偿债能力的指标有流动比率、速动比率、现金比率、现金流动负债比等；评价长期偿债能力的指标有资产负债率、产权比率、权益乘数、利息保障倍数、有形净值债务率等。

根据招商地产 2006—2009 年的财务报表，可以计算该公司 2007—2009 年有关偿债能力的比率，如表 1−1−81 所示。

表 1−1−81　　　　　　　　　招商地产偿债能力比率

指标	2007 年	2008 年		2009 年	
	招商地产	招商地产	行业平均值	招商地产	行业平均值
流动比率	1.76	2.29	—	1.8	—
速动比率	0.37	0.61	0.51	0.51	0.65
现金比率	0.29	0.53	—	0.4	—
现金流动负债比	−0.33	−0.28	−0.13	0.3	0.1
资产负债率（%）	63.58	56.51	63.1	61.79	65.24

表1－1－81（续）

指标	2007 年	2008 年		2009 年	
	招商地产	招商地产	行业平均值	招商地产	行业平均值
产权比率	1.75	1.3	—	1.62	—
权益乘数	2.75	2.3	—	2.62	—
利息保障倍数	138.15	43.11	10.48	无意义	13.2
有形净值债务率	1.76	1.3	—	1.62	—
现金债务总额比	-0.25	-0.19	—	0.24	—

表1－1－81 中的有关数据反映在图形中，如图1－1－1 所示。

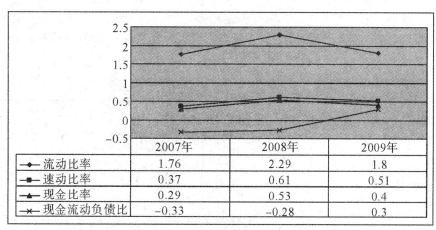

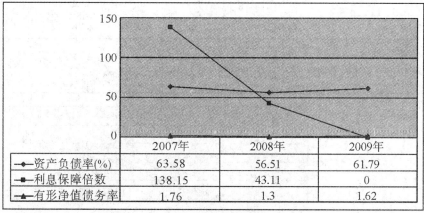

图1－1－1　招商地产偿债能力趋势图

从表1－1－81 和图1－1－1 可知：

（1）从短期偿债能力来看。招商地产的流动比率、速动比率和现金比率在2007—2009 年存在一定波动。2008 年在全球金融风暴的冲击下这三大指标均超过2007 年，其中，速动比率高于行业平均数，但 2009 年在经济出现回暖时，三大指标反而全面下降，并且速动比率低于行业平均数；另外，现金流动负债比在2007—2008 年为负值后，2009 年转为正值，达到0.3，比行业平均值0.1 高了0.2。

（2）从长期偿债能力来看。2007—2009年，公司资产负债率总体上保持基本稳定，并略有下降，2008—2009年都在行业平均数以下；利息保障倍数2007、2008年均保持较高水平，并远远高于行业平均数，2009年虽然为"无意义"，但是表示2009年没有利息负担；产权比率和权益乘数2007—2009年在波动中略为下降；现金债务总额比2009年从2008年的负数转为正数，达到0.24。

（3）总的来说，2007—2009年，招商地产短期偿债能力虽有波动，但总体上有所提高，处在行业的中等水平，负债结构基本合理。

（二）营运能力分析

营运能力是指企业经营资产创造价值的能力，它体现了企业资产利用的效率和效益，反映营运能力一般用资产周转率或周转天数表示，包括总资产周转率和周转天数、流动资产周转率和周转天数、固定资产周转率和周转天数、应收账款周转率和周转天数、存货周转率和周转天数等。

根据招商地产2006—2009年的财务报表，可以计算该公司2007—2009年有关营运能力的比率，如表1-1-82所示。

表1-1-82　　　　　　　　　　招商地产营运能力指标

指标	2007 年	2008 年		2009 年	
	招商地产	招商地产	行业平均值	招商地产	行业平均值
总资产周转率	0.21	0.11	0.3	0.24	0.3
固定资产周转率	9.54	12.46	—	34.71	—
流动资产周转率	0.25	0.13	0.35	0.27	0.36
存货周转率	0.16	0.1	0.31	0.22	0.34
应收账款周转率	96.07	43.66	29.88	89.66	22.96

表1-1-82中的有关数据反映在图形中，如图1-1-2所示。

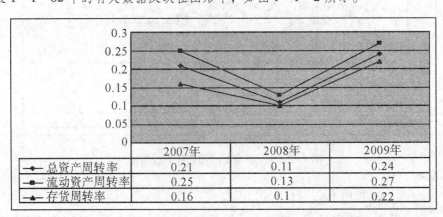

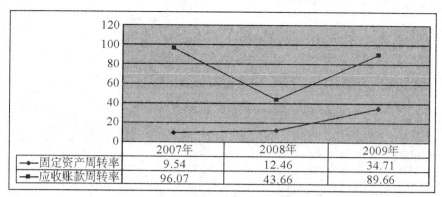

	2007年	2008年	2009年
固定资产周转率	9.54	12.46	34.71
应收账款周转率	96.07	43.66	89.66

图 1-1-2　招商地产营运能力趋势图

分析：从表 1-1-82 和图 1-1-2 可以看出：

（1）从短期资产周转情况来看。招商地产应收账款周转率 2009 年为 89.66 次，比 2008 年的 43.66 次提高了 46 次，增加了一倍多，接近了金融风暴前 2007 年的水平，并且 2008—2009 年两年远远高于行业平均数，尤其是 2009 年是行业平均数的四倍，说明公司应收账款回收迅速，销售顺畅；存货周转率从 2007 年的 0.16 次减少到 2008 年的 0.1 次后，2009 年又增加到 0.22 次，三年来总体上是上升的，但比值较低，2008—2009 年都低于行业平均数；流动资产周转率从 2008 年的 0.13 次提高到 2009 年的 0.27 次，超过了 2007 年，但 2008—2009 年也均低于行业平均水平。

（2）从长期资产周转情况来看。固定资产周转率从 2007 年的 9.54 次快速上升到 2009 年的 34.71 次，从比较资产负债表可知，这与固定资产占总资产的比重逐年下降有关。

（3）从总资产周转率看来，招商地产近三年在波动中小幅变动，从 2007 年的 0.21 次到 2009 年的 0.24 次，总体是上升的，也就是说平均一元的资产营运一年所取得的营业收入从 2007 年的 0.21 元上升到 2009 年的 0.24 元，资产利用效率有所提高，但 2008—2009 年都低于行业平均数。

（4）总的来说，2007—2009 年，招商地产除应收账款维持较高水平以外，其余资产周转率均都不太理想，资产运用效率有待提高，资产周转能力在行业中处在中下水平，表明公司在资产营运管理上还应加大力度，尤其是要加快存货的周转，避免土地过多的积压，以提高资金运用的效益。

（三）盈利能力分析

盈利能力是指企业赚取利润的能力。评价企业的盈利能力，一般可以通过三大侧面衡量企业的盈利能力，一是每元营业收入取得多少利润，或每消耗一元成本费用取得多少利润，即营业盈利能力，评价指标有销售毛利率、营业利润率、销售净利率、成本费用利润率等；二是每一元资产取得多少利润，即资产盈利能力，评价指标有总资产报酬率、总资产净利率、流动资产利润率、固定资产利润率等；三是每投入一元资本取得多少利润，即资本盈利能力，评价指标有股本收益率、所有者权益利润率、净资产收益率、每股收益等。

根据招商地产 2006—2009 年的财务报表，可以计算该公司 2007—2009 年有关营业盈利能力、资产盈利能力和资本盈利能力的比率，如表 1-1-83、表 1-1-84、表

59

1-1-85 所示。

将表 1-1-83、表 1-1-84、表 1-1-85 反映在图形上,如图 1-1-3、图 1-1-4、图 1-1-5 所示。

表 1-1-83   招商地产营业盈利能力比率

指标	2007 年	2008 年		2009 年	
	招商地产	招商地产	行业平均	招商地产	行业平均
销售毛利率(%)	47	41.29	—	41.19	—
收入成本率(%)	53	58.71	—	58.81	—
营业利润率(%)	32.28	36.11	18.12	22.44	20.2
销售净利率(%)	29.07	30.56	—	17.31	—
成本费用利润率(%)	49.48	46.11	—	28.2	—

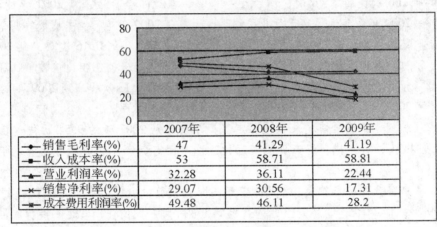

	2007年	2008年	2009年
销售毛利率(%)	47	41.29	41.19
收入成本率(%)	53	58.71	58.81
营业利润率(%)	32.28	36.11	22.44
销售净利率(%)	29.07	30.56	17.31
成本费用利润率(%)	49.48	46.11	28.2

图 1-1-3   招商地产营业盈利能力趋势图

表 1-1-84   招商地产资产盈利能力比率

指标	2007 年	2008 年		2009 年	
	招商地产	招商地产	行业平均	招商地产	行业平均
总资产净利率(%)	6.08	3.49	—	4.11	—
总资产利润率(%)	7.4	4.16	—	5.33	—
总资产报酬率(%)	7.45	4.26	6.27	5.29	6.66
流动资产利润率(%)	8.93	4.81	—	6.05	—
固定资产利润率(%)	337.31	453.83	—	778.42	—

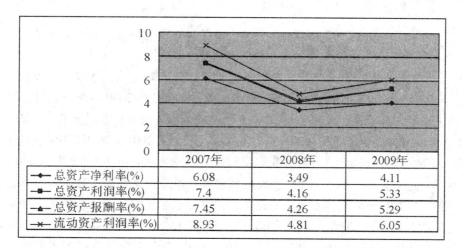

图1-1-4 招商地产资产盈利能力趋势图

表1-1-85 招商地产资本盈利能力比率

指标	2007 年	2008 年		2009 年	
	招商地产	招商地产	行业平均	招商地产	行业平均
所有者权益利润率（%）	21.32	10.24	—	13.15	—
净资产净利率（%）	17.52	8.59	9.71	10.15	11.33
股本收益率（%）	163.3	85.24	39.4	102.16	41.97
资本保值净值率（%）	203.32	178.02	—	112.42	—

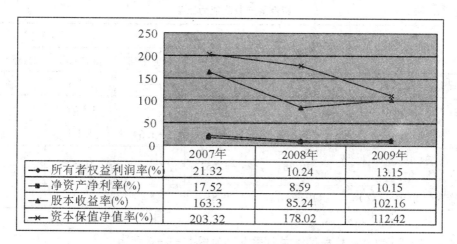

图1-1-5 招商地产资本盈利能力趋势图

从表1-1-83、表1-1-84、表1-1-85和图1-1-3、图1-1-4、图1-1-5可以看出：

（1）从营业盈利能力来看，招商地产2007—2009年的销售毛利率、营业利润率、销售净利率总体来说呈下降趋势，尤其是营业利润率和销售净利率2009年比2008年下降均超过了12个百分点左右，也就是说，每100元的营业收入获得的各种利润不断减少。

（2）收入成本率在2007—2009年持续上升了近6个百分点，而成本费用利润率下降了近21个百分点，主要原因是公司的成本费用过高。

（3）从资产盈利能力来看，总资产净利率、总资产利润率、总资产报酬率、流动资产利润率四个指标2008年都比2007年有大幅下降，虽然2009年有所回暖，但都比2007年下降了30%以上，表明公司2009年的总资产和流动资产盈利水平在下降。

（4）固定资产利润率2007—2009年呈大幅度上升，由2007年的337.31%快速上升到2009年的778.42%，而流动资产利润率逐年下降，这也表明公司的资产结构不尽合理。

（5）从资本盈利能力看，所有者权益利润率、净资产净利率、股本收益率、资本保值净值率在2007—2009年都呈下降趋势，其中所有者权益利润率和净资产净利率下降了7个百分点左右，2009年分别为13.15%和10.15%；股本收益率和资本保值净值率下降幅度较大，分别由163.30%下降到102.16%、203.32%下降到112.42%，表明近三年的股东权益回报率不断降低。

（6）总的来看，公司的盈利水平在行业中处于中等水平，盈利能力近三年来总体呈下降趋势，主要原因是成本费用的增加，公司应对成本费用进行适当的控制，同时应加强对流动资产和固定资产的管理，加强资金的有效利用。

（四）获现能力分析

获现能力是指企业获取现金的能力，通常用销售现金回收率、营业收入现金比率、净利润现金比率、全部资产现金回收率、总资产现金周转率等指标评价企业的获现能力。

根据招商地产2006—2009年的财务报表，可以计算该公司2007—2009年有关获现能力的比率，如表1-1-86。

表1-1-86　　　　　　　　招商地产获现能力比率

指标	2007年	2008年		2009年	
	招商地产	招商地产	行业平均	招商地产	行业平均
销售现金回收率（%）	92.07	173.38	—	157.1	—
营业收入现金比率（%）	-97.35	-109.7	—	69.59	—
净利润现金比率（%）	-334.91	-358.96	-1.59	402.1	112
全部资产现金回收率（%）	-20.36	-12.53	—	16.53	—
总资产现金周转率（%）	19.26	19.81	—	37.33	—

表1-1-86的有关数据反映在图形上，如图1-1-6所示。

从表1-1-86和图1-1-6可以看出：

（1）销售现金回收率近年来保持较高的水平，2009年达到157.1%，这表明当年的营业收入全部收回以外，还收回部分往年形成的应收账款，虽然比2008年有所下降，但2007年以来，总体上是上升的；营业收入现金比率从2007年到2008年连续两年为负数后，2009年转为正数，达到69.59%，表明每100元营业收入所收回的净现金在大幅度增加。这两个指标的上升，体现了公司营业收入的质量有所提高，公司经营

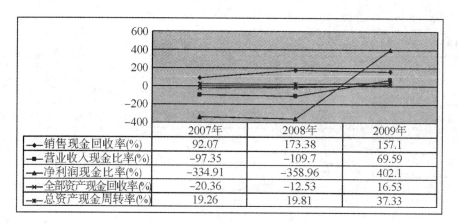

	2007年	2008年	2009年
◆销售现金回收率(%)	92.07	173.38	157.1
■营业收入现金比率(%)	-97.35	-109.7	69.59
▲净利润现金比率(%)	-334.91	-358.96	402.1
×全部资产现金回收率(%)	-20.36	-12.53	16.53
※总资产现金周转率(%)	19.26	19.81	37.33

图 1-1-6　招商地产获现能力趋势图

状况和经营效益较好。

（2）净利润现金比率 2009 年为 402.1%，从前两年的负数转为正数，大幅高于行业平均数，反映了公司利润质量在提高，处于行业的中上水平。

（3）总资产现金周转率近三年逐年提高，从 2007 年的 19.26% 提高到 2009 年的 37.33%。其中，2009 年比 2008 年提高了 18 个百分点；全部资产现金回收率从前两年的负数转为 2009 年的正数，达到 16.53%，2009 年这两个比率的提高都表明了招商地产资产获现能力不断增强。

（4）综合以上分析，可以认为招商地产销售获现能力、资产获现能力较强，利润质量不断提高，处于行业的中上水平。

（五）增长能力分析

增长能力通常是指企业未来生产经营活动的发展趋势和发展潜能。分析增长能力主要考察的指标有总资产增长率、营业收入增长率、资本积累率等。

根据招商地产 2006—2009 年的财务报表，可以计算该公司 2007—2009 年总资产、营业收入、营业利润、净利润、净资产、股本的环比增长比率，如表 1-1-87 所示。

表 1-1-87　　　　　　　　招商地产增长能力比率

指标	2007 年	2008 年		2009 年	
	招商地产	招商地产	行业平均	招商地产	行业平均
总资产增长率（%）	76.79	49.11	31.07	27.94	37.93
营业收入增长率（%）	39.88	-13.1	17.05	183.72	30.58
净利润增长率（%）	101.85	-8.63	—	60.67	—
营业利润增长率（%）	94.28	-2.79	6.48	76.3	54.39
净资产增长率（%）	103.32	78.02	29.00	12.42	30.32
股本增长率（%）	36.53	103.26	—	0	—
累计保留盈余率（%）	39.79	27.82	29.55	32.79	32.77

根据表 1-1-69 和表 1-1-70 将招商地产 2006—2009 年的总资产、营业收入、

营业利润、净利润和净资产等指标列示如表1-1-88所示。

表1-1-88

指标	2006年	2007年	2008年	2009年
资产总计	14 201 844 482	25 107 163 682	37 437 014 995	47 897 160 497
营业收入	2 939 402 576	4 111 644 668	3 573 184 200	10 137 701 049
营业利润	683 135 880	1 327 211 067	1 290 208 060	2 274 640 163
净利润	592 077 561	1 195 130 888	1 092 000 105	1 754 465 851
所有者权益合计	4 497 740 069	9 144 744 728	16 279 507 004	18 302 036 477

将表1-1-88中的数据反映在图形上，如图1-1-7、图1-1-8所示：

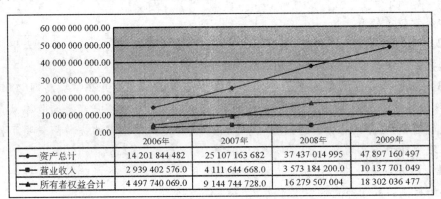

图1-1-7 招商地产资产、营业收入和净资产变化趋势图

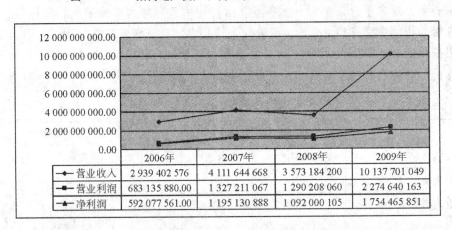

图1-1-8 招商地产营业收入、营业利润和净利润变化趋势图

从表1-1-87和图1-1-7和图1-1-8可以看出：

（1）2007—2009年，公司的总资产稳步增长，三年的环比增长率分别达到76.8%、49.1%和27.9%，表明公司的实力不断增强，但是，2009年资产的增长率低于行业平均数，反映出公司作为房地产企业资产规模的扩张在行业中面临着压力。

（2）2008年，公司尽管总资产在增长49.11%的情况下，但营业收入、营业利润和净利润却出现负增长，这是由于2008年发生的金融风暴的影响。2009年，营业收入、营业利润和净利润的增长速度均超过总资产的增长速度一倍以上，其中，营业收入增长了 183.72%，是总资产增长率的五倍多，营业利润增长率高于行业平均数，扭转了 2008 年的不利局面，资产利用效率在提高。

（3）2008 年，公司股本比 2007 年增长 103.3%，是当年总资产和净资产增长的主要资金来源。2009 年，公司净资产比 2008 年增长 12.42%，在股本不变的情况下，低于净利润的增长速度，也远远低于行业平均增长率。累计保留盈余率在 2007—2009 年有所下降，从 2007 年的 39.79% 减少到 2009 年的 32.79%，与行业平均数持平。

（4）总的来说，近三年，招商地产资产规模稳步增长，收入和利润的增长出现一定幅度的波动，与 2006 年相比，资产规模、营业收入、净利润和股东权益 2009 年均大大提高，公司的整体实力不断增强，发展能力处在行业的中等水平。

四、综合分析与评价

通过以上分析，可以得出以下总体印象：

（1）2009 年，招商地产的资产规模保持平稳较快增长，资产增长效益高，资产结构合理。但近年来资产增长效益性不稳定，2008 年在总资产增长 49% 的情况下，营业收入出现负增长。

（2）公司的资本盈利能力和资产盈利能力 2009 年比 2008 年有不同程度的提高，但均小于 2007 年，反映出公司受 2008 年金融风暴的影响，元气还尚未完全恢复。同时，2009 年，销售净利率大幅下降，主要是因为成本费用利润率下降的影响，公司应加强对费用的控制，公司整体的盈利能力处在行业中等偏下的水平。

（3）公司资产周转速度 2009 年有所加快，但比率偏低，除应收账款周转率以外，2008—2009 年，总资产周转率、流动资产周转率、存货周转率均低于行业平均数，显示出招商地产整体的营运能力处在行业的中下水平，尤其是要加强存货的管理，减少存货的积压，提高流动资产利用效率。

（4）2009 年，公司现金流量的质量有所提高，销售收入现金回收速度加快，经营活动现金净流量转为正数，收入与利润的质量有所提高，获现能力明显增强。

（5）总体来说，公司的整体实力不断增强，发展能力在行业竞争中处于中等水平。

【本案例分析目标】

通过本案例读者能明确两个同类企业财务状况对比分析的基本思路和方法，如何通过分析揭示企业存在的财务问题，并对其投资价值做出正确的判断。

【案例分析资料】

【资料一】亨通光电财务资料

1. 公司基本情况与经营范围

江苏亨通光电股份有限公司（以下简称亨通光电）前身为吴江妙都光缆有限公司。1999 年 12 月 8 日经江苏省人民政府苏政复〔1999〕144 号文批准同意，改制为股份有限公司。公司经中国证券监督管理委员会证监发行字〔2003〕72 号文核准，于 2003 年 8 月 7 日通过上海证券交易所发行人民币普通股（A 股）3 500 万股，发行 A 股后总股本为 12 612 万元。公司股票于 2003 年 8 月在上海证券交易所上市。股票代码为 600487。公司已于 2005 年 8 月 8 日完成股权分置改革。公司自建立以来，现在股本为 20 708.25 万股，其中流通股 16 612 万股。

公司所属行业为光缆制造行业，经营范围为光纤光缆、电力电缆、特种通信线缆、光纤预制棒、光纤拉丝、电源材料及附件、电子元器件、通信设备的制造、销售，废旧金属的收购，网络工程设计、安装，实业投资，自营和代理各类商品和技术的进出口业务。

2. 2007—2010 年主营业务情况（如表 1 - 2 - 1 所示）

表 1 - 2 - 1　　　　　　　公司 2007—2010 年主营业务构成表

年份	项目名称	主营业务收入（元）	主营业务成本（元）	主营业务毛利（元）	毛利率（%）
2007 年	光纤光缆及相关产品	1 065 222 379	830 139 532	235 082 847	22.07

表1-2-1(续)

2008 年	光纤光缆及相关产品	566 144 369	449 600 691	116 543 677	20.59
2009 年	光纤光缆	1 858 465 500	1 354 375 400	504 090 100	27.12
2010 年	光纤光缆	2 051 921 500.00	1 455 088 100.00	596 833 400.00	29.09

3. 2007—2010 年财务报表

（1）资产负债表（如表1-2-2所示）

表1-2-2 　　　　　　　　　亨通光电资产负债表　　　　　　　　　单位：元

会计年度	2007 年	2008 年	2009 年	2010 年
货币资金	593 295 189.97	514 236 096.93	722 016 839.14	510 360 938.07
应收票据	23 709 593.82	31 825 038.32	43 519 724.88	33 949 997.94
应收账款	386 128 675.88	390 342 105.18	456 978 622.44	591 702 913.99
预付款项	76 066 459.39	80 878 798.22	97 901 230.39	210 857 798.20
其他应收款	17 211 193.48	14 083 504.20	12 077 437.67	18 356 552.37
存货	345 797 637.58	432 626 959.61	640 415 843.06	785 679 269.81
流动资产合计	1 442 208 750.12	1 463 992 502.46	1 972 909 697.58	2 150 907 470.38
可供出售金融资产	76 442 299.02	—	—	—
长期股权投资	—	90 000 000.00	110 000 000.00	110 000 000.00
固定资产	374 304 182.91	392 350 554.24	410 545 863.71	769 882 847.43
在建工程	16 434 515.39	142 515 749.30	328 830 862.82	295 068 772.45
无形资产	22 092 334.17	26 313 790.59	82 553 459.65	166 717 823.71
长期待摊费用	1 165 338.77	24 481.00	—	—
递延所得税资产	5 384 169.78	6 602 631.67	7 315 400.04	10 024 823.29
其他非流动资产	15 408 896.34	12 852 978.28	10 297 060.22	7 741 142.16
非流动资产合计	511 231 736.38	670 660 185.08	949 542 646.44	1 359 435 409.04
资产总计	1 953 440 486.50	2 134 652 687.54	2 922 452 344.02	3 510 342 879.42
短期借款	299 700 000.00	283 500 000.00	610 000 000.00	725 000 000.00
应付票据	181 423 119.54	170 117 126.73	320 626 545.44	204 984 442.70
应付账款	195 080 391.17	304 344 007.12	375 047 093.51	505 136 486.87
预收款项	8 650 099.94	41 759 617.14	72 507 207.85	67 053 301.61
应付职工薪酬	4 831 622.56	8 207 477.26	20 591 326.59	39 915 175.86
应交税费	15 298 452.39	5 130 556.85	17 460 940.89	13 274 876.02
应付利息	575 372.50	215 332.25	792 930.00	2 489 141.94
应付股利	4 568 077.97	4 098 740.10	3 393 787.51	7 617 109.14
其他应付款	31 126 059.98	26 621 678.79	9 618 355.25	14 839 392.15
流动负债合计	741 253 196.05	843 994 536.24	1 430 038 187.04	1 580 309 926.2
专项应付款	11 104 038.06	12 654 038.06	—	19 040 000.00
递延所得税负债	1 705 002.80	835 574.67	725 003.65	—

67

表1-2-2(续)

会计年度	2007 年	2008 年	2009 年	2010 年
其他非流动负债	—	—	24 123 885.18	86 192 000.00
非流动负债合计	12 809 040.86	13 489 612.73	24 848 888.83	320 224 124.00
负债合计	754 062 236.91	857 484 148.97	1 454 887 075.87	1 900 534 050.29
实收资本（或股本）	166 120 000.00	166 120 000.00	166 120 000.00	166 120 000.00
资本公积	601 562 751.35	596 086 797.18	596 086 797.18	596 086 797.18
盈余公积	73 772 446.06	82 176 138.94	90 349 632.78	98 391 111.02
减：库存股	—	—	—	—
未分配利润	231 364 617.42	296 224 921.64	438 708 321.72	551 881 694.48
少数股东权益	126 558 434.76	136 560 680.81	176 300 516.47	197 329 226.45
归属母公司所有者权益（或股东权益）	1 072 819 814.83	1 140 607 857.76	1 291 264 751.68	1 412 479 602.68
所有者权益（或股东权益）合计	1 199 378 249.59	1 277 168 538.57	1 467 565 268.15	1 609 808 829.13
负债和所有者（或股东权益）合计	1 953 440 486.50	2 134 652 687.54	2 922 452 344.02	3 510 342 879.42

（2）利润表（如表1-2-3所示）

表1-2-3　　　　　　　　　　　　亨通光电利润表　　　　　　　　　　　单位：元

会计年度	2007 年	2008 年	2009 年	2010 年
一、营业收入	1 100 311 919.08	1 437 658 820.25	1 887 089 228.75	2 085 061 276.24
减：营业成本	857 090 815.97	1 143 669 264.06	1 364 938 015.56	1 479 124 555.73
税金及附加	3 812 084.84	4 671 844.03	6 100 254.77	5 750 861.76
销售费用	45 429 353.06	67 168 730.98	107 369 929.35	118 449 322.94
管理费用	45 525 527.27	73 623 711.27	129 816 048.10	216 175 234.21
勘探费用	—	—	—	—
财务费用	17 799 759.77	17 534 540.26	22 511 416.77	42 397 953.87
资产减值损失	2 083 011.39	8 849 108.85	6 995 716.42	10 220 363.19
投资收益	-2 553 452.31	19 093 028.79	-955 918.06	3 739 581.94
二、营业利润	126 017 914.47	141 234 649.59	248 401 929.72	216 682 566.48
加：营业外收入	4 450 036.94	6 085 809.38	11 269 398.09	20 444 617.85
减：营业外支出	360 408.10	2 329 321.33	1 160 846.83	3 908 477.66
三、利润总额	130 107 543.31	144 991 137.64	258 510 480.98	233 218 706.67
减：所得税	32 329 484.80	21 097 719.81	38 209 849.36	36 903 150.71
四、净利润	97 778 058.51	123 893 417.83	220 300 631.62	196 315 555.96
归属于母公司所有者的净利润	79 654 526.12	106 487 997.10	183 880 893.92	162 744 851.00
少数股东损益	18 123 532.39	17 405 420.73	36 419 737.70	33 570 704.96
五、每股收益	—	—	—	—

表1-2-3(续)

会计年度	2007 年	2008 年	2009 年	2010 年
(一) 基本每股收益	0.48	0.64	1.11	0.98
(二) 稀释每股收益	0.48	0.64	1.11	0.98

(3) 现金流量表（如表1-2-4所示）

表1-2-4　　　　　　　亨通光电现金流量表　　　　　　　单位：元

报告年度	2007 年	2008 年	2009 年	2010 年
销售商品、提供劳务收到的现金	1 412 027 530.35	1 820 650 591.16	2 227 812 373.20	2 662 862 507.29
收到的税费返还	812 138.95	2 159 786.61	1 662 402.72	167 157.69
收到其他与经营活动有关的现金	43 960 343.73	26 593 400.04	52 364 669.60	141 420 559.09
经营活动现金流入小计	1 456 800 013.03	1 849 403 777.81	2 281 839 445.52	2 804 450 224.07
购买商品、接受劳务支付的现金	1 105 414 826.20	1 375 765 195.21	1 710 666 770.63	2 287 090 492.83
支付给职工以及为职工支付的现金	38 742 509.41	54 571 270.90	74 663 833.17	108 138 624.13
支付的各项税费	71 755 522.89	88 405 272.51	87 099 268.04	103 229 752.23
支付其他与经营活动有关的现金	80 309 713.85	115 234 225.66	175 844 737.91	206 098 378.09
经营活动现金流出小计	1 296 222 572.35	1 633 975 964.28	2 048 274 609.75	2 704 557 247.28
经营活动产生的现金流量净额	160 577 440.68	215 427 813.53	233 564 835.77	99 892 976.79
收回投资收到的现金	5 000 000.00	21 648 946.85	—	—
取得投资收益收到的现金	2 465.75	—	1 600 000.00	2 000 000.00
处置固定资产、无形资产和其他长期资产收回的现金净额	360 540.00	641 446.40	952 639.43	25 664 908.95
处置子公司及其他营业单位收到的现金净额	—	—	—	24 295 500.00
投资活动现金流入小计	5 363 005.75	22 290 393.25	2 552 639.43	51 960 408.95
购建固定资产、无形资产和其他长期资产支付的现金	72 224 598.98	223 286 990.82	285 061 288.15	588 643 108.52
投资支付的现金	75 000 000.00	20 000 000.00	20 000 000.00	20 000 000.00
投资活动现金流出小计	147 224 598.98	243 286 990.82	305 061 288.15	608 643 108.52
投资活动产生的现金流量净额	-141 861 593.23	-220 996 597.57	-302 508 648.72	-556 682 699.57
吸收投资收到的现金	—	—	10 500 000.00	—
取得借款收到的现金	466 700 000.00	903 500 000.00	1 186 000 000.00	1 457 992 124.00
筹资活动现金流入小计	466 700 000.00	903 500 000.00	1 196 500 000.00	1 457 992 124.00
偿还债务支付的现金	345 000 000.00	919 700 000.00	859 500 000.00	1 128 000 000.00
分配股利、利润或偿付利息支付的现金	38 859 929.81	62 870 430.97	65 774 974.12	80 694 216.11
筹资活动现金流出小计	383 859 929.81	982 570 430.97	925 274 974.12	1 208 694 216.11

表1-2-4(续)

报告年度	2007 年	2008 年	2009 年	2010 年
筹资活动产生的现金流量净额	82 840 070.19	-79 070 430.97	271 225 025.88	249 297 907.89
四、汇率变动对现金的影响	-354 502.47	-183 398.83	-43 704.38	-36 989.11
五、现金及现金等价物净增加额	101 201 415.17	-84 822 613.84	202 237 508.55	-207 528 804.00
期初现金及现金等价物余额	481 069 308.41	582 270 723.58	497 448 109.74	699 685 618.29
期末现金及现金等价物余额	582 270 723.58	497 448 109.74	699 685 618.29	492 156 814.29

【资料二】三维通信财务资料

1. 公司基本情况和经营范围

三维通信股份有限公司（原名浙江三维通信股份有限公司，以下简称公司或本公司）系经浙江省人民政府企业上市工作领导小组浙上市〔2004〕12 号《关于同意变更设立浙江三维通信股份有限公司的批复》批准，在原浙江三维通信有限公司基础上，整体变更设立的股份有限公司。2004 年 3 月 18 日，公司在浙江省工商行政管理局办理工商变更登记手续，企业法人营业执照现有注册号为 330000000024408。公司设立时注册资本为 6 000 万元，折 6 000 万股（每股面值 1 元）。公司股票已于 2007 年 2 月 15 日在深圳证券交易所挂牌交易。公司现有注册资本 21 456 万元，股份总数 21 456 万股（每股面值 1 元）。其中，有限售条件的流通股份为 A 股 54 356 125 股；无限售条件的流通股份为 A 股 160 203 875 股。

本公司属移动通信设备制造行业。经营范围为：通信工程和网络工程的系统集成，网络技术服务，软件的开发及技术服务，通信设备、无线电发射与接收设备，仪器仪表的开发制造、销售、咨询和维修。主要产品或提供的劳务有：各种型号直放站系统、网络测试系统以及相配套的测试分析软件、网络管理系统软件等软件产品。

2. 2007—2010 年主营业务情况（如表 1-2-5 所示）。

表 1-2-5　　　　　　　　公司 2007—2010 年主营业务构成表

年份	项目名称	主营业务收入（元）	主营业务成本（元）	主营业务毛利（元）	毛利率（%）
2007 年	通信设备制造业	268 118 200.00	164 915 000.00	103 203 200.00	38.49
	网络测试系统	15 448 700.00	12 875 800.00	2 572 900.00	16.65
	微波无源器件	16 920 600.00	7 604 000.00	9 316 600.00	55.06
	无线网络优化覆盖设备及解决方案	232 908 900.00	142 613 100.00	90 295 800.00	38.77
	其他	2 840 000.00	1 822 000.00	1 018 000.00	35.85
	合计	536 236 400.00	329 829 900.00	206 406 500.00	38.49

表1-2-5(续)

年份	项目名称	主营业务收入（元）	主营业务成本（元）	主营业务毛利（元）	毛利率（%）
2008年	无线网络优化覆盖设备及解决方案	354 981 100.00	224 251 200.00	130 729 900.00	36.83
	网络测试系统	19 445 900.00	16 276 900.00	3 169 000.00	16.3
	微波无源器件	66 956 600.00	39 705 000.00	27 251 600.00	40.7
	其他	3 969 600.00	2 890 900.00	1 078 700.00	27.17
	合计	445 353 200.00	283 124 000.00	162 229 200.00	36.43
2009年	网络测试系统	9 504 400.00	7 056 100.00	2 448 300.00	25.76
	微波无源器件	104 557 500.00	57 134 800.00	47 422 700.00	45.36
	无线网络优化覆盖设备及解决方案	695 952 800.00	465 925 800.00	230 027 000.00	33.05
	其他	1 249 500.00	383 200.00	866 300.00	69.33
	合计	811 264 200.00	530 499 900.00	280 764 300.00	34.61
2010年	通信设备制造业	1 005 525 100.00	679 570 600.00	325 954 500.00	32.42
	其他	1 322 500.00	357 300.00	965 200.00	72.98
	网络测试系统	7 143 000.00	5 234 400.00	1 908 600.00	26.72
	网优服务	40 261 900.00	24 028 400.00	16 233 500.00	40.32
	微波无源器件	57 869 300.00	37 265 300.00	20 604 000.00	35.6

3. 2007—2010年财务报表

（1）资产负债表（如表1-2-6所示）

表1-2-6　　　　　　　　　　三维通信资产负债表　　　　　　　　　单位：元

会计年度	2007年	2008年	2009年	2010年
货币资金	180 469 580.63	115 468 984.18	365 942 220.59	390 541 330.11
交易性金融资产	—	—	10 309.00	—
应收票据	11 982 560.82	9 710 914.02	22 687 179.93	8 622 099.61
应收账款	112 293 546.46	142 731 953.47	262 359 095.72	357 632 635.15
预付款项	19 617 942.56	22 461 116.54	17 485 901.68	18 583 568.43
其他应收款	5 585 863.89	7 099 468.80	13 025 760.45	17 544 024.55
存货	210 062 672.06	265 993 868.10	567 222 836.65	508 377 621.21
其他流动资产	385 600.00	75 303.00	80 112.00	148 849.23
流动资产合计	540 397 766.42	563 541 608.11	1 248 813 416.02	1 301 450 128.29
长期股权投资	230 000.00	7 092 918.95	8 826 551.77	12 633 034.06
固定资产	46 300 958.57	159 418 139.48	178 905 626.90	197 064 368.41
在建工程	63 124 332.33	—	—	—
无形资产	10 260 305.56	12 247 012.12	10 396 494.47	10 727 804.74
开发支出	1 057 834.63	—	—	—
商誉	21 799 556.22	21 799 556.22	21 799 556.22	55 171 600.72

表1-2-6(续)

会计年度	2007 年	2008 年	2009 年	2010 年
长期待摊费用	109 142.00	2 102 282.45	2 502 969.02	2 532 924.57
递延所得税资产	1 944 895.93	2 526 794.69	5 098 936.80	7 080 919.58
非流动资产合计	144 827 025.24	205 186 703.91	227 530 135.18	285 210 652.08
资产总计	685 224 791.66	768 728 312.02	1 476 343 551.20	1 586 660 780.37
短期借款	78 000 000.00	107 000 000.00	239 738 970.00	188 000 000.00
交易性金融负债	—	—	69 432.00	—
应付票据	38 455 473.77	37 874 590.53	109 974 726.42	41 874 351.46
应付账款	107 600 594.57	136 209 030.41	287 805 086.16	277 468 750.99
预收款项	35 752 897.02	40 521 534.04	55 323 942.17	87 898 608.86
应付职工薪酬	8 002 645.43	13 066 973.17	45 034 602.81	55 353 355.91
应交税费	- 12 039 476.22	- 4 154 095.87	466 069.12	9 611 479.34
应付利息	103 599.00	110 713.89	250 503.29	306 651.61
其他应付款	45 151 923.69	6 429 827.21	8 477 152.14	9 934 636.01
其他流动负债	2 310 000.00	2 310 000.00	—	—
流动负债合计	303 337 657.26	339 368 573.38	747 140 484.11	670 447 834.18
长期借款	19 660 000.00	15 000 000.00	—	77 840 000.00
应付债券	—			
长期应付款	74 635.04	74 635.04	74 635.04	74 635.04
专项应付款	63 400.00	63 400.00	—	—
预计负债	1 808 987.36	3 418 250.31	6 436 672.44	21 538 455.55
递延所得税负债	—	—	—	—
其他非流动负债	12 068 000.00	15 586 510.42	20 219 999.99	22 295 312.48
非流动负债合计	33 675 022.40	34 142 795.77	26 731 307.47	121 748 403.07
负债合计	337 012 679.66	373 511 369.15	773 871 791.58	792 196 237.25
实收资本（或股本）	80 000 000.00	120 000 000.00	134 100 000.00	214 560 000.00
资本公积	147 509 946.47	107 509 946.47	322 784 588.42	242 324 588.42
盈余公积	12 477 856.06	17 145 061.86	23 144 242.04	32 991 358.80
未分配利润	86 569 502.12	122 437 562.36	175 786 074.40	246 466 890.54
少数股东权益	21 654 807.35	28 124 372.18	46 656 854.76	58 121 705.36
归属母公司所有者权益（或股东权益）	326 557 304.65	367 092 570.69	655 814 904.86	736 342 837.76
所有者权益（或股东权益）合计	348 212 112.00	395 216 942.87	702 471 759.62	794 464 543.12
负债和所有者（或股东权益）合计	685 224 791.66	768 728 312.02	1 476 343 551.20	1 586 660 780.37

（2）利润表（如表1-2-7所示）

表1-2-7　　　　　　　　　　　　　　三维通信利润表　　　　　　　　　　　单位：元

会计年度	2007年	2008年	2009年	2010年
一、营业收入	268 119 956.91	445 778 993.19	812 565 119.58	1 008 291 975.84
减：营业成本	164 914 992.67	283 238 230.28	530 655 045.12	679 570 560.27
税金及附加	3 964 453.14	4 652 740.74	8 025 407.42	20 748 214.84
销售费用	27 995 536.70	43 145 196.42	76 754 402.94	101 514 920.42
管理费用	32 940 253.76	59 242 793.38	93 363 515.47	107 007 127.09
财务费用	851 408.35	5 219 884.84	9 787 528.00	11 857 308.55
资产减值损失	2 191 790.69	502 374.50	8 700 433.61	4 551 353.36
投资收益	185 115.98	793 918.95	1 733 632.82	3 806 482.29
其中：对联营企业和合营企业的投资收益	—	—	1 733 632.82	3 806 482.29
二、营业利润	35 446 637.58	50 571 691.98	87 012 419.84	86 848 973.60
加：营业外收入	12 091 761.28	19 792 817.01	22 270 788.85	29 760 123.72
减：营业外支出	723 058.46	544 664.08	365 344.38	2 285 865.49
其中：非流动资产处置净损失	291 004.01	235 878.27	160 045.62	232 369.50
三、利润总额	46 815 340.40	69 819 844.91	108 917 864.31	114 323 231.83
减：所得税	1 627 157.74	6 815 014.04	13 037 689.51	9 198 385.97
四、净利润	45 188 182.66	63 004 830.87	95 880 174.80	105 124 845.86
归属于母公司所有者的净利润	41 913 724.06	56 535 266.04	77 347 692.22	100 642 932.90
少数股东损益	3 274 458.60	6 469 564.83	18 532 482.58	4 481 912.96
五、每股收益	—	—	—	—
（一）基本每股收益	0.55	0.47	0.63	0.47
（二）稀释每股收益	0.55	0.47	0.63	0.47

（3）现金流量表（如表1-2-8所示）

表1-2-8　　　　　　　　　　　　　　三维通信现金流量表　　　　　　　　　　单位：元

报告年度	2007年	2008年	2009年	2010年
销售商品、提供劳务收到的现金	296 085 293.45	487 201 244.35	796 901 795.91	1 077 521 339.36
收到的税费返还	7 503 397.80	12 912 148.57	15 367 001.51	21 785 399.46
收到其他与经营活动有关的现金	8 256 122.22	16 968 468.58	16 832 806.13	13 450 893.96
经营活动现金流入小计	311 844 813.47	517 081 861.50	829 101 603.55	1 112 757 632.78
购买商品、接受劳务支付的现金	186 833 646.62	322 029 138.45	562 202 021.68	642 292 945.51
支付给职工以及为职工支付的现金	41 653 364.71	53 813 727.81	97 992 669.82	159 217 661.55

表1-2-8(续)

报告年度	2007 年	2008 年	2009 年	2010 年
支付的各项税费	19 613 477.23	28 484 851.07	50 273 671.98	72 268 802.77
支付其他与经营活动有关的现金	48 123 761.17	79 738 712.11	144 313 951.58	153 917 836.95
经营活动现金流出小计	296 224 249.73	484 066 429.44	854 782 315.06	1 027 697 246.78
经营活动产生的现金流量净额	15 620 563.74	33 015 432.06	-25 680 711.51	85 060 386.00
取得投资收益收到的现金	185 115.98	6 000.00	—	—
处置固定资产、无形资产和其他长期资产收回的现金净额	60 550.00	605 266.00	1 466 397.40	206 557.04
收到其他与投资活动有关的现金	40 275 361.00	—	—	—
投资活动现金流入小计	40 521 026.98	611 266.00	1 466 397.40	206 557.04
购建固定资产、无形资产和其他长期资产支付的现金	59 878 071.42	52 045 521.89	43 615 566.86	47 121 746.61
投资支付的现金	—	—	—	—
取得子公司及其他营业单位支付的现金净额	41 775 972.11	6 075 000.00	—	20 091 604.96
支付其他与投资活动有关的现金	—	40 852 260.50	—	—
投资活动现金流出小计	101 654 043.53	98 972 782.39	43 615 566.86	67 213 351.57
投资活动产生的现金流量净额	-61 133 016.55	-98 361 516.39	-42 149 169.46	-67 006 794.53
吸收投资收到的现金	172 386 000.00	—	248 019 000.00	4 900 000.00
取得借款收到的现金	80 000 000.00	310 000 000.00	365 443 608.00	333 858 881.56
收到其他与筹资活动有关的现金	1 395 760.00	—	—	2 000 000.00
筹资活动现金流入小计	253 781 760.00	310 000 000.00	613 462 608.00	340 758 881.56
偿还债务支付的现金	43 782 830.03	285 660 000.00	248 500 000.00	297 584 084.19
分配股利、利润或偿付利息支付的现金	30 507 770.12	22 173 721.18	29 474 300.22	36 226 112.96
支付其他与筹资活动有关的现金	3 232 802.65	1 692 424.66	17 164 367.65	—
筹资活动现金流出小计	77 523 402.80	309 526 145.84	295 138 667.87	333 810 197.15
筹资活动产生的现金流量净额	176 258 357.20	473 854.16	318 323 940.13	6 948 684.41
汇率变动对现金的影响	-32 333.91	-128 366.28	-20 822.75	-403 166.36
现金及现金等价物净增加额	130 713 570.48	-65 000 596.45	250 473 236.41	24 599 109.52
期初现金及现金等价物余额	49 756 010.15	180 469 580.63	115 468 984.18	365 942 220.59
期末现金及现金等价物余额	180 469 580.63	115 468 984.18	365 942 220.59	390 541 330.11

【案例分析点评】

一、基本指标对比分析

（一）总资产

将表1-2-2和表1-2-5中亨通光电和三维通信2007—2010年的总资产反映在图表上，如表1-2-9和图1-2-1所示：

表1-2-9　　　　　　　　　亨通光电和三维通信总资产　　　　　　　　单位：元

公司	2007 年	2008 年	2009 年	2010 年
亨通光电	1 953 440 487	2 134 652 688	2 922 452 344	3 510 342 879
三维通信	685 224 792	768 728 312	1 476 343 551	1 586 660 780

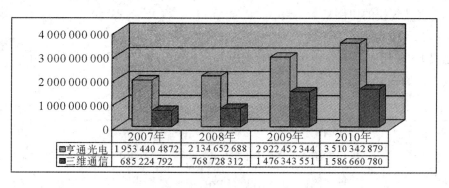

	2007年	2008年	2009年	2010年
亨通光电	1 953 440 4872	2 134 652 688	2 922 452 344	3 510 342 879
三维通信	685 224 792	768 728 312	1 476 343 551	1 586 660 780

图1-2-1　亨通光电和三维通信总资产趋势图

从表1-2-9、图1-2-1可以看出，近年来，亨通光电和三维通信资产规模快速增长，特别是三维通信从2007年的6.85亿提高到2010年的15.86亿元，增加了近两倍多；亨通光电的总资产2007—2008年平稳增长，2009年后增速加快，从2008年的21.35亿元增加到2010年的35.1亿元，而且亨通光电的总资产是三维通信的2倍以上，表明亨通光电的整体实力在三维通信之上。

（二）营业收入

将表1-2-3、表1-2-6中亨通光电和三维通信2007—2010年的营业收入反映在图表上，如表1-2-10和图1-2-2所示。

表1-2-10　　　　　　　　亨通光电和三维通信营业收入　　　　　　　　单位：元

公司	2007 年	2008 年	2009 年	2010 年
亨通光电	1 100 311 919	1 437 658 820	1 887 089 229	2 085 061 276
三维通信	268 119 957	445 778 993	812 565 120	1 008 291 976

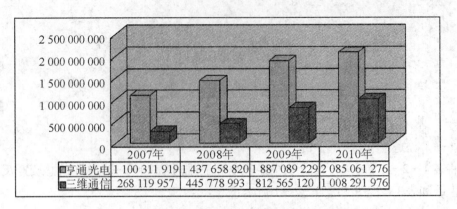

图 1-2-2　亨通光电和三维通信营业收入趋势图

	2007年	2008年	2009年	2010年
亨通光电	1 100 311 919	1 437 658 820	1 887 089 229	2 085 061 276
三维通信	268 119 957	445 778 993	812 565 120	1 008 291 976

收入是企业利润的来源，同时也反映出企业市场的份额。从图 1-2-2 和表 1-2-10 可以看出，2007—2010 年，亨通光电和三维通信的营业收入均保持稳步增长。特别是，2008 年面对全球的金融风暴，还保持一定的增幅，2009 年在经济复苏时出现快速的增长，尤其是三维通信，增长额接近一倍。亨通光电的营业收入是三维通信的两倍，与资产规模的比例基本一致。

（三）营业利润

将表 1-2-3、表 1-2-6 中亨通光电和三维通信 2007—2010 年的营业利润反映在图表上，如表 1-2-11 和图 1-2-3 所示。

表 1-2-11　　　　　　　　　亨通光电和三维通信营业利润　　　　　　　　　单位：元

公司	2007 年	2008 年	2009 年	2010 年
亨通光电	126 017 914	141 234 650	248 401 930	216 682 566
三维通信	35 446 638	50 571 692	87 012 420	86 848 974

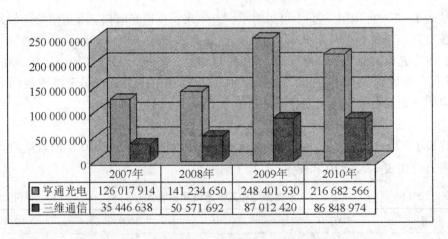

	2007年	2008年	2009年	2010年
亨通光电	126 017 914	141 234 650	248 401 930	216 682 566
三维通信	35 446 638	50 571 692	87 012 420	86 848 974

图 1-2-3　亨通光电和三维通信营业利润趋势图

从表 1-2-11 和图 1-2-3 可知，2007—2009 年，亨通光电和三维通信的营业利润逐年增长，特别是 2009 年增幅加快，2010 年略有减少。亨通光电的营业利润是三维通信的两倍多。

（四）利润总额

将表1-2-3、表1-2-6中亨通光电和三维通信2007—2010年的利润总额反映在图表上，如表1-2-12和图1-2-4所示：

表1-2-12　　　　　　　亨通光电和三维通信利润总额　　　　　　　单位：元

公司	2007 年	2008 年	2009 年	2010 年
亨通光电	130 107 543	144 991 138	258 510 481	233 218 707
三维通信	46 815 340	69 819 845	108 917 864	114 323 232

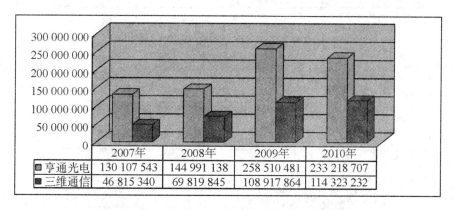

图1-2-4　亨通光电和三维通信利润总额趋势图

从以表1-2-12和图1-2-4可以看出，利润总额的走势与营业利润一致，2009年大幅增长后，2010年，三维通信利润总额趋于平稳，亨通光电略有下降，但也超过三维通信一倍多，说明亨通公司的整体实力在三维通信之上。

（五）净利润

将表1-2-3、表1-2-6中亨通光电和三维通信2007—2010年的净利润反映在图表上，如表1-2-13和图1-2-5所示。

表1-2-13　　　　　　　亨通光电和三维通信净利润　　　　　　　单位：元

公司	2007 年	2008 年	2009 年	2010 年
亨通光电	97 778 059	123 893 418	220 300 632	196 315 556
三维通信	45 188 183	63 004 831	95 880 175	105 124 846

从表1-2-13和图1-2-5可以看出，2007—2010年，三维通信净利润稳步增长，从2007年的4 500多万增加到2010年的1.05亿元。亨通光电的净利润2007—2009年大幅提高一倍多，2010年有所回落，但均远高于三维通信。

（六）净资产

将表1-2-2、表1-2-5中亨通光电和三维通信2007—2010年的净资产反映在图表上，如表1-2-14和图1-2-6所示：

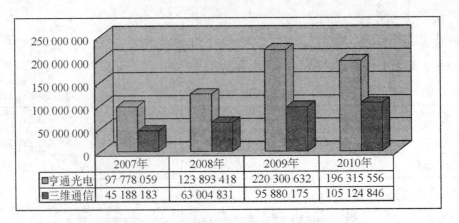

图 1-2-5　亨通光电和三维通信净利润趋势图

表 1-2-14　　　　　　　亨通光电和三维通信净资产　　　　　　　单位：元

公司	2007 年	2008 年	2009 年	2010 年
亨通光电	1 953 440 487	2 134 652 688	2 922 452 344	3 510 342 879
三维通信	685 224 792	768 728 312	1 476 343 551	1 586 660 780

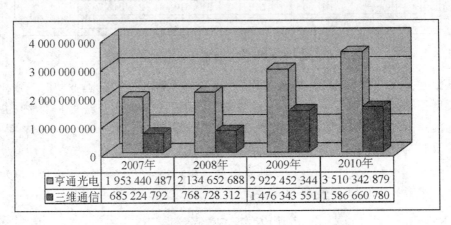

图 1-2-6　亨通光电和三维通信净资产趋势图

图 1-2-6 显示，2007—2010 年亨通光电和三维通信净资产不断增长。三维通信 2010 年通过发行新股和利润积累，使净资产增长了 7.4%，而亨通光电在股本不变的情况下依靠利润增长使股东财富增长了 20.1%。

（七）经营活动现金净流量

将表 1-2-4、表 1-2-7 中亨通光电和三维通信 2007—2010 年的经营活动产生的现金流量净额反映在图表上，如表 1-2-15 和图 1-2-7 所示：

表 1-2-15　　　　亨通光电和三维通信经营活动现金净流量　　　　单位：元

公司	2007 年	2008 年	2009 年	2010 年
亨通光电	160 577 441	215 427 814	233 564 836	99 892 977
三维通信	15 620 564	33 015 432	− 25 680 712	85 060 386

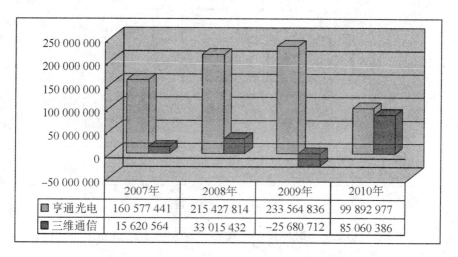

	2007年	2008年	2009年	2010年
亨通光电	160 577 441	215 427 814	233 564 836	99 892 977
三维通信	15 620 564	33 015 432	−25 680 712	85 060 386

图1-2-7 亨通光电和三维通信经营活动现金净流量趋势图

从以表1-2-15和图1-2-7可以看出，2007—2009年，亨通光电的经营活动现金流量净额均为正数且稳步增长，从2007年的1.6亿元增长到2009年的2.34亿元，但2010年却大幅度下降到近1亿元；三维通信的经营活动现金流量净额在2007—2010年有所波动，2008年比2007年增长一倍多，同时均为正数，但2009年为负数，反映出该公司2009年经营活动产生的现金不足以支付当年经营活动的现金流出，值得欣慰的是2010年转为正数，并大幅度增加到8 500万元，远远高于2008年。2007—2009年亨通光电现金流量净额都在三维通信的5倍以上，但2010年亨通光电大幅度减少，两个公司基本持平。

（八）销售商品提供劳务收到的现金

将表1-2-4、表1-2-7中亨通光电和三维通信2006—2009年销售商品提供劳务收到的现金反映在图表上，如表1-2-16和图1-2-8所示：

表1-2-16　　　　亨通光电和三维通信销售商品提供劳务收到的现金　　　　单位：元

公司	2007年	2008年	2009年	2010年
亨通光电	1 412 027 530	1 820 650 591	2 227 812 373	2 662 862 507
三维通信	296 085 293	487 201 244	796 901 796	1 077 521 339

从表1-2-16和图1-2-8可知，2007—2010年，两个公司销售商品提供劳务收到的现金逐年上升，分别从2007年的14.12亿、2.96亿增长到2010年的26.63亿和1.1亿，反映出两个公司销售收入的现金回收比较顺畅，收入的质量较高。

二、财务能力分析

（一）偿债能力分析

偿债能力是指企业偿还本身所欠债务的现金保障程度，可分为短期偿债能力和长期偿债能力。短期偿债能力主要表现为企业一年内到期债务与可支配流动资产之间的关系，主要评价指标有流动比率、速动比率、现金比率、现金流动负债比。长期偿债

79

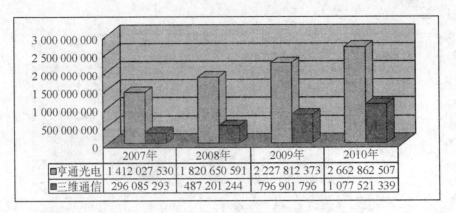

图1-2-8　亨通光电和三维通信销售商品提供劳务收到的现金趋势图

能力是指偿还长期负债的现金保障程度，评价指标包括资产负债率、产权比率、利息保障倍数和有形净值债务率。

1. 流动比率

流动比率是流动资产与流动负债的比率，反映企业在短期内转变为现金的流动资产偿还到期流动负债的能力。其计算公式为：

流动比率＝流动资产÷流动负债

公式中的各项目数据均来自资产负债表。

流动比率表示每一元流动负债有多少流动资产作为其还款的保障。比率越大，表明短期偿债能力越强，企业财务风险越小，债权人收回债权的保障程度越高。亨通光电和三维通信2007—2010年的流动比率如图1-2-9所示。

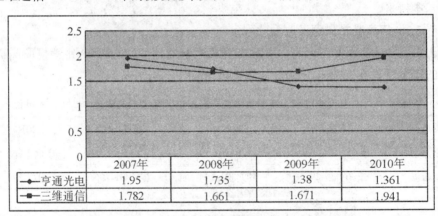

图1-2-9　亨通光电与三维通信流动比率趋势图

从图1-2-9可以看出，三维通信的流动比率2008年比2007年略有下降，2009、2010年连续上升，2010年超过了2007年；2007—2010年，亨通光电的流动比率逐年下降，其中，2007—2008年高于三维通信，但2009年、2010年被三维通信超越。

2. 速动比率

速动比率是速动资产与流动负债的比值，用于衡量企业流动资产中可以立即用于偿还流动负债的能力。它是对流动比率的重要补充，比值越大，表明企业短期偿债能力越强；反之，短期偿债能力越弱。其计算公式为：

速动比率＝速动资产÷流动负债

其中：速动资产＝流动资产－存货

公式中的各项目数据均来自资产负债表。

亨通光电与三维通信2007—2010年速动比率如图1－2－10所示。

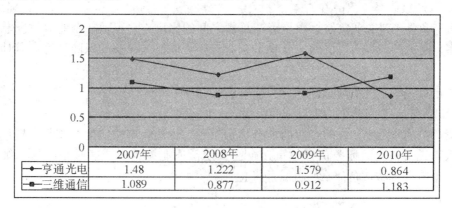

	2007年	2008年	2009年	2010年
亨通光电	1.48	1.222	1.579	0.864
三维通信	1.089	0.877	0.912	1.183

图1－2－10　亨通光电与三维通信速动比率趋势图

从图1－2－10可以看出，2007—2010年，亨通光电的速动比率波动较大，从2007年的1.48上升到2009年的1.58，2010年却大幅下降到0.86，总体是下降的。三维通信的速动比率，2008年比2007年略有下降后，2009—2010年逐年上升，2010年达到1.18超过了亨通光电，四年来总体呈上升趋势，2010年超过了亨通光电。

3. 现金流动负债比

现金流动负债比率是本年度经营活动所产生的现金净流量与流动负债的比率。其计算公式为：

现金流动负债比＝经营活动现金净流量÷流动负债

公式中的经营活动现金净流量来自现金流量表，流动负债来自资产负债表。

现金流动负债比表示偿还一元的流动负债用当年经营活动所产生的现金能还多少，它反映了企业经营活动中产生的现金净流入可以在多大程度上保证当期流动负债的偿还。亨通光电与三维通信2007—2010年现金流动负债比如图1－2－11所示。

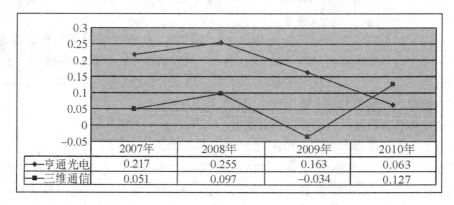

	2007年	2008年	2009年	2010年
亨通光电	0.217	0.255	0.163	0.063
三维通信	0.051	0.097	−0.034	0.127

图1－2－11　亨通光电与三维通信现金流动负债比趋势图

从图1－2－11可以看出，亨通光电的现金流动负债比2008年小幅上升后，2009

年开始逐年下降，2010 年下降到 0.063；2007—2010 年；三维通信的现金流动负债比波动较大，2008 年比 2007 年上升近一倍，2009 年却大幅下降并为负值，2010 年又掉头向上达到 0.127 超过了亨通光电。总体来看，亨通光电的现金流动负债比呈下降趋势，而三维通信呈上升趋势，其经营活动提供的现金偿还流动负债要比亨通光电强。

4. 资产负债率

资产负债率是企业负债总额与资产总额之间的比率。它表示在企业每百元总资产中有多少是通过债权人提供的，反映了企业资产对债权人权益的保障程度。其计算公式为：

资产负债率 =（负债总额÷资产总额）×100%

公式中的各项目数据均来自资产负债表。

资产负债率越小，说明企业的债务负担越轻，企业长期偿债能力越强；资产负债率越大，说明企业的债务负担越重，企业长期偿债能力越弱。亨通光电与三维通信2007—2010 年的资产负债率如图 1-2-12 所示。

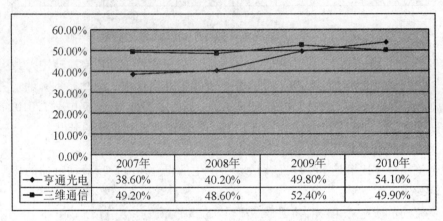

图 1-2-12　亨通光电与三维通信资产负债率趋势图

从图 1-2-12 可知，2007—2010 年，亨通光电的资产负债率逐年上升，从 2007年的 38.6% 到 2010 年的 54.1%；三维通信则比较平稳，都维持在 50% 左右，从以上可知，两个公司总体债务负担不重，在合理的举债范围之内，其财务风险不大。

5. 产权比率

产权比率是负债总额与股东权益总额之间的比率，反映企业财务结构是否稳定，用于衡量企业的风险程度和对债务的偿还能力。一般情况下，产权比率越低，企业长期偿债能力越强，债权人权益的保障程度越高，承担的风险越小。其计算公式为：

产权比率 =（负债总额÷股东权益总额）×100%

公式中的各项目数据均来自资产负债表。

亨通光电与三维通信 2007—2010 年的产权比率如图 1-2-13 所示。

从图 1-2-13 可以看出，2007—2010 年，亨通光电的产权比率逐年上升，从 2007年的 62.87% 上升到 2010 年的 118.06%，而三维通信则有所波动，从 2007 年的96.78% 提高到 2010 年的 99.71%，其中，2009 年为最高 110.16%。2007—2009 年三维通信的产权比率均高于亨通光电，2010 年则相反。

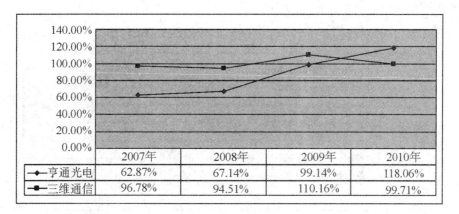

	2007年	2008年	2009年	2010年
亨通光电	62.87%	67.14%	99.14%	118.06%
三维通信	96.78%	94.51%	110.16%	99.71%

图1-2-13　亨通光电与三维通信产权比率趋势图

6. 利息保障倍数

利息保障倍数指标是指企业经营业务收益与利息费用的比率，用以衡量偿付借款利息的能力。由于我国会计报表中未对利息费用单独列示，而且资本化利息也比较难获取，所以在计算这一比率时将财务费用约等于利息费用进行计算。其计算公式为：

利息保障倍数 =（利润总额 + 利息费用）÷利息费用

公式中的各项目数据均来自利润表。

亨通光电与三维通信2007—2010年的利息保障倍数如图1-2-14所示。

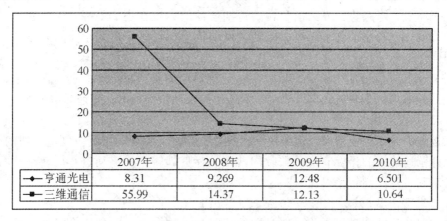

	2007年	2008年	2009年	2010年
亨通光电	8.31	9.269	12.48	6.501
三维通信	55.99	14.37	12.13	10.64

图1-2-14　亨通光电与三维通信利息保障倍数趋势图

从图1-2-14可知，亨通光电的利息保障倍数2007—2009年逐年上升，从8.31上升到12.48但2010年却大幅度下降到6.5表明公司负债利息偿还的保障程度有所减弱；2007—2010年，三维通信的利息保障倍数降幅巨大，从2007年的55.99下降到2010年的10.64显示出公司利息偿还的保障程度的减弱。不过，与亨通光电相比，三维通信有较大的优势，显示三维通信的利息偿还保障程度高于亨通光电。

7. 有形净值债务率

有形净值债务率是产权比率的延伸，是更为谨慎、保守地反映在企业清算时债权人投入的资本受到股东权益的保障程度。其计算公式是：

有形净值债务率 = 负债总额 ÷（所有者权益 - 无形资产）

公式中的各项目数据均来自资产负债表。

亨通光电与三维通信2007—2010年的有形净值债务率如图1-2-15所示。

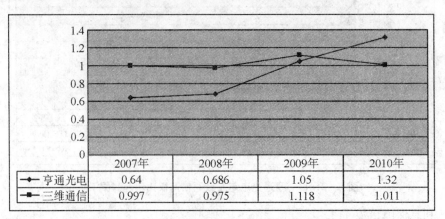

	2007年	2008年	2009年	2010年
亨通光电	0.64	0.686	1.05	1.32
三维通信	0.997	0.975	1.118	1.011

图1-2-15　亨通光电与三维通信有形净值债务率趋势图

如图1-2-15可以看出，近年来，亨通光电的有形净值债务率逐年上升，从2007年的0.64上升到2010年的1.32，2010年开始超过了三维通信；而三维通信的有形净值债务率2007—2010年则比较稳定，维持在1左右，2010年开始低于亨通光电。

亨通光电与三维通信偿债能力的总体评价：

（1）从短期偿债能力来看，近年来，亨通光电的流动比率、速动比率和现金流动负债比率均呈下降趋势，显示出公司的短期偿债能力也在逐步下降，应引起重视；三维通信流动比率和速动比率尚可，但现金流动负债比较低，短期偿债能力总体上比亨通光电强。

（2）从长期偿债能力来看，2010年，三维通信的资产负债率、利息保障倍数、有形净值债务率均优于亨通光电，表明三维通信的长期偿债能力比亨通光电强。

（二）营运能力分析

营运能力是指企业资产营运的效率和效益，实质上体现利用资源创造价值的能力，评价企业营运能力的指标有应收账款周转率、存货周转率、流动资产周转率、固定资产周转率和总资产周转率以及对应的周转天数。

1. 应收账款周转率

应收账款周转率是指企业一定时期的营业收入与应收账款平均余额的比值，表示应收账款一定时期（如一年）周转的次数。其计算公式为：

应收账款周转率=营业收入÷应收账款平均余额

其中：应收账款平均余额=（年初应收账款+年末应收账款）÷2

公式中的营业收入来自利润表，年初应收账款、年末应收账款来自资产负债表。

用时间表示的应收账款周转情况就是应收账款周转天数，其计算公式为：

应收账款周转天数=360÷应收账款周转率

应收账款周转率表示应收账款每年周转的次数，该比率反映了企业应收账款收回速度快慢及其管理效率的高低。应收账款周转率越高，周转次数越多，表明应收账款回收速度越快，企业应收账款管理效率越高，偿债能力越强。

亨通光电与三维通信2008—2010年的应收账款周转率如图1-2-16所示。

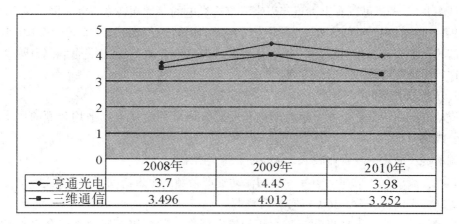

	2008年	2009年	2010年
亨通光电	3.7	4.45	3.98
三维通信	3.496	4.012	3.252

图 1 - 2 - 16　亨通光电与三维通信应收账款周转率趋势图

从图 1 - 2 - 16 可以看出，亨通光电与三维通信的应收账款周转率 2009 年比 2008 年均有不同程度的上升，分别从 2008 年的 3.7、3.496 增加到 2009 年的 4.45 和 4.012，但 2010 年则同时下降，比率达到 3.98 和 3.25；亨通光电的比率均高于三维通信，表明亨通光电的应收账款周转速度快于三维通信。

2. 存货周转率

存货周转率是企业一定时期营业成本与平均存货之间的比率，表示存货在一定时期（通常是一年）周转的次数，也称存货周转次数。其计算公式为：

存货周转率＝营业成本÷存货平均余额

其中：存货平均余额＝（年初存货＋年末存货）÷2

公式中的营业收入来自利润表，年初存货、年末存货来自资产负债表。

用时间表示的存货周转情况就是存货周转天数，其计算公式为：

存货周转天数＝360÷存货周转率

一定时期内存货周转次数越多，说明存货的周转速度越快，存货占用水平越低，流动性越强，存货的使用效率越好；反之，存货的周转速度越慢，存货储存过多，占用资金多，有积压现象。

亨通光电与三维通信 2008—2010 年的存货周转率如图 1 - 2 - 17 所示。

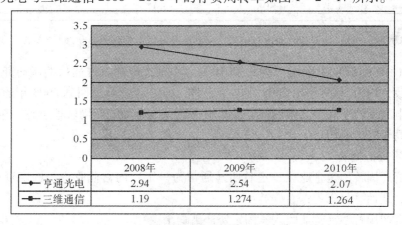

	2008年	2009年	2010年
亨通光电	2.94	2.54	2.07
三维通信	1.19	1.274	1.264

图 1 - 2 - 17　亨通光电与三维通信存货周转率趋势图

从图 1 - 2 - 17 可以看出，近年以来，亨通光电的存货周转率逐年下降，从 2008 年的 2.94 下降到 2010 年的 2.07，说明公司存货的周转速度在减慢；2008—2010 年，三维通信的存货周转率相对稳定，并略有提高，但亨通光电高于三维通信，表明亨通光电的存货周转速度较三维通信要快。

3. 流动资产周转

流动资产周转率是企业一定时期内营业收入与全部流动资产平均余额的比率。其计算公式为：

流动资产周转率 = 营业收入 ÷ 流动资产平均余额

其中：流动资产平均余额 = （年初流动资产余额 + 年末流动资产余额）÷ 2

流动资产周转天数 = 360 ÷ 流动资产周转率

公式中的营业收入来自利润表，年初流动资产余额、年末流动资产余额来自资产负债表。

流动资产周转率表示企业在一定时期（通常是一年）内流动资产周转的次数，或者说平均每元流动资产所取得的营业收入。它是评价企业资产利用效率的主要指标。

流动资产周转天数表示流动资产每周转一次所需要的天数。

一般情况下，流动资产周转率越高，周转天数越短，表明企业流动资产周转的速度越快，流动资产利用效率越高；反之，企业流动资产周转的速度越慢，流动资产利用效率越低。

亨通光电与三维通信 2008—2010 年的流动资产周转率如图 1 - 2 - 18 所示。

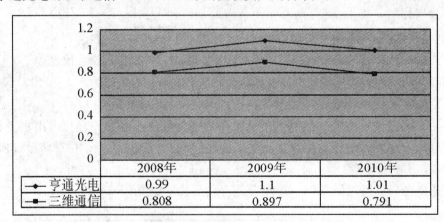

	2008年	2009年	2010年
亨通光电	0.99	1.1	1.01
三维通信	0.808	0.897	0.791

图 1 - 2 - 18　亨通光电与三维通信流动资产周转率趋势图

从图 1 - 2 - 18 可以看出，2008—2010 年，亨通光电和三维通信的流动资产周转率的走势一致，均为 2009 年比 2008 年略为上升，2010 年下降又回到 2008 年的水平，并且亨通光电的周转率高于三维通信，反映出亨通光电流动资产周转速度比三维通信快，利用效率高于三维通信。

4. 固定资产周转

固定资产周转率是企业在一定时期（通常为一年）内营业收入与固定资产平均余额的比率，其计算公式为：

固定资产周转率 = 营业收入 ÷ 固定资产平均余额

其中：固定资产平均余额＝（年初固定资产余额＋年末固定资产余额）÷2

固定资产周转天数＝360÷固定资产周转率

公式中的营业收入来自利润表，年初固定资产余额、年末固定资产余额来自资产负债表。

固定资产周转率表示平均每元固定资产运营一年所获得的营业收入，相当于固定资产平均每年周转的次数。固定资产周转天数表示固定资产每周转一次所需要的时间。固定资产周转率越高，周转天数越短，表明企业固定资产周转的速度就越快，固定资产营运的效率就越高。亨通光电与三维通信2008—2010年的固定资产周转率如图1-2-19所示。

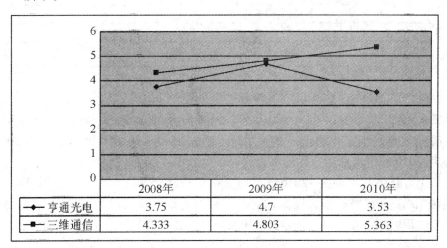

	2008年	2009年	2010年
亨通光电	3.75	4.7	3.53
三维通信	4.333	4.803	5.363

图1-2-19　亨通光电与三维通信固定资产周转率趋势图

从图1-2-19可以看出，2008—2010年，亨通光电的固定资产周转率在波动中略为下降，从2008年的3.75下降到2009年的4.7，2010年大幅度下降到3.5；三维通信的固定资产周转率则逐年上升，从2008年的4.33上升到2010年的5.36，并且均高于亨通光电，反映出三维通信的固定资产利用效率比亨通光电要高。

5. 总资产周转率

总资产周转率是企业在一定时期（通常是一年）内营业收入与平均总资产的比率，其计算公式为：

总资产周转率＝营业收入÷总资产平均余额

其中，

总资产平均余额＝（年初总资产余额＋年末总资产余额）÷2

总资产周转天数＝360÷总周转率

公式中的营业收入来自利润表，年初总资产余额、年末总资产余额来自资产负债表。

总资产周转率表示平均每元总资产运营一年所获得的营业收入，相当于总资产平均每年周转的次数。比率反映了全部资产投资产生营业收入的能力，总资产周转率越高，表明企业全部资产的利用效率越高；反之，则说明企业全部资产的利用效率较低，最终会影响到企业的盈利能力。

亨通光电与三维通信2008—2010年的总资产周转率如图1-2-20所示。

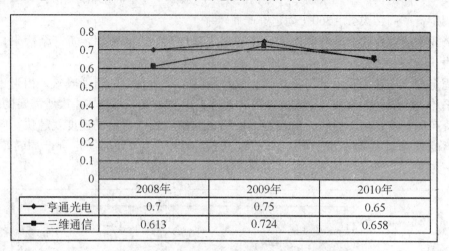

图1-2-20 亨通光电与三维通信总资产周转率趋势图

从图1-2-20可知，2008—2010年，两个公司的总资产周转率均是先升后降，2008年亨通光电高于三维通信，然后差距不断缩小，到2010年两者趋于一致，达到0.65表明2010年平均营运一元的资产获得0.65元的营业收入。

从以上分析来看，2008—2010年亨通光电的流动资产周转率、存货周折率和应收账款周转率均高于三维通信，而固定资产周转率则是三维通信优于亨通光电，使两个公司总资产周转率不相上下。但亨通光电下降趋势比较明显。

（三）盈利能力分析

盈利能力是指企业在一定时期赚取利润的能力。一般可以通过三个方面评价企业的盈利能力：一是销售盈利能力，二是资产盈利能力，三是资本盈利能力。

1. 销售盈利能力分析

（1）营业毛利率

营业毛利率是营业毛利与营业收入的比值，反映企业初始的盈利能力。其计算公式为：

营业毛利率 = 营业毛利 ÷ 营业收入 × 100%

其中，

营业毛利 = 营业收入 - 营业成本

公式中的营业收入与营业成本均来自利润表。

营业毛利率表示平均每百元营业收入中所获得的毛利润，营业毛利率越高，说明企业对产品成本的控制成效越显著，或者产品的单位成本越低，产品竞争力越强。同时，毛利润对管理费用、营业费用和财务费用等期间费用的承受能力越强，盈利能力也越强；否则相反。

亨通光电与三维通信2007—2010年的营业毛利率如图1-2-21所示。

从图1-2-21可以看出，2007—2010年，亨通光电的营业毛利率总体上呈现上升的态势，2010年达29.1%；而三维通信则呈现下降趋势，从2007年的38.49%下降到2010年的32.6%，虽然，四年来都在亨通光电之上，但差距在缩小。总体来讲，三维

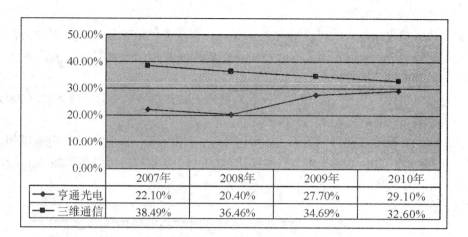

图1-2-21　亨通光电与三维通信营业毛利率趋势图

通信的营业毛利率优于亨通光电。

（2）成本费用利润率

成本费用利润率是指企业一定时期利润总额与成本费用总额之间的比率，其计算公式为：

成本费用利润率＝［利润总额÷（营业成本＋销售费用＋管理费用＋财务费用）］×100%

成本费用利润率表示企业每消耗一百元的成本费用所取得的利润总额。成本费用利润率越高，表示企业以较小的耗费获得较高的利润，成本费用控制越好，盈利能力越强。

亨通光电与三维通信2007—2010年的成本费用利润率如图1-2-22所示。

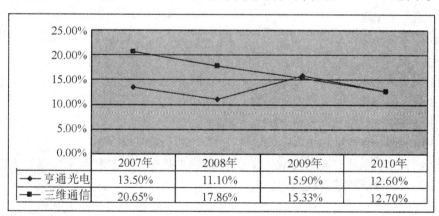

图1-2-22　亨通光电与三维通信成本费用利润率趋势图

从图1-2-22可以看出，2007—2010年，三维通信的成本费用利润率逐年下降，从2007年的20.65%下降到2010年的12.7%；而亨通光电的成本费用利润率则在波动中有所下降，2009年、2010年两个公司的比率基本持平，分别为15%和12%左右，并且2010年都比2009年有所下降。这表明两家公司每耗用百元的成本费用所得到的利润基本相等，成本盈利能力不相上下。

（3）营业收入费用率

营业收入费用率是指期间费用（销售费用、管理费用和财务费用）之和与营业收入之间的比值，表示每百元营业收入中应承担的期间费用用于衡量营业收入对费用的支付能力。其计算公式为：

营业收入费用率＝［（销售费用＋管理费用＋财务费用）÷营业收入］×100%

公式中的各项目数据均来自利润表。

营业收入费用率直接影响着营业利润率，一般情况下，营业收入费用率增加，会引起营业利润率下降。亨通光电与三维通信2007—2010年的销售净利率如图1-2-23所示。

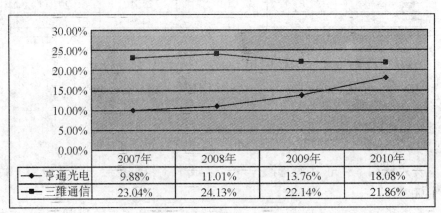

图1-2-23 亨通光电与三维通信营业收入费用率趋势图

从图1-2-23可以看出，2007—2010年，亨通光电营业收入费用率逐年上升，从2007年的9.88%上升到2010年的18.08%，上升了近一倍，表明公司每百元营业收入应承担的期间费用逐年增加，将对盈利能力产生影响；三维通信的营业收入费用率四年来比较稳定，保持在21.8%～24.1%。四年来，三维通信的营业收入费用率均高于亨通光电，说明每百元营业收入三维通信要承担的期间费用比亨通光电高。

（4）营业利润率

营业利润率是指一定时期营业利润与营业收入的比值，其计算公式为：

营业利润率＝营业利润÷营业收入×100%

公式中的各项目数据均来自利润表。

营业利润率表示每百元营业收入所获得的营业利润，营业利润率越高，表明企业通过日常经营活动获得收益的能力越强。

亨通光电与三维通信2007—2010年的营业利润率如图1-2-24所示。

从图1-2-24可以看出，三维通信的营业利润率逐年下降，从2007年的13.22%下降到2010年的8.61%，并且2007—2008年高于亨通光电，但2009—2010年被亨通光电超越；而亨通光电的营业利润率，2008年下降后，2009年大幅上升达到13.2%，并超越了三维通信，但2010年又下降，几乎接近2008年的低点，不过仍在三维通信之上。总体来说，近两年，亨通光电的营业利润率优于三维通信。

（5）销售净利率

销售净利率是净利润与营业收入的比值，其计算公式为：

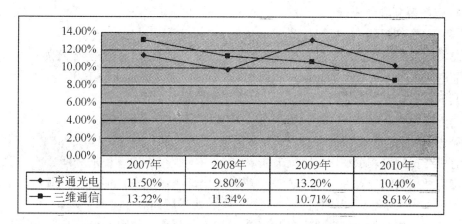

	2007年	2008年	2009年	2010年
亨通光电	11.50%	9.80%	13.20%	10.40%
三维通信	13.22%	11.34%	10.71%	8.61%

图 1-2-24　亨通光电与三维通信营业利润率趋势图

销售净利率＝净利润÷营业收入×100%

公式中的各项目数据均来自利润表。

销售净利率反映每百元营业收入所获取的净利润，销售净利率越大，表明企业在正常经营的情况下由盈转亏的可能性越小，并且通过扩大主营业务规模取得利润的能力越强。

亨通光电与三维通信 2007—2010 年的销售净利率，如图 1-2-25 所示。

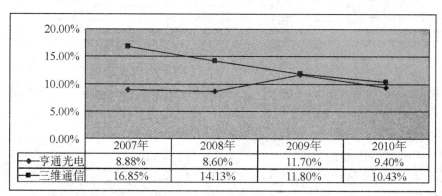

	2007年	2008年	2009年	2010年
亨通光电	8.88%	8.60%	11.70%	9.40%
三维通信	16.85%	14.13%	11.80%	10.43%

图 1-2-25　亨通光电与三维通信销售净利率趋势图

从图 1-2-25 可以看出，2007—2010 年，三维通信的销售净利率逐年下降，从 2007 年的 16.85% 下降到 2010 年的 10.43%，表明该公司销售盈利能力在不断减弱；亨通光电的销售净利率基本稳定，从 2007 年的 8.88% 到 2010 年的 9.40%，与三维通信只差 1 个百分点。

（6）销售盈利能力的总体评价

综合以上分析可知，2010 年，三维通信的毛利率优于亨通光电，两家公司的成本费用利润率基本持平。由于收入费用率三维通信高于亨通光电，三维通信的营业利润率反而低于亨通光电，虽然三维通信的销售净利率高于亨通光电，但作为反映正常经营业务盈利能力的重要指标——营业利润率，亨通光电更有优势，所以，我们认为亨通光电的销售赢利能力比三维通信强。

2. 资产盈利能力分析

（1）总资产报酬率

总资产报酬率是企业的息税前利润与平均总资产的比值，其计算公式为：

总资产报酬率 =（利润总额 + 利息支出）÷ 总资产平均余额 × 100%

其中，

总资产平均余额 =（年初总资产余额 + 年末总资产余额）÷ 2

公式中的利息支出数据来自利润表中的财务费用。

总资产报酬率表示平均每百元总资产营运一年所获得的息税前利润，该比率反映企业资产利用的综合效果，用于衡量企业运用全部资产赢利的能力。一般情况下，该比率越高，表明企业资产的利用效益越好，经营水平越高。

亨通光电与三维通信 2008—2010 年的总资产报酬率，如图 1 - 2 - 26 所示。

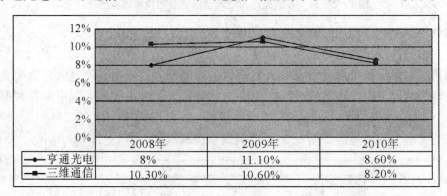

	2008年	2009年	2010年
亨通光电	8%	11.10%	8.60%
三维通信	10.30%	10.60%	8.20%

图 1 - 2 - 26　亨通光电与三维通信总资产报酬率趋势图

从图 1 - 2 - 26 可以看出，2008 年，三维通信的总资产报酬率高于亨通光电，但到 2009 年被亨通光电超越，2010 年两家公司的总资产报酬率都有一定的下降，两者差距很小，显示出两家公司的资产营运效益不相上下。

（2）流动资产利润率

流动资产利润率是利润总额与流动资产平均余额之间的比值，表示平均每百元总资产所获得的税前利润，是衡量流动资产营运效益的指标。其计算公式为：

流动资产利润率 =（利润总额 ÷ 流动资产平均余额）× 100%

其中，

流动资产平均余额 =（年初流动资产余额 + 年末流动资产余额）÷ 2

流动资产利润率越高，表明企业流动资产营运效益越好，盈利能力越强。

亨通光电与三维通信 2008—2010 年的流动资产利润率如图 1 - 2 - 27 所示。

图 1 - 2 - 27 显示，2009—2010 年亨通光电的流动资产利润率明显高于三维通信，其差距超过 2 个百分点，不过，两家公司 2010 年的比率都比 2009 年有所下降，并且三维通信的比率低于 2008 年。可见，亨通光电的流动资产营运效益好过三维通信。

（3）固定资产利润率

固定资产利润率是利润总额与固定资产平均余额的比率，表示平均每百元固定资产所获得的税前利润，反映企业固定资产营运效益。其计算公式为：

固定资产利润率 =（利润总额 ÷ 固定资产平均余额）× 100%

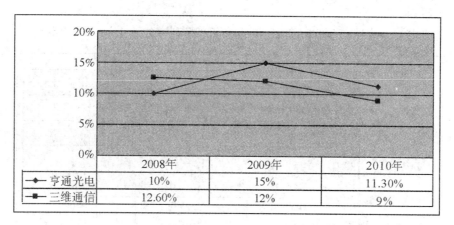

图1-2-27 亨通光电与三维通信流动资产利润率趋势图

其中,

固定资产平均余额 = (年初固定资产余额 + 年末固定资产余额) ÷2

固定资产利润率越高,表示企业固定资产营运效益越好,为提高全部资产的盈利能力提供重要保障。亨通光电与三维通信2008—2010年的固定资产利润率如图1-2-28所示。

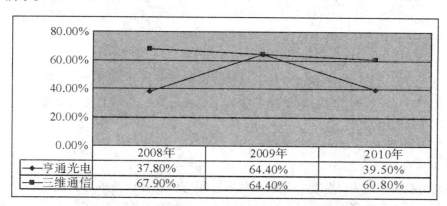

图1-2-28 亨通光电与三维通信固定资产利润率趋势图

图1-2-28显示,2008—2010年,三维通信的固定资产利润率缓慢下降,但保持较高的水平,2008年、2010年均高于亨通光电;2008—2010年,亨通光电的固定资产利润率先升后降,从2009年的64.4%下降到2010年的39.5%,接近2008年的水平,除2009年与三维通信持平外,2008年、2010年均远低于三维通信。这表明三维通信的固定资产营运效益好于亨通光电。

(4)总资产净利率

总资产净利率是净利润与资产平均余额的比率,表示企业在一定时期内平均每元的资产所获得的税后利润。其计算公式为:

总资产净利率 = (净利润÷总资产平均余额) ×100%

其中,

总资产平均余额 = (年初总资产 + 年末总资产) ÷2

总资产净利率是评价企业总资产盈利水平的综合指标,比值越大,表明企业资产盈利能力越强。

亨通光电与三维通信2008—2010年的总资产净利率如图1-2-29所示。

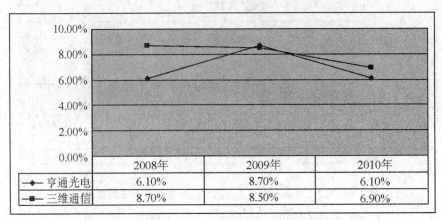

	2008年	2009年	2010年
◆ 亨通光电	6.10%	8.70%	6.10%
■ 三维通信	8.70%	8.50%	6.90%

图1-2-29　亨通光电与三维通信总资产净利率趋势图

从图1-2-29可知，2008—2010年，亨通光电的总资产净利率先升后降，2010年重回2008年的水平，说明该公司的资产盈利水平不太稳定。而三维通信的总资产净利率则连年下降，从2008年的8.7%下降到2010年的6.9%，反映出该公司的资产盈利水平有下降的趋势，不过2008年、2009年两年均在亨通光电之上。这说明总体上三维通信的资产盈利能力比亨通光电强。

（5）资产盈利能力的总体评价

从以上分析可知，2009—2010年，亨通光电的总资产报酬率比三维通信略高，但三维通信的总资产利润率和总资产净利率比亨通光电好，总体上说三维通信的资产盈利能力比亨通光电强。

3. 资本盈利能力

（1）所有者权益利润率

所有者权益利润率是企业一定时期利润总额与所有者权益平均数的比率，表示股东平均每一元的所有者权益所获得的税前利润，其计算公式为：

所有者权益利润率 =（利润总额÷所有者权益平均数）×100%

其中，

所有者权益平均数 =（年初所有者权益+年末所有者权益）÷2

亨通光电与三维通信2008—2010年净资产收益率如图1-2-30所示。

从图1-2-30可以看出，2008年，三维通信的所有者权益利润率远高于亨通光电，但2008年后差距逐步缩小，到2010年几乎相等，而且，三维通信2010年的所有者权益利润率还低于2008年，反映出有下降的趋势；亨通光电的情况好一些，还处于上升通道中。

（2）净资产收益率

净资产收益率是企业一定时期净利润与平均净资产的比率，表示股东平均每一元的所有者权益所获得的净利润。其计算公式为：

净资产收益率 =（净利润÷所有者权益平均余额）×100%

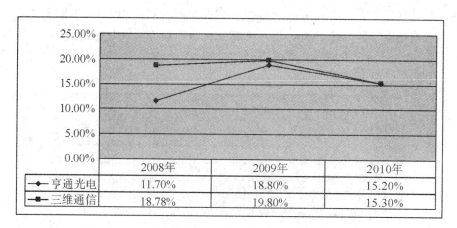

图1-2-30　亨通光电与三维通信所有者权益利润率趋势图

其中，

所有者权益平均余额=（年初所有者权益+年末所有者权益）÷2

净资产收益率是评价企业自有资本与积累获得报酬水平的最具综合性与代表性的综合指标，是企业盈利能力指标的核心。净资产收益率越高，表明投资者投资的回报越高，企业的盈利能力越强。亨通光电与三维通信2008—2010年净资产收益率如图1-2-31所示。

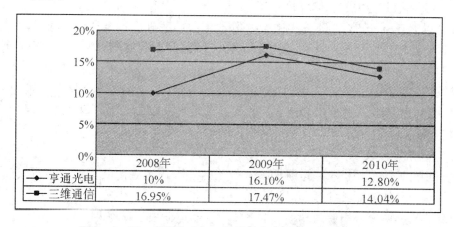

图1-2-31　亨通光电与三维通信净资产收益率趋势图

从图1-2-31可知，2008—2010年，亨通光电与三维通信的净资产收益率均为先升后降，而且三维通信的净资产收益率均高于亨通光电的同期水平，不过，其差距有所缩小，反映出三维通信的股东投资回报率高于亨通光电，资本盈利水平优于亨通光电。

（3）股本收益率

股本收益率是企业一定时期净利润与平均实收资本（股本）的比率，表示股东平均每一元的实收资本（股本）所获得的净利润。其计算公式为：

股本收益率=（净利润÷股本平均余额）×100%

其中，

股本平均余额=（年初股本+年末股本）÷2

股本收益率是从股东投入本金的角度来衡量企业盈利能力水平的指标，它反映了股东投入本金所获得的回报。股本收益率越高，表明股东投资的回报越大。亨通光电与三维通信2008—2010年股本收益率如图1-2-32所示。

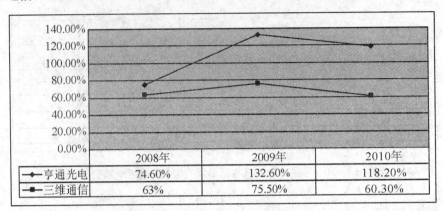

	2008年	2009年	2010年
亨通光电	74.60%	132.60%	118.20%
三维通信	63%	75.50%	60.30%

图1-2-32 亨通光电与三维通信股本收益率趋势图

从图1-2-32可以看出，亨通光电的股本收益率2010年比2009年有所下降，但远高于2008年，总体上是上升的；近三年，三维通信的股本收益率先升后降，2010年在2008年以下，并且三年都低于亨通光电。

（4）资本盈利能力的总体评价

综合以上分析可知，2008—2010年，除股本收益率外，三维通信的净资产利润率和净资产收益率均比亨通光电高。总的来说，三维通信的资本盈利能力比亨通光电强。

（四）获现能力分析

获现能力是指标企业在一定时期内获取现金的能力，反映企业收入利润的质量。评价获现能力的指标一般有销售现金回收率、营业收入现金比率、盈余现金保障倍数、全部资产现金回收率和总资产现金周转率。

1. 销售现金回收率

销售现金回收率是企业一定时期（一般为一年）内销售商品提供劳务所收到的现金与营业收入的比率。其计算公式为：

销售现金回收率＝销售商品提供劳务所收到的现金÷营业收入

公式中的销售商品提供劳务所受到的现金来自现金流量表，营业收入来自利润表。

销售现金回收率表示企业在一定时期每元营业收入现金回收的比例，比率越高，说明营业收入现金收回的程度越高，销售获现能力越强。由于现金流量表中销售商品提供劳务所收到的现金既包括当年销售收回的现金，也包括往年销售的应收账款的现金，还包括当年的预收款。所以，在实际分析时，要连续观察几年的比率。亨通光电与三维通信2007—2010年销售现金回收率如图1-2-33所示。

从图1-2-33可知，2007—2010年，亨通光电与三维通信的销售现金回收率的走势基本一致，均为稍有波动但变化不大，2010年与2007年基本持平，但亨通光电每年都大于1三维通信则在1左右，并且亨通光电均大于三维通信。以上结果表明两个公司营业收入现金回收比较稳定，销售现金回收情况较好；同时，亨通光电的销售获现能力要比三维通信强。

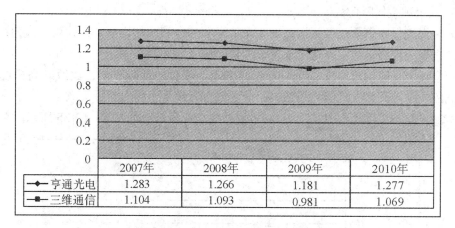

图1－2－33　亨通光电与三维通信销售现金回收率趋势图

2. 营业收入现金比率

营业收入现金比率是企业一定时期（一般为一年）内经营活动现金流量净额与营业收入的比率。其计算公式为：

营业收入现金比率＝经营活动现金流量净额÷营业收入

公式中的经营活动现金流量净额来自现金流量表，营业收入来自利润表。

营业收入现金比率表示企业在一年内每一元营业收入收回的现金净额，比率越高，说明企业营业收入现金回收越好，营业收入质量越高，获现能力越强。但由于现金流量表中的现金流入和流出是以收付实现制编制的，如果企业当年大量购入存货而支付现金时，对比率会产生较大的影响，所以，在分析时应加以注意。亨通光电与三维通信2007—2010年营业收入现金比率如图1－2－34所示。

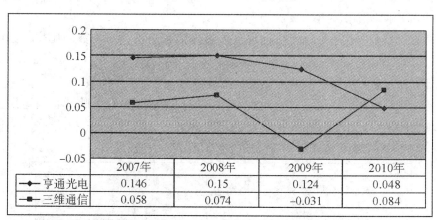

图1－2－34　亨通光电与三维通信营业收入现金比率趋势图

从图1－2－34可以看出，近四年，三维通信的营业收入现金比率波动较大，而且比值偏低，2009年出现负数，所幸的是2010年有所上升，并超过2007年的水平；亨通光电的营业收入现金比率逐年下降，2010年下降加速，并首次低于三维通信，说明该公司营业收入的质量有所下降。

3. 盈余现金保障倍数

盈余现金保障倍数是经营活动现金流量净额与净利润的比率。其计算公式为：

盈余现金保障倍数 = 经营活动现金流量净额÷净利润

盈余现金保障倍数反映了当期净利润中现金收益的保障程度，比值越高，说明企业利润的质量越高，获现能力越强，但分子或分母出现负值时指标失效。

亨通光电与三维通信2007—2010年盈余现金保障倍数如图1-2-35所示。

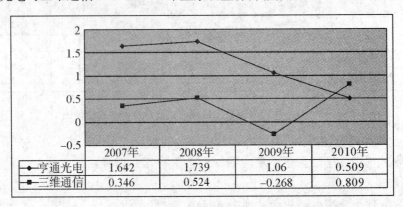

	2007年	2008年	2009年	2010年
亨通光电	1.642	1.739	1.06	0.509
三维通信	0.346	0.524	−0.268	0.809

图1-2-35　亨通光电与三维通信盈余现金保障倍数趋势图

从图1-2-35可知，2007—2009年，亨通光电的盈余现金保障倍数都大于三维通信，两者的走势相同，均为2008年比2007年略有上升，2009年比2008年大幅下降，三维通信为负数；但到了2010年，三维通信转为上升，达到0.809并超过了2008年；而亨通光电继续下降，首次低于三维通信，总体上看亨通光电的利润质量高于三维通信，但2010年有所改变。

4. 全部资产现金回收率

全部资产现金回收率是经营活动现金流量净额与总资产平均数的比率，其计算公式为：

全部资产现金回收率 = 经营活动现金流量净额÷总资产平均数

全部资产现金回收率表示每一元资产获得的现金流量，它反映了企业运用全部资产获取现金的能力，比值越大表示企业运用全部资产获取现金的能力越强。亨通光电与三维通信2008—2010全部资产现金回收率如图1-2-36所示。

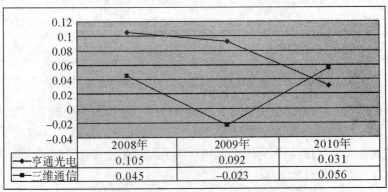

	2008年	2009年	2010年
亨通光电	0.105	0.092	0.031
三维通信	0.045	−0.023	0.056

图1-2-36　亨通光电与三维通信全部资产现金回收率趋势图

从图 1-2-36 可以看出，2008—2010 年，亨通光电与三维通信全部资产现金回收率的走势和盈余现金保障倍数的走势如出一辙。

5. 总资产现金周转率

总资产现金周转率是销售商品提供劳务收到的现金与总资产平均数的比率。其计算公式为：

总资产现金周转率＝销售商品提供劳务收到的现金÷总资产平均数

总资产现金周转率表示每一元总资产所获得的现金收入，它是从现金的角度反映总资产的周转速度，总资产现金周转率比总资产周转率更能体现企业资产的周转速度。亨通光电与三维通信 2008—2010 年总资产现金周转率如图 1-2-37 所示。

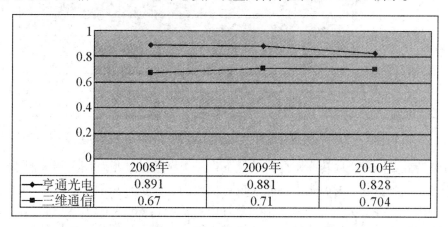

	2008年	2009年	2010年
亨通光电	0.891	0.881	0.828
三维通信	0.67	0.71	0.704

图 1-2-37　亨通光电与三维通信总资产现金周转率趋势图

从图 1-2-37 可以看出，2008—2010 年，三维通信的总资产现金周转率保持基本稳定，并略有上升，在 0.7 左右；而亨通光电略有下降，但每年都高于三维通信，反映出亨通光电的总资产现金周转速度较三维通信快。

亨通光电与三维通信获现能力的总体评价：

从以上图表可以看出，2008—2010 年，亨通光电的销售现金回收率和总资产周转率都超过三维通信，表示每元营业收入与每元总资产所收到的现金亨通光电较三维通信有优势；营业收入现金比率、盈余现金保障倍数与全部资产现金回收率，2009年以前亨通光电有明显优势，但 2010 年被三维通信全面超越，这与亨通光电 2010 年经营活动现金流出增加有关。总体来讲，亨通光电的获现能力比三维通信稍强。

（五）发展能力分析

发展能力是指企业在生存的基础上，扩大规模、壮大实力的潜在能力，分析发展能力主要考察总资产、营业收入、营业利润、净利润、净资产的增长趋势和增长速度。

1. 总资产定基增长率

总资产定基增长率分为增长率分定基增长率和环比增长率两种。定基增长率是把某一时期作为基期，其他时期与之对比的一种增长率。环比增长率是计划期与上期连续对比的形成的比率，本案例采用定比比率。

总资产定基增长率是本年总资产对某一年的增长额与某一年总资产的比率。其计算公式为：

总资产定基增长率＝［（本年总资产－基期总资产）÷基期总资产］×100%

总资产定基增长率表示本年度总资产相对某一固定年份总资产的增长幅度，比率为正数，说明企业本年度的资产规模相对基期获得增加；比率为负数，则说明资产比基期减少。以 2007 年为基期，亨通光电与三维通信 2008—2010 年的总资产增长率如图 1-2-38 所示。

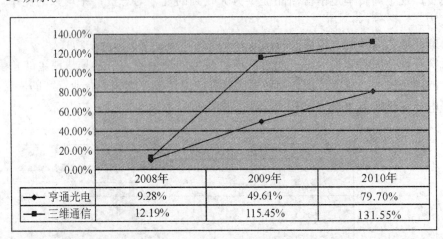

	2008年	2009年	2010年
亨通光电	9.28%	49.61%	79.70%
三维通信	12.19%	115.45%	131.55%

图 1-2-38　亨通光电与三维通信总资产定基增长率趋势图

在经营效益和资产周转率不变的情况下，一个企业的新增利润主要来源于新增资产，因此，一个企业的发展能力首先表现在规模的扩张上。从图 1-2-38 可以看出，2008—2010 年，亨通光电与三维通信的总资产定基增长率逐年上升，表明两间公司的资产规模逐年增加，三维通信的增长速度高于亨通光电，说明三维通信的发展势头强过亨通光电。

对总资产增长率的分析，还要注意分析资产增长的效益性，因为，企业资产增长率越高并不意味着企业资产规模增长就越适当。要评价一个企业资产规模增长是否适当，必须与收入增长结合起来。

2. 营业收入定基增长率

营业收入定基增长率是本年营业收入对某一年的增长额与某一年营业收入的比率。其计算公式为：

营业收入定基增长率 =［（本年营业收入 - 基期营业收入）÷基期营业收入］×100%

营业收入定基增长率表示本年度的营业收入相对某一固定年份营业收入的增长幅度，是用于衡量企业经营成果和市场占有能力、预测企业经营业务拓展趋势的重要指标。比率为正数，表明企业本年营业收入有所增长，指标值越高，表明增长速度越快，企业市场前景越好。亨通光电与三维通信 2008—2010 年的营业收入增长率如图 1-2-39 所示。

从图 1-2-38 和图 1-2-39 可以看出，近三年，三维通信和亨通光电在资产高速增长的同时，营业收入也快速增长，而且营业收入增长的速度高于资产增长的速度，并且，三维通信营业收入定基增长率高于亨通光电。这反映出两家公司资产增长具有效益性，具有良好的成长性。

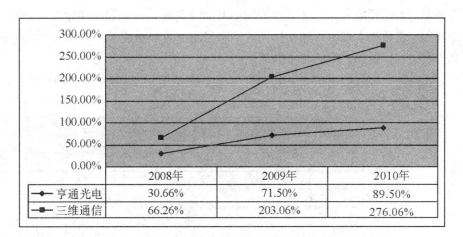

图 1-2-39　亨通光电与三维通信营业收入定基增长率趋势图

3. 营业利润定基增长率

营业利润定基增长率是企业本期营业利润增长额同基期营业利润的比率。计算公式为：

营业利润定基增长率 = ［（本年营业利润 - 基期营业利润）÷ 基期营业利润］×100%

营业利润定基增长率表示与基期相比，企业营业利润的增减变动情况，是评价企业经营发展和盈利能力状况的综合指标。比值越大，说明企业营业利润增长越快，业务扩张能力越强。

亨通光电与三维通信 2008—2010 年的营业利润定基增长率如图 1-2-40 所示。

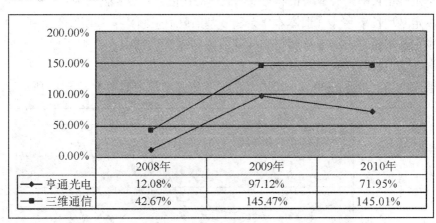

图 1-2-40　亨通光电与三维通信营业利润定基增长率趋势图

从图 1-2-40 可以看出，2009—2010 年，三维通信营业利润定基增长率保持较高的水平，达到 145% 以上，说明该公司的营业利润获得较快增长。2008—2010 年，亨通光电的营业利润定基增长率有所波动，也低于三维通信，2010 年比 2009 年下降了 26 个百分点，但总体是上升的。总体来说三维通信营业利润的增长速度高于亨通光电。

4. 净利润定基增长率

净利润定基增长率是净利润增长额与基期净利润的比值，其计算公式为：

101

净利润定基增长率 = ［（本年净利润—基期净利润）÷基期净利润］×100%

净利润定基增长率表示与基相比，各年净利润增减变动情况。净利润增长率越高，表明企业收益增长越快，市场竞争力越强。

亨通光电与三维通信 2008—2010 年的净利润定基增长率如图 1 - 2 - 41 所示。

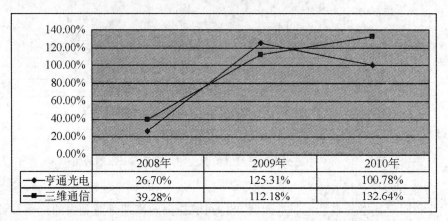

	2008年	2009年	2010年
亨通光电	26.70%	125.31%	100.78%
三维通信	39.28%	112.18%	132.64%

图 1 - 2 - 41　亨通光电与三维通信净利润定基增长率趋势图

从图 1 - 2 - 41 可以看出，2008—2010 年，三维通信的净利润定基增长率逐年提高，从 2008 年的 39.28% 提高到 2010 年的 132.64%，表明公司的净利润增长迅速，公司的收益获得实质性增长。亨通光电净利润增长情况不如三维通信，2009 年虽然曾超过三维通信，但 2010 年比 2009 年下降了 20 个百分点，说明该公司的净利润增长还不稳定。

5. 股本定基增长率

股本定基增长率是股本增长额与基期股本的比值，其计算公式为：

股本定基增长率 = ［（股本本年余额 - 基期股本余额）÷基期股本余额］×100%

股本定基增长率表示与基期相比各期股本增减变动情况，反映了股东投入本金的变动情况，比值越高，表明股东投入的本金越多。

亨通光电与三维通信 2008—2010 年的股本定基增长率如图 1 - 2 - 42 所示。

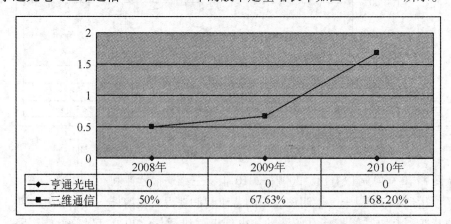

	2008年	2009年	2010年
亨通光电	0	0	0
三维通信	50%	67.63%	168.20%

图 1 - 2 - 42　亨通光电与三维通信股本定基增长率趋势图

从图 1 - 2 - 42 可知，2008—2010 年，三维通信的股本定基增长率逐年增长，2010 年速度加快，从 2008 年的 50% 提高到 2010 年的 168.2%。而亨通光电的股本近三年没有变化。

6. 所有者权益定基增长

所有者权益定基增长率是所有者权益增长额与基期所有者权益的比率，其计算公式为：

所有者权益定基增长率 = ［（本年所有者权益余额 - 基期所有者权益余额）÷基期所有者权益余额］×100%

所有者权益定基增长率表示与基期相比企业股东权益增减变动情况，反映了企业股东财富的增长程度，也体现出企业资产增长的质量。该比率越高，表明企业股东权益增长越快，企业资产增长状况良好。亨通光电与三维通信 2008—2010 年的所有者权益定基增长率如图 1 - 2 - 43 所示。

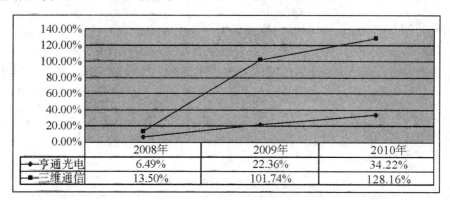

	2008年	2009年	2010年
◆亨通光电	6.49%	22.36%	34.22%
■三维通信	13.50%	101.74%	128.16%

图 1 - 2 - 43　亨通光电与三维通信所有者权益定基增长率趋势图

从图 1 - 2 - 43 可以看出，2008—2010 年，亨通光电的所有者权益定基增长率稳步增长，从 2008 年的 6.49% 提高到 2010 年的 34.22%；三维通信的所有者权益定基增长率 2009 年大幅增长后，2010 年保持高速增长，达到 128.16%。

亨通光电与三维通信发展能力的总体评价：

（1）对亨通光电来说。2008—2010 年，总资产比 2007 年分别增长 9.28%、49.61%、79.7%，在股本不变的情况下，所有者权益分别增长 6.49%、22.3% 和 34.22%，低于总资产的增长幅度，这意味着公司近三年资产规模的扩张主要来自负债的增长；营业收入三年来分别增长 30.66%、71.5% 和 89.5%，高于资产的增幅，表明公司资产的增长是有效益的，而净利润三年也分别增长 126.7%、125.31% 和 100.78%，高于营业收入的增长幅度，也说明公司收入的增长具有有效益性。以上说明公司具有良好的成长性。

（2）对三维通信来说。2008—2009 年，与 2007 年相比，总资产分别增长 12.19%、115.45%、131.55%，营业收入分别增长 66.26%、203.06%、276.06%，收入增幅超过资产的增幅，表明资产增长的效益性好；公司的净利润分别增长 39.28%、112.18%、132.64%，虽然增幅也高，但远低于收入的增幅，说明收入增长的效益性还不太理想。三年来，公司净资产的增长率、净利润增长率与资产增长基本持平，反映出公司资产的增长主要是靠所有者权益的增加，公司具有一定的成长性。

（3）从以上分析可以认为，亨通光电和三维通信都具有较好的成长性。但是，不论是资产规模、营业收入、净利润，还是净资产，三维通信的增长速度均超过亨通光电，所以相对而言三维通信的发展能力高于亨通光电。

三、杜邦分析

从盈利能力分析可知，2010年三维通信和亨通光电的净资产收益率分别为12.8%和14.04%，下面我们从杜邦分析体系逐层分析差异的原因。

1. 从第一层（见表1-2-17）

表1-2-17　　　　　　　　　净资产收益率影响因素分析表

公司	净资产收益率	总资产净利率	权益乘数
亨通光电	12.8%	6.1%	2.1
三维通信	14.04%	6.9%	2.035

从表1-2-17可知，2010年三维通信的净资产收益率为14.04%，比亨通光电的12.8%高出1.24个百分点，说明三维通信的净资产收益能力强于亨通光电。其主要原因是三维通信的总资产净利率大于亨通光电，虽然，三维通信的权益乘数略低于亨通光电，但差距较小。这意味着三维通信的所有者权益盈利能力强于亨通光电根本原因是三维通信的总资产盈利能力强于亨通光电。而总资产净利率三维通信大于亨通光电的原因又是什么，要从第二层进行分析。

2. 第二层（见表1-2-18）

表1-2-18　　　　　　　　　总资产净利率影响因素分析表

公司	总资产净利率	总资产周转率	销售净利率
亨通光电	6.1%	0.65	9.4%
三维通信	6.9%	0.658	10.43%

从表1-2-18可以发现，2010年，亨通光电和三维通信的总资产周转率分别为0.65和0.658两者只相差0.08而销售净利率分别是9.4%和10.43%，三维通信大于亨通光电，这表明三维通信销售获利能力强是它的总资产净利率大于亨通光电的主要原因。

四、亨通光电与三维通信财务状况的总体评价

通过以上分析，亨通光电和三维通信给我们以下总体的印象：

（1）2008年以来，亨通光电与三维通信的资产规模快速扩张，销售业务不断上升，利润逐年增加，两家公司具有良好的成长性，但对于整体规模和实力，亨通光电比三维通信强。

（2）两家公司的营运能力不相上下，存在一定的波动，总体上三维通信占优势。

（3）财务结构、负债水平均属于合理的范围，存在财务风险的可能性较小。

（4）从盈利能力看，亨通光电销售净利率、总资产净利率和净资产净利率存在波动，反映出公司的盈利水平不稳定；三维通信的销售净利率、总资产净利率和净资产净利率逐年下降，显示该公司的盈利能力不断减弱，但总体上三维通信的盈利水平在亨通光电之上。

（5）两家公司资金回收速度较快，获现能力较强，总体来讲，亨通光电的获现能力比三维通信更有优势。

下篇
基础训练与实训

模块一
偿债能力分析

【实训目的】

通过本模块的训练，使学生正确理解和领会评价企业偿债能力指标的计算和内涵，能够运用偿债能力分析方法对企业的偿债能力进行分析和评价，并揭示企业所面临的财务风险。

【分析内涵】

一、指标内涵

1. 流动比率

（1）计算公式

流动比率＝流动资产÷流动负债

（2）内容解释

① 比率表示要支付一元的流动负债有多少流动资产作为偿还的保障，反映了流动资产在短期债务到期时可变现用于偿还流动负债的能力，是衡量短期偿债能力的重要指标。

② 比值越大，表示流动负债偿还的保障程度越高，短期偿债能力越强，反之，越弱。

③ 该比率并不是越大越好，一般经验认为，生产企业合理的流动比率是2。比率越大，并不等于企业有足够的偿还债务的能力，因为，也可能是企业存货大量积压、应收账款增加过多等原因所致。

2. 速动比率

（1）计算公式

速动比率＝（流动资产－存货）÷流动负债

（2）内容解释

① 比率表示要支付一元的流动负债，在扣除存货后还有多少流动资产作为偿还的保障，它是对流动比率的重要补充。比率越大，表明短期偿债能力越强，反之，越弱。

②一般经验认为，生产企业合理的流动比率是1。

3. 现金比率

（1）计算公式

现金比率 =（货币资金＋交易性金融资产）÷流动负债

（2）内容解释

① 比率表示每支付一元的流动负债目前有多少现金类资产来偿还，反映了企业现金类资产的直接支付能力，比率越大，表明短期偿债能力越强，反之，越弱。

② 这是最保守的短期偿债能力比率，一般认为，这一比率在0.2左右。比率过大，说明企业现金没有发挥最大效益，现金闲置过多，降低了企业的获利能力；比率过小，又不能满足当即的现金支付的需要。

4. 现金流动负债比

（1）计算公式

现金流动负债比 = 经营活动现金净流量÷流动负债

（2）内容解释

① 比率表示要支付一元的流动负债当年经营活动产生的净现金能提供多少，它反映了企业的流动负债用经营活动实现的现金来保障的程度。

② 比率越大，表明企业经营活动产生的净现金越多，越能保障企业到期债务的按期偿还。

5. 资产负债率

（1）计算公式

资产负债率 =（负债总额÷资产总额）×100%

（2）内容解释

① 比率表示每100元资产中有负债所占的比重，它表明企业全部资金来源中有多少是通过债权人提供的，或者说在企业的全部资产中有多少属于债权人所有。

② 该比率是评价企业负债水平和偿债能力的综合指标，比值越大，表明企业负债越重，偿债能力越弱，反之，偿债能力越强。

③ 资产负债率，站在债权人的角度可以说明债权的保证程度；站在所有者得角度可以说明自身承受风险的程度；站在企业的角度既可以反映企业的实力，也能反映其偿债风险。

6. 产权比率

（1）计算公式

产权比率 = 负债总额÷股东权益总额

（2）内容解释

① 产权比率反映企业所有者权益对债权人权益的保障程度，它是资产负债率的延伸，资产负债率体现的是部分与总体的关系，而产权比率体现的是部分之间的关系。

②产权比率越小，表明企业的长期偿债能力越强，债权人权益的保障程度越高，承担的风险越小，但企业不能充分地发挥负债的财务杠杆效应。

7. 利息保障倍数

（1）计算公式

利息保障倍数 =（利息费用 + 利润总额）÷ 利息费用

（2）内容解释

① 利息保障倍数表示每支付一元贷款利息要提供的息税前利润，它反映企业偿还利息的保障程度。

② 利息保障倍数越高，表明企业长期偿债能力越强。从长期来看，若要维持正常的偿债能力，利息保障倍数至少大于 1。如果利息保障倍数过小，企业将面临亏损以及偿债的安全行与稳定性下降的风险。

8. 有形净值债务率

（1）计算公式

有形净值债务率 = 债务总额 ÷（股东权益总额 - 无形资产）

（2）内容解释

① 有形净值债务率实际上是产权比率的改进形式，是更谨慎、更保守的反映债权人利益的保障程度的指标。

② 之所以要将无形资产从股东权益中扣除，是因为从保守的观点来看，在企业处于破产状态时，无形资产往往会发生严重贬值，因而不会像有形资产那样为债权人提供保障。

③ 有形净值债务率越小，表明长期偿债能力越强，反之，越弱。

9. 带息负债比率

（1）计算公式

带息负债比率 = 带息负债 ÷ 负债总额 × 100%

其中，带息负债 = 短期借款 + 一年内到期的非流动负债 + 长期借款 + 应付债券 + 应付利息

（2）内容解释

① 带息负债表示企业负债中需要负担利息的负债额度，数值取值于资产负债表。

② 带息负债比率表示企业的带息负债占负债总额的比例，比率越大，说明企业除了偿还负债本金以外未来需要偿还的利息压力更大。

二、分析思路

分析与评价企业偿债能力，首先要分别计算连续几年偿债能力的相关指标，然后将计划期实际值分别与历史数据、行业平均数和主要的竞争对手同期数据进行对比，确定差距。通过与往年数据对比，观察指标的变化趋势，以及变化对企业的影响；与行业及主要竞争对手比较，寻找企业的偿债能力与行业或主要竞争对手的差异，明确在行业所处的地位，对企业做出正确的评价。

【基础训练】

一、 单项选择题

1. 流动性是指资产的（   ）。

    A. 管理能力   B. 盈利能力

    C. 变现能力   D. 抗风险能力

2. 在计算速动比率时，要从流动资产中扣除存货后再除以流动负债，扣除存货的原因在于（   ）。

    A. 存货数额经常发生变动   B. 存货变现能力差

    C. 存货不能用来偿还债务   D. 存货不属于营运资金

3. 某企业现在的流动比率是2：1，下列哪项经济业务会引起该比率降低（   ）。

    A. 用银行存款偿还应付账款

    B. 发行股票收到银行存款

    C. 收回应收账

    D. 开出短期票据借款

4. 某企业年初流动比率为2.2，速动比率为1；年末流动比率为2.4，速动比率为0.9。发生这种情况的可能是（   ）。

    A. 当存货增加   B. 应收账款增加

    C. 应付账款增加   D. 预收账款增加

5. 如果流动资产大于流动负债，则月末用现金偿还一笔应付款会使（   ）。

    A. 营运资产减少   B. 营运资产增加

    C. 流动比率提高   D. 流动比率降低

6. 企业的长期偿债能力主要取决于（   ）。

    A. 资产的短期流动性   B. 获利能力

    C. 资产的多少   D. 债务的多少

7. 权益乘数越高，则（   ）。

    A. 资产负债率越高   B. 流动比率越高

    C. 资产负债率越低   D. 资产周转率越高

8. 权益乘数是指（   ）。

    A. 1÷（1－产权比率）

    B. 1÷（1－资产负债率）

    C. 产权比率÷（1－资产负债率）

    D. 资产负债率÷（1－资产负债率）

9. 如果流动比率大于1，则下列结论成立的有（   ）。

    A. 速动比率大于1   B. 现金比率大于1

    C. 营运资金大于0   D. 短期偿债能力绝对有保障

10. 对流动比率的表述正确的有（   ）。

    A. 流动比率高，并不意味着企业一定具有短期 偿债能力

B. 流动比率越高越好

C. 不同企业的流动比率有统一的衡量标准

D. 流动比率比速动比率更能准确地反映企业的短期偿债能力

11. 流动比率反映的是（   ）。

    A. 企业短期偿债能力   B. 长期偿债能力

    C. 流动资金周转状况   D. 流动资产利用情况

12. 甲公司年初流动比率为2.2，速动比率为1.0；当年期末流动比率为2.5，速动比率为0.8。下列各项中可能解释年初与年末之间差异的是（   ）。

    A. 赊销增加   B. 存货增加

    C. 应付账款增加   D. 应收账款周转加速

13. 一般而言，短期偿债能力与（   ）关系不大。

    A. 资产变现能力   B. 资产再融资能力

    C. 企业获利能力   D. 企业流动负债

14. 下列对现金流动负债比率评价正确的是（   ）。

    A. 该指标数值越低越好   B. 该指标数值越高越好

    C. 该指标数值为1最好   D. 该指标数值为2最好

15. 下列指标中反映企业长期偿债能力的财务比率是（   ）。

    A. 利息保障倍数   B. 营业利润率

    C. 净资产收益率   D. 资本保值增值

16. 资产负债表的趋势分析主要通过编制（   ）来进行。

    A. 比较利润表   B. 资产负债分析表

    C. 比较资产负债表   D. 期间费用分析表

111

二、 多项选择题

1. 影响速动比率的因素有（   ）。

    A. 应收账款   B. 存货

    C. 短期借款   D. 应收票据

2. 反映短期偿债能力的比率包括（   ）。

    A. 流动比率   B. 速动比率

    C. 现金比率   D. 利息保障倍数

3. 下列比率越高，反映企业偿债能力越强的有（   ）。

    A. 速动比率   B. 流动比率

    C. 资产负债率   D. 现金比率

    E. 利息保障倍数

4. 下列说法正确的有（   ）。

A. 一般来说，流动比率越高，说明资产的流动性越大，短期偿债能力越强

B. 一般来说，速动比率越高，说明企业短期内可变现资产的偿还短期内到期债务的能力越强

C. 流动比率越高，则速动比率也越高

D. 对企业而言，现金比率越高越有利

5. 企业速动资产包括（   ）等。

A. 现金   B. 存货

C. 短期投资   D. 应收账款

6. 反映企业的偿债能力的指标有（   ）。

     A. 已获利息倍数   B. 现金流动负债比率

     C. 资产损失比率   D. 资产负债率

7. 流动比率大于 1，则下列结论不一定成立的是（   ）。

     A. 速动比率大于 1   B. 营运资金大于 0

     C. 资产负债率大于 1   D. 短期偿债能力绝对有保障

8. 流动比率为 1.2，则赊购材料一批（不考虑增值税），将会导致（   ）。

     A. 流动比率提高   B. 流动率降低

     C. 流动比率不变   D. 速动比率降低

三、判断题

1. 从股东角度分析，资产负债率高，节约所得税带来的收益就大。 （   ）

2. 资产负债表反映会计期末财务状况，现金流量表反映现金流量。 （   ）

3. 利息保障倍数指标可以反映企业偿付利息的能力。 （   ）

4. 某企业年末速动比率为 0.5，则该企业可能仍具有短期偿债能力。 （   ）

5. 尽管流动比率可以反映企业的短期偿债能力，但有的企业流动比率较高，却没有能力支付到期的应付账款。 （   ）

6. 对债权人而言，企业的资产负债率越高越好。 （   ）

7. 现金比率越高越好。 （   ）

8. 流动比率越高，表明企业的偿债能力越强，经营管理水平越高。 （   ）

四、计算题

1. 珠海格力电器股份有限公司（以下简称格力电器）是一家集研发、生产、销售、服务于一体的专业化空调企业，主营业务范围：生产销售空调器、自营空调器出口业务及其相关零配件的进出口业务。格力电器 2013—2016 年的资产负债表如表 2-1-1 所示。

表 2-1-1   **格力电器资产负债表**   单位：元

会计年度	2013 年	2014 年	2015 年	2016 年
货币资金	38 541 684 470.83	54 545 673 449.14	88 819 798 560.53	95 613 130 731.47
交易性金融资产	1 246 106 661.88	—	—	—
应收票据	46 297 242 328.98	50 480 571 355.46	14 879 805 537.96	29 963 355 478.45
应收账款	1 849 275 342.79	2 661 347 628.69	2 879 212 111.93	2 960 534 651.37
预付款项	1 498 649 670.64	1 591 487 357.94	847 929 149.71	1 814 945 790.78
其他应收款	346 419 748.75	380 598 514.05	254 016 643.00	244 984 154.67
应收利息	729 559 642.90	1 242 145 987.65	1 109 776 449.77	1 045 542 563.43
存货	13 122 730 425.78	8 599 098 095.97	9 473 942 712.51	9 024 905 239.41
其他流动资产	100 853 889.36	642 556 434.20	1 684 833 479.54	1 992 536 503.43

表2－1－1(续)

会计年度	2013 年	2014 年	2015 年	2016 年
流动资产合计	103 732 522 181.91	120 143 478 823.10	120 949 314 644.95	142 910 783 531.64
可供出售金融资产	805 932 600.00	2 150 098 933.13	2 704 719 177.56	1 384 303 560.40
长期股权投资	97 568 533.30	92 213 098.24	95 459 187.55	103 913 171.51
投资性房地产	503 056 462.68	507 901 502.13	491 540 849.66	597 736 633.95
固定资产	14 034 138 414.45	14 939 279 647.88	15 431 813 077.20	17 681 655 478.06
在建工程	1 861 677 013.76	1 254 347 204.10	2 044 837 830.02	581 543 756.84
固定资产清理	6 294 341.99	7 721 410.44	22 010 122.57	36 949 646.14
无形资产	2 370 179 675.29	2 480 294 029.03	2 656 143 811.74	3 355 276 284.72
长期待摊费用	42 665 255.34	20 948 267.49	8 182 375.95	1 051 286.89
递延所得税资产	5 682 613 181.91	8 192 962 003.36	8 764 376 136.27	9 667 717 152.15
其他非流动资产	4 565 455 698.91	6 441 703 560.98	657 000 100.13	1 311 590 311.26
非流动资产合计	29 969 581 177.63	36 087 469 656.78	40 748 701 670.11	39 458 921 517.71
资产总计	133 702 103 359.54	156 230 948 479.88	161 698 016 315.06	182 369 705 049.35
短期借款	3 316 971 153.31	3 578 773 331.48	6 276 660 136.03	10 701 081 645.32
交易性金融负债	—	—	—	—
应付票据	8 230 208 196.99	6 881 963 087.81	7 427 635 753.74	9 127 336 849.68
应付账款	27 434 494 665.72	26 784 952 481.63	24 794 268 372.47	29 541 466 861.10
预收款项	11 986 433 741.28	6 427 722 358.11	7 619 598 042.86	10 021 885 515.93
应付职工薪酬	1 640 155 578.39	1 550 498 218.68	1 697 282 605.51	1 702 949 427.06
应交税费	6 157 486 617.37	8 308 872 126.00	2 977 801 480.55	3 126 302 754.29
应付利息	25 480 292.28	36 177 925.90	48 386 709.75	41 781 977.25
应付股利	707 913.60	707 913.60	707 913.60	87 732 811.56
其他应付款	4 793 778 485.35	2 546 377 288.42	2 607 601 936.21	2 222 613 974.82
一年内到期的非流动负债	923 447 998.14	2 061 490 867.16	2 403 745 557.37	—
其他流动负债	31 982 048 931.88	50 210 986 489.54	55 007 851 867.48	59 758 848 571.94
流动负债合计	96 491 213 574.31	108 388 522 088.33	112 625 180 977.76	126 876 279 738.73
长期借款	1 375 348 442.79	2 258 969 252.88	—	—
递延所得税负债	328 943 054.49	256 846 691.62	244 136 559.35	280 009 411.36
其他非流动负债	39 920 603.17	106 716 248.00	—	—
非流动负债合计	1 744 212 100.45	2 710 975 381.37	506 226 759.38	569 822 520.11
负债合计	98 235 425 674.76	111 099 497 469.70	113 131 407 737.14	127 446 102 258.84

表2-1-1(续)

会计年度	2013 年	2014 年	2015 年	2016 年
实收资本（或股本）	3 007 865 439.00	3 007 865 439.00	6 015 730 878.00	6 015 730 878.00
资本公积	3 176 114 310.09	3 191 266 065.71	185 950 626.71	183 400 626.71
盈余公积	2 958 088 564.43	2 958 088 564.43	3 499 671 556.59	3 499 671 556.59
未分配利润	25 395 563 880.38	34 841 323 981.28	37 737 187 489.78	44 074 949 590.07
少数股东权益	883 867 372.55	978 796 185.50	1 045 232 486.15	1 059 651 512.38
外币报表折算价差	– 1 935 948.39	—	—	—
归属母公司所有者权益（或股东权益）	34 582 810 312.23	44 152 654 824.68	47 521 376 091.77	53 863 951 278.13
所有者权益（或股东权益）合计	35 466 677 684.78	45 131 451 010.18	48 566 608 577.92	54 923 602 790.51
负债和所有者（或股东权益）合计	133 702 103 359.54	156 230 948 479.88	161 698 016 315.06	182 369 705 049.35

请计算该公司2014—2016 年各项目增长率和比重，将计算结果填入表2-1-2 中，并对公司资产负债表做初步分析。

表2-1-2　　　　　　格力电器资产负债表趋势与结构分析表　　　　单位:%

项目	2014 年		2015 年		2016 年	
	增减率	比重	增减率	比重	增减率	比重
货币资金						
交易性金融资产						
应收票据						
应收账款						
预付款项						
其他应收款						
应收关联公司款						
应收利息						
应收股利						
存货						
一年内到期的非流动资产						
其他流动资产						
流动资产合计						

表2-1-2(续)

项目	2014 年		2015 年		2016 年	
	增减率	比重	增减率	比重	增减率	比重
可供出售金融资产						
持有至到期投资						
长期应收款						
长期股权投资						
投资性房地产						
固定资产						
在建工程						
工程物资						
固定资产清理						
生产性生物资产						
油气资产						
无形资产						
开发支出						
商誉						
长期待摊费用						
递延所得税资产						
其他非流动资产						
非流动资产合计						
资产总计		100		100		100
短期借款						
交易性金融负债						
应付票据						
应付账款						
预收款项						
应付职工薪酬						
应交税费						
应付利息						
应付股利						
其他应付款						
应付关联公司款						
一年内到期的非流动负债						

表2-1-2(续)

项目	2014 年		2015 年		2016 年	
	增减率	比重	增减率	比重	增减率	比重
其他流动负债						
流动负债合计						
长期借款						
应付债券						
长期应付款						
专项应付款						
预计负债						
递延所得税负债						
其他非流动负债						
非流动负债合计						
负债合计						
实收资本（或股本）						
资本公积						
盈余公积						
减：库存股						
未分配利润						
少数股东权益						
外币报表折算价差						
非正常经营项目收益调整						
归属母公司所有者权益（或股东权益）						
所有者权益（或股东权益）合计						
负债和所有者（或股东权益）合计		100		100		100

2. 已知格力电器 2013—2016 年的有关财务数据如表 2-1-3 所示。

表 2-1-3　　　　格力电器 2013—2016 年部分财务数据　　　　单位：元

项目	2013 年	2014 年	2015 年	2016 年
货币资金	38 541 684 470	54 545 673 449	88 819 798 560	95 613 130 731
交易性金融资产	1 246 106 661.88	—	—	—
存货	13 122 730 425	8 599 098 095	9 473 942 712	9 024 905 239
流动资产合计	103 732 522 181	120 143 478 823	120 949 314 644	142 910 783 531

表2-1-3(续)

项目	2013 年	2014 年	2015 年	2016 年
流动负债合计	96 491 213 574	108 388 522 088	112 625 180 977	126 876 279 738
所有者权益合计	35 466 677 684	45 131 451 010	48 566 608 577	54 923 602 790
无形资产	2 370 179 675	2 480 294 029	2 656 143 811	3 355 276 284
资产总计	133 702 103 359	156 230 948 479	161 698 016 315	182 369 705 049
财务费用	-137 308 621	-942 244 684	-1 928 797 250	-4 845 546 598
利润总额	12 891 923 945	16 752 430 685	14 909 419 462	18 531 190 076
经营活动产生的现金流量净额	12 969 837 129	18 939 165 507	44 378 381 827	14 859 952 106
流动比率				
速动比率				
现金比率				
现金流动负债比				
资产负债率				
产权比率				
利息保障倍数				
有形净值债务率				
权益乘数				

要求:

(1) 根据表2-1-3计算格力电器2013—2016年的流动比率、速动比率、现金比率、现金流动负债比、资产负债率、利息保障倍数、产权比率、权益乘数和有形净值债务率,并将结果填在表2-1-3的空格里。

(2) 根据计算结果对该公司的偿债能力做出分析与评价。

【实训案例】

案例一 中国联通资产负债表初步分析

一、案例资料

中国联合网络通信股份有限公司(简称中国联通)是于2001年12月31日经批准设立的股份有限公司,是由中国联合通信有限公司以其于中国联通 BVI 有限公司的51%股权投资所对应的净资产出资,联合联通寻呼有限公司、联通兴业科贸有限公司、北京联通兴业科贸有限公司和联通进出口有限公司等四家发起单位共同设立公司是一家特别限定的控股公司,经营范围仅限于通过联通 BVI 公司持有联通红筹公司的股权,而不直接经营任何其他业务。公司对联通红筹公司、联通运营公司拥有实质控制权,收益来源于联通红筹公司。截至 2017 年 12 月 31 日，公司总资产 5 736.17 亿元，股本总额 302.33 亿元。中国联通 2015—2017 年比较资产负债表如表 2-1-4 所示。

表 2-1-4　　　　　　中国联通 2015—2017 年比较资产负债表　　　　　单位:%

会计年度	2015 年		2016 年		2017 年	
	比重	增长率	比重	增长率	比重	增长率
货币资金	3.58	-13.36	4.12	15.39	6.69	51.22
交易性金融资产	0.02	723.84	0.02	16.36	0.03	29.28
应收票据	0	48.13	0	-5.75	0.02	92.78
应收账款	2.73	1.08	2.83	3.59	3.23	6.29
预付款项	4.49	-6.62	0.65	4.38	0.66	-5.43
其他应收款	1.56	100.37	4.46	185.71	1.33	-72.39
应收利息	0.02	13 407.06	0.02	17.87	0.05	125
存货	0.64	-9.88	0.39	-38.38	0.39	-7.93
其他流动资产	0.53	158.81	0.84	59.08	0.99	9.25
流动资产合计	9.71	5.54	13.35	37.61	13.38	-6.64
可供出售金融资产	0.79	-17.8	0.7	-10.84	0.75	-0.92
长期应收款	2.98		0.03	-99.01	0.03	-6.46
长期股权投资	5.36	978.82	5.43	1.36	6.21	6.52
固定资产	57.8	-5.85	60.25	4.34	63.37	-2.05
在建工程	15.68	68.73	12.69	-19.02	8.94	-34.37
工程物资	0.16	-27.6	0.11	-33.97	0.1	-16.46
无形资产	4.39	4.92	4.28	-2.25	4.52	-1.69
长期待摊费用	2.25	1.49	2.14	-4.6	1.62	-29.35
递延所得税资产	0.67	-11.45	0.74	9.46	0.8	0.83
其他非流动资产	0.21	6.56	0.28	36.64	0.24	-22.48
非流动资产合计	90.29	13.26	86.65	-3.94	86.62	-6.9
资产总计	100	12.46	100	0.1	100	-6.87
短期借款	13.85	-8.71	12.5	-9.63	4.24	-68.41
应付票据	0	-77.85	0.01	182.84	0	-27.77
应付账款	26.51	45.19	22.77	-14.03	20.72	-15.26
预收款项	7.95	3.08	7.73	-2.7	8.7	4.79
应付职工薪酬	0.91	-18.73	0.82	-9.87	1.03	17.9
应交税费	0.51	115.67	0.12	-76.85	0.2	53.15

表2-1-4(续)

会计年度	2015 年		2016 年		2017 年	
	比重	增长率	比重	增长率	比重	增长率
应付利息	0.15	21.2	0.21	40.46	0.13	-44.5
其他应付款	1.37	13.31	1.92	40.77	2.25	8.78
一年内到期的非流动负债	0.46	-74.9	3.53	6 616.6	3.28	-13.43
其他流动负债	3.24	99.88	5.83	80.29	1.57	-75
流动负债合计	54.96	16.15	55.46	1	42.12	-29.26
长期借款	0.28	316.45	0.73	157.12	0.61	-22.74
应付债券	6.33	65.94	5.82	-7.84	3.13	-49.88
长期应付款	0.04	125.42	0.04	-2.45	0.05	21.73
递延所得税负债	0	-8.69	0.02	255.38	0.02	-2.48
其他非流动负债						
非流动负债合计	7	68.05	7.12	1.76	4.36	-43
负债合计	61.96	20.35	62.57	1.08	46.48	-30.83
实收资本（或股本）	3.44	0	3.44	0	5.27	42.64
资本公积	4.51	0	4.52	0	13.31	174.51
盈余公积	0.2	15.24	0.22	11.16	0.23	-26.77
未分配利润	4.97	6.56	4.78	-3.93	5.19	1.16
少数股东权益	25.25	1.55	24.84	-1.51	29.92	12.17
归属母公司所有者权益（或股东权益）	12.79	1.74	12.58	-1.5	23.6	74.7
所有者权益（或股东权益）合计	38.04	1.61	37.43	-1.51	53.52	33.19
负债和所有者（或股东权益）合计	100	12.46	100	0.1	100	-6.86

二、 分析要求

（1）分别用纵向分析法和横向分析法对上述财务报表进行比较，对中国联通的资产负债表进行初步分析。

（2）你认为中国联通 2017 年的财务状况可能存在哪些问题?

案例二 安凯客车偿债能力分析

一、 案例资料

安徽安凯汽车股份有限公司（以下简称安凯客车或公司）系 1997 年 4 月 21 日经安徽省人民政府皖政秘〔1997〕63 号文批准，由原合肥淝河汽车制造厂（现更名为安徽安凯汽车集团有限公司）（以下简称安凯集团）独家发起，通过社会募集方式设立的

119

股份有限公司。1997年7月经中国证券监督管理委员会批准向社会公开发行股票6 000万股人民币普通股，同年7月22日公司正式成立，7月25日在深圳证券交易所挂牌上市。公司是专业生产全系列客车和汽车零部件的上市公司，产品覆盖各类公路客车、旅游客车、团体客车、景观车、公交客车、新能源商用车等。公司采用全承载和半承载两条技术路线，全承载技术主要用于大型客车和新能源客车，半承载技术主要用于中轻型客车。公司引进德国凯斯鲍尔技术，进行技术合作，经过消化吸收再创新，形成自主掌握的客车全承载，底盘全桁架核心技术，并获得国家发明专利。公司是国内较早研发和批量生产运营新能源客车的整车企业，具有新能源客车研发及生产优势。现已形成集10~12米纯电动公交客车，12米纯电动旅游和通勤客车、12米增程式电动公交客车、10~12米油电混合动力城市客车于一体的产品平台。公司拥有国家电动客车整车系统集成工程技术研究中心、国家级企业技术中心、国家级博士后科研工作站，拥有雄厚而专业的研发实力。

公司经营范围：客车、底盘生产、销售；汽车配件销售、汽车设计、维修、咨询、试验。本企业自产产品及技术出口及本企业生产所需的原辅材料、仪器仪表、机械设备、零配件及技术进口（国家限定公司经营和禁止进出口商品及技术除外）、房产、设备租赁。

下面是安凯客车2016年年报摘要的部分内容和2013—2016年的财务报表，以及2015—2016年汽车制造行业有关财务指标：

（一）2016年年报中与报表有关的部分内容

1. 公司信息（如表2-1-5所示）

表2-1-5 公司信息

股票简称	安凯客车	股票代码	000868
股票上市证券交易所	深圳证券交易所		
公司的中文名称	安徽安凯汽车股份有限公司		
公司的中文简称	安凯客车		
公司的外文名称（如有）	ANHUI ANKAI AUTOMOBILE CO.，LTD.		
公司的外文名称缩写（如有）	ANKAI		
公司的法定代表人	戴茂方		
注册地址	安徽省合肥市包河区葛浥路1号		
注册地址的邮政编码	230051		
办公地址	安徽省合肥市包河区葛浥路1号		
办公地址的邮政编码	230051		
公司网址	www．ankai．com		
电子信箱	zqb@ankai．com		

2. 主要会计数据和财务指标（如表2-1-6所示）

表2-1-6　　　　　　　　主要会计数据和财务指标

	2016 年	2015 年	2014 年
营业收入（元）	4 757 326 623.69	4 022 112 450.1	4 835 294 625.24
归属于上市公司股东的净利润（元）	51 350 674.31	40 236 605.73	23 537 516.00
归属于上市公司股东的扣除非经常性损益的净利润（元）	-7 414 954.22	6 483 152.96	27 234 947.29
经营活动产生的现金流量净额（元）	-1 256 344 896.82	-289 294 343.53	126 780 222.04
基本每股收益（元/股）	0.07	0.06	0.03
稀释每股收益（元/股）	0.07	0.06	0.03
加权平均净资产收益率	3.96	3.2%	1.92%
总资产（元）	9 078 413 495.82	6 175 584 773.96	4 954 911 980.56
归属于上市公司股东的净资产（元）	1 320 244 909.95	1 279 558 449.19	1 236 634 384.71

3. 分季度主要财务指标（如表2-1-7所示）

表2-1-7　　　　　　　　分季度主要财务指标　　　　　　　　单位：元

	第一季度	第二季度	第三季度	第四季度
营业收入	923 303 638.51	856 026 237.51	1 117 591 907.24	1 860 404 840.43
归属于上市公司股东的净利润	10 089 683.80	9 113 541.85	6 582 736.47	25 564 712.19
归属于上市公司股东的扣除非经常性损益的净利润	8 118 675.61	790 542.11	525 045.40	-16 849 217.34
经营活动产生的现金流量净额	-506 145 152.93	-674 902 327.15	-259 408 398.65	184 110 981.91

4. 营业收入构成（如表2-1-8所示）

表2-1-8　　　　　　　　营业收入构成

项目	2016 年		2015 年		同比增减（%）
	金额（元）	占营业收入比重（%）	金额（元）	占营业收入比重（%）	
营业收入	4 757 326 623.69	100	4 022 112 450	100	18.28
分产品					
整车	3 485 828 367.63	73.27	3 087 874 900	76.77	12.895

121

表2-1-8(续)

项目	2016 年		2015 年		同比增减（%）
	金额（元）	占营业收入比重（%）	金额（元）	占营业收入比重（%）	
底盘及其他	1 271 498 256.06	26.73	934 237 549.9	23.23	36.10
分地区					
内销	4 657 203 861.60	97.9	3 873 008 492	96.29	20.25
出口	100 122 762.09	2.1	149 103 958.2	3.71	-32.85

5. 营业成本构成（如表2-1-9所示）

表2-1-9　　　　　　　　　营业成本构成

项目	2016 年		2015 年		同比增减（%）
	金额（元）	占营业成本比重（%）	金额（元）	占营业成本比重（%）	
原材料	5 238 710 197.14	93.44	4 220 627 339.25	92.69	24.12
人工工资	229 903 683.34	4.1	208 130 648.59	4.57	10.46
折旧	59 561 735.63	1.06	49 503 713.76	1.09	20.32
其他	7 852 3059.12	1.4	75 360 122.05	1.65	4.2

6. 主要资产重大变化情况（如表2-1-10所示）

表2-1-10　　　　　　　　主要资产重大变化情况

主要资产	重大变化说明
股权资产	无
固定资产	无
无形资产	无
在建工程	无
应收票据	主要系本期应收票据结算的货款增加影响所致
应收账款	主要系未到结算期的销售款增加影响所致
预付款项	主要系预付货款减少影响所致
其他应收款	主要系应收新能源补贴款增加影响所致
其他流动资产	主要系待抵扣进项税增加影响所致
长期应收款	主要系本期应收分期销售款增加影响所致
长期股权投资	主要系本期新增投资影响所致
长期待摊费用	主要系本期摊销影响所致
递延所得税资产	主要系可抵扣暂时性差异增加影响所致

7. 期间费用（如表 2 - 1 - 11 所示）

表 2 - 1 - 11　　　　　　　　　　　　　　期间费用

	2016 年（元）	2015 年（元）	同比增减	重大变动说明
管理费用	333 432 437.79	297 347 291.83	12.14%	
销售费用	439 488 297.34	361 283 074.27	21.65%	
财务费用	58 026 559.79	11 805 462.70	391.52%	主要系融资利息支出增加影响所致

8. 研发投入（如表 2 - 1 - 12 所示）

公司以发展中高档豪华型客车、公交客车、校车和新能源客车业务为主要方向，2016 年度一批有竞争力的新产品成功开发，高档客车项目 A9 遵循"标杆导向、问题导向"的原则，德国专家全程指导参与开发，全新内外饰双层公交 GS2 项目、18 米 BRT 项目、12 米 G9 三开门纯电动公交项目顺利完成开发。自主永磁电机的精准开发和自主 ISG 插电式混合动力系统开发及样车验证两项新能源核心技术的突破标志着公司新能源研发能力迈上了新台阶，处于行业先进水平。

表 2 - 1 - 12　　　　　　　　　　　　　　研发投入

项目	2016 年	2015 年	变动比例
研发人员数量（人）	509	478	6.49%
研发人员数量占比重	10.06%	9.31%	0.75%
研发投入金额（元）	154 474 022.04	116 564 346.97	32.52%
研发投入占营业收入比例	3.25%	2.90%	0.35%
研发投入资本化的金额（元）	0.00	0.00	0.00
资本化研发投入占研发投入的比例	0.00	0.00	0.00

9. 现金流（如表 2 - 1 - 13 所示）

表 2 - 1 - 13　　　　　　　　　　　　　　现金流量

项目	2016 年（元）	2015 年（元）	同比增减（%）
经营活动现金流入小计	2 976 709 155.49	3 840 933 528.27	- 22.50
经营活动现金流出小计	4 233 054 052.31	4 130 227 871.80	2.49
经营活动产生的现金流量净额	- 1 256 344 896.82	- 289 294 343.53	- 334.28
投资活动现金流入小计	19 295 683.81	19 648 568.44	- 1.80
投资活动现金流出小计	96 647 040.98	180 007 680.40	- 46.31
投资活动产生的现金流量净额	- 77 351 357.17	- 160 359 111.96	51.76
筹资活动现金流入小计	2 419 008 741.80	1 054 898 686.03	129.31

表2-1-13(续)

项目	2016年（元）	2015年（元）	同比增减（%）
筹资活动现金流出小计	1 573 936 588.15	926 346 709.58	69.91
筹资活动产生的现金流量净额	845 072 153.65	128 551 976.45	557.38
现金及现金等价物净增加额	-487 228 703.06	-317 927 898.63	-53.25

10. 税项

（1）主要税种及税率（如表2-1-14所示）

表2-1-14　　　　　　主要税种及税率

税种	计税依据	税率
增值税	国内销售收入	17%
城市维护建设税	实际缴纳的流转税额	7%
企业所得税	应纳税所得额	15%、25%
教育费附加	实际缴纳的流转税额	3%
地方教育费附加	实际缴纳的流转税额	2%
增值税	出口销售收入	免、抵、退

（2）税收优惠

根据安徽省科技厅、安徽省财政厅、安徽省国家税务局、安徽省地方税务局联合下发的《安徽省2011年复审高新技术企业名单》，本公司于2011年通过高新技术企业复审，被认定为高新技术企业，自2011年起三年内享受高新技术企业15%的所得税优惠税率。根据安徽省科技厅、安徽省财政厅、安徽省国家税务局、安徽省地方税务局联合发布的《安徽省2014年第一批高新技术企业名单》，本公司被认定为2014年高新技术企业，自2014年1月1日起3年内享受国家高新技术企业所得税等优惠政策。

11. 合并财务报表项目注释

（1）货币资金（如表2-1-15所示）

表2-1-15　　　　　　货币资金　　　　　　单位：元

项目	期末余额	期初余额
库存现金	46 863.08	27 786.96
银行存款	575 324 514.95	408 591 707.62
其他货币资金	841 024 187.53	920 738 902.78
合计	1 416 395 565.56	1 329 358 397.36

其他说明：①其他货币资金系银行承兑汇票保证金601 733 373.33元，汽车消费贷款保证金229 997 531.82元，担保保证金5 790 100.78元，保函保证金2 804 160.18元及其他699 021.42元。

②本报告期末，本公司不存在存放在境外的款项。

（2）期末单项金额重大并单项计提坏账准备的应收账款（如表2-1-16所示）

表2-1-16　　　　　期末单项金额重大并单项计提坏账准备的应收账款

应收账款（按单位）	应收账款（元）	坏账准备（元）	计提比例（%）	计提理由
第一名	8 107 310.00	7 000 000.00	86.34	预计部分收回
第二名	5 684 800.00	5 684 800.00	100.00	预计无法收回
第三名	5 043 069.07	5 043 069.07	100.00	预计无法收回
第四名	5 019 730.19	3 019 730.19	60.16	预计部分收回
合计	23 854 909.26	20 747 599.26	—	—

（3）按账龄分析法计提坏账准备的应收账款（如表2-1-17所示）

表2-1-17　　　　　按账龄分析法计提坏账准备的应收账款

账龄	期末余额（元）	坏账准备（元）	计提比例（%）
1年以内	1 757 626 019.17	87 881 300.97	5.00
1~2年	488 147 861.08	48 814 786.11	10.00
2~3年	99 178 822.60	29 753 646.78	30.00
3~4年	45 335 424.53	22 667 712.27	50.00
4~5年	12 893 839.91	10 315 071.92	80.00
5年以上	29 218 684.19	29 218 684.19	100.00
合计	2 432 400 651.48	228 651 202.24	9.40

（4）存货（如表2-1-18所示）

表2-1-18　　　　　　　　　　　存货　　　　　　　　　　　单位：元

项目	期末余额			期初余额		
	账面余额	跌价准备	账面价值	账面余额	跌价准备	账面价值
原材料	133 211 112.66	95 365 122.85	37 845 989.81	187 570 995.37	63 130 763.35	124 440 232.02
在产品	46 554 216.16	—	46 554 216.16	65 136 343.74	—	65 136 343.74
库存商品	190 261 794.74	28 908 065.56	161 353 729.18	154 614 779.94	10 909 820.03	143 704 959.91
周转材料	1 748 920.47	—	1 748 920.47	3 556 672.23	—	3 556 672.23
委托加工物资	—	—	—	781 906.20		781 906.20
合计	371 776 044.03	124 273 188.41	247 502 855.62	411 660 697.48	74 040 583.38	337 620 114.10

（5）其他流动资产（如表2-1-19所示）

表2-1-19　　　　　　　　　　其他流动资产　　　　　　　　　　单位：元

项目	期末余额	期初余额
待抵扣进项税	96 689 215.56	67 289 319.91
银行理财产品	—	5 000 000.00
预缴所得税	95 291.03	95 291.03
待摊费用	376 344.43	684 123.24
合计	97 160 851.02	73 068 734.18

（6）可供出售金融资产（如表2-1-20所示）

表2-1-20　　　　　　　　　　可供出售金融资产　　　　　　　　　　单位：元

项目	期末余额			期初余额		
	账面余额	跌价准备	账面价值	账面余额	跌价准备	账面价值
可供出售权益工具	3 000 000.00	—	3 000 000.00	3 000 000.00	—	3 000 000.00
按成本计量的	3 000 000.00	—	3 000 000.00	3 000 000.00	—	3 000 000.00
合计	3 000 000.00	—	3 000 000.00	3 000 000.00	—	3 000 000.00

（7）固定资产（如表2-1-21所示）

表2-1-21　　　　　　　　　　固定资产情况　　　　　　　　　　单位：元

项目	房屋及建筑物	机械设备	起重运输设备	电子及其他设备	合计
一、账面原值					
1. 期初余额	874 148 685.52	767 812 533.50	29 957 174.31	155 125 532.65	1 827 043 925.98
2. 本期增加金额	34 182 866.69	51 762 497.89	1 436 911.58	13 652 752.77	101 035 028.93
3. 本期减少金额		22 447 558.07	2 123 397.64	2 650 546.91	27 221 502.62
4. 期末余额	908 331 552.21	797 127 473.32	29 270 688.25	166 127 738.51	1 900 857 452.29
二、累计折旧					
1. 期初余额	143 332 457.68	399 805 744.62	16 667 024.72	99 096 542.78	658 901 769.80
2. 本期增加金额	25 030 271.86	42 818 415.62	2 306 454.76	12 372 825.20	82 527 967.44
3. 本期减少金额		15 048 623.10	1 094 474.07	2 452 398.20	18 595 495.37
4. 期末余额	168 362 729.54	427 575 537.14	17 879 005.41	109 016 969.78	722 834 241.87
三、减值准备					
1. 期初余额		34 354 108.30	6 705.54	7 890 251.48	42 251 065.32
2. 本期增加金额		4 236 331.47			4 236 331.47
3. 本期减少金额		4 228 180.08	99.00	29 387.03	4 257 666.11
4. 期末余额		34 362 259.69	6 606.54	7 860 864.45	42 229 730.68
四、账面价值					
1. 期末账面价值	739 968 822.67	335 189 676.49	11 385 076.30	49 249 904.28	1 135 793 479.74
2. 期初账面价值	730 816 227.84	333 652 680.58	13 283 444.05	48 138 738.39	1 125 891 090.86

（8）短期借款（如表 2 - 1 - 22 所示）

表 2 - 1 - 22　　　　　　　短期借款分类　　　　　　单位：元

项目	期末余额	期初余额
保证借款	60 000 000.00	80 000 000.00
信用借款	1 706 800 000.00	370 000 000.00
合计	1 766 800 000.00	450 000 000.00

（9）应付账款（如表 2 - 1 - 23 所示）

表 2 - 1 - 23　　　　　　　应付账款列示　　　　　　单位：元

项目	期末余额	期初余额
应付货款	2 582 191 356.25	1 859 679 706.80
应付工程款	69 949 266.48	67 840 478.32
应付运费	7 666 213.42	7 529 456.09
合计	2 659 806 836.15	1 935 049 641.21

（10）应付利息（如表 2 - 1 - 24 所示）

表 2 - 1 - 24　　　　　　　应付利息　　　　　　单位：元

项目	期末余额	期初余额
分期付息到期还本的长期借款利息	822 166.67	506 458.33
短期借款应付利息	2 669 981.33	664 616.95
合计	3 492 148.00	1 171 075.28

（11）长期借款（如表 2 - 1 - 25 所示）

表 2 - 1 - 25　　　　　　　长期借款分类　　　　　　单位：元

项目	期末余额	期初余额
保证借款	516 000 000.00	—
信用借款	50 000 000.00	75 000 000.00
合计	566 000 000.00	75 000 000.00

（12）资本公积（如表 2 - 1 - 26 所示）

表 2 - 1 - 26　　　　　　　资本公积　　　　　　单位：元

项目	期初余额	本期增加	本期减少	期末余额
资本溢价（股本溢价）	380 301 013.57	85.16		380 301 098.73
其他资本公积	4 785 392.76	—		4 785 392.76
合计	385 086 406.33	85.16	—	385 086 491.49

（13）营业收入和营业成本（如表2-1-27所示）

表2-1-27 营业收入和营业成本 单位：元

项目	本期发生额		上期发生额	
	收入	成本	收入	成本
主营业务	4 735 944 334.91	5 606 698 675.23	4 008 400 646.98	4 553 621 823.65
其他业务	21 382 288.78	8 641 979.15	13 711 803.13	9 565 810.46
合计	4 757 326 623.69	5 615 340 654.38	4 022 112 450.11	4 563 187 634.11

（14）税金及附加（如表2-1-28所示）

表2-1-28 税金及附加 单位：元

项目	本期发生额	上期发生额
消费税	3 470 989.32	—
城市维护建设税	4 578 588.03	4 886 758.28
教育费附加	3 270 420.05	3 490 541.66
房产税	5 515 375.02	—
土地使用税	7 165 444.86	—
印花税	1 964 113.82	—
增值税	—	6 441.40
车船税	8 561.82	—
水利基金	2 641 836.25	—
合计	28 615 329.17	8 383 741.34

（15）销售费用（如表2-1-29所示）

表2-1-29 销售费用 单位：元

项目	本期发生额	上期发生额
业务费	221 468 608.36	154 971 212.14
职工薪酬	77 648 408.49	75 910 532.59
运费	38 145 992.07	38 199 034.58
售后服务费	49 464 978.42	20 727 553.10
差旅费	16 253 687.67	13 475 312.54
广告宣传费	6 865 643.19	8 507 727.58
咨询服务费	368 193.76	3 360 428.94
业务招待费	2 907 988.99	2 822 623.75
办公性费用	2 207 266.38	193 518.36

表2-1-29(续)

项目	本期发生额	上期发生额
其他费用	24 157 530. 01	41 115 130. 69
合计	439 488 297. 34	361 283 074. 27

（16）管理费用（如表2-1-30所示）

表2-1-30　　　　　　　　　　管理费用　　　　　　　　　单位：元

项目	本期发生额	上期发生额
技术开发费	154 474 022. 04	116 564 346. 97
职工薪酬	94 601 321. 31	99 810 651. 86
税费	12 101 387. 80	23 481 025. 29
折旧与摊销	18 876 148. 93	18 129 833. 62
修理费	17 352 894. 02	7 895 523. 75
办公性费用	7 290 092. 66	7 141 376. 13
安全生产费	5 415 383. 90	6 124 782. 00
咨询服务费	3 254 835. 22	1 825 407. 41
业务招待费	1 323 647. 41	1 551 968. 82
其他费用	18 742 704. 50	14 822 375. 98
合计	333 432 437. 79	297 347 291. 83

（17）财务费用（如表2-1-31所示）

表2-1-31　　　　　　　　　　财务费用　　　　　　　　　单位：元

项目	本期发生额	上期发生额
利息支出	72 034 367. 01	31 410 270. 25
减：利息收入	13 856 398. 45	18 040 287. 36
利息净支出	58 177 968. 56	13 369 982. 89
汇兑损失	167 671. 60	3 936 428. 46
减：汇兑收益	3 555 007. 95	7 110 008. 87
汇兑净损失	−3 387 336. 35	−3 173 580. 41
银行手续费	3 235 927. 58	1 609 060. 22
合计	58 026 559. 79	11 805 462. 70

(二) 2013—2016 年安凯客车财务报表

1. 资产负债表（如表 2 - 1 - 32 所示）

表 2 - 1 - 32 安凯客车资产负债表 单位：元

会计年度	2013 年	2014 年	2015 年	2016 年
货币资金	1 246 210 290.84	1 380 535 210.21	1 329 358 397.36	1 416 395 565.56
应收票据	280 174 444.02	560 833 813.55	339 951 401.65	450 097 154.29
应收账款	820 516 576.99	938 173 157.49	1 448 548 316.57	2 209 125 149.89
预付款项	139 878 328.32	50 140 029.32	47 774 386.49	18 673 255.72
其他应收款	248 016 540.60	191 040 838.46	936 366 766.09	2 847 317 422.76
存货	462 007 911.12	372 793 302.22	337 620 114.10	247 502 855.62
其他流动资产	78 121 741.44	16 939 300.65	73 068 734.18	97 160 851.02
流动资产合计	3 274 925 833.33	3 510 455 651.90	4 512 688 116.44	7 286 272 254.86
可供出售金融资产	—	3 933 576.90	3 000 000.00	3 000 000.00
长期应收款	—	21 000 000.00	93 047 570.05	165 791 010.26
长期股权投资	102 697 089.26	20 958 177.57	21 075 878.93	36 712 893.36
固定资产	584 681 769.08	694 271 233.66	1 125 891 090.86	1 135 793 479.74
在建工程	252 146 695.95	377 535 461.89	39 014 164.89	32 377 908.96
无形资产	203 206 163.02	252 069 869.98	275 135 944.46	269 898 097.72
长期待摊费用	1 743 892.24	1 162 594.84	581 297.44	—
递延所得税资产	17 796 811.09	19 810 843.94	64 048 851.44	116 409 151.83
其他非流动资产	—	53 714 569.88	41 101 859.45	32 158 699.09
非流动资产合计	1 162 272 420.64	1 444 456 328.66	1 662 896 657.52	1 792 141 240.96
资产总计	4 437 198 253.97	4 954 911 980.56	6 175 584 773.96	9 078 413 495.82
短期借款	126 739 900.00	163 551 740.00	450 000 000.00	1 766 800 000.00
应付票据	1 401 062 950.00	1 525 938 861.21	1 407 436 647.39	1 675 135 697.54
应付账款	987 570 505.36	1 287 521 418.09	1 935 049 641.21	2 659 806 836.15
预收款项	68 218 400.78	67 640 984.82	73 513 045.09	121 307 825.14
应付职工薪酬	23 389 733.31	45 389 471.30	55 728 654.94	62 801 721.91
应交税费	5 765 966.77	22 953 905.84	59 861 941.43	106 174 510.59
应付利息	221 666.67	861 698.66	1 171 075.28	3 492 148.00
应付股利	4 063 290.00	—	28 132.66	618 935.38
其他应付款	154 569 115.85	96 404 013.63	195 922 363.16	428 122 872.32
一年内到期的非流动负债	190 000 000.00	20 000 000.00	180 000 000.00	32 000 000.00
流动负债合计	2 961 601 528.74	3 230 262 093.55	4 358 711 501.16	6 856 260 547.03
长期借款	—	201 000 000.00	75 000 000.00	566 000 000.00
长期应付款	—	—	186 755 017.69	3 566 460.62
专项应付款	103 386 684.19	—	—	—
其他非流动负债	108 194 455.49	—	—	—

表2-1-32(续)

会计年度	2013 年	2014 年	2015 年	2016 年
非流动负债合计	211 581 139.68	297 279 332.05	379 514 729.30	750 371 757.37
负债合计	3 173 182 668.42	3 527 541 425.60	4 738 226 230.46	7 606 632 304.40
实收资本（或股本）	695 565 603.00	695 565 603.00	695 565 603.00	695 565 603.00
资本公积	385 083 415.44	385 086 406.33	385 086 406.33	385 086 491.49
盈余公积	37 974 509.15	38 022 913.90	44 174 762.04	49 581 021.71
未分配利润	94 470 350.23	117 959 461.48	152 044 219.07	184 077 321.65
少数股东权益	50 921 707.73	190 736 170.25	157 800 094.31	151 536 281.47
归属母公司所有者权益（或股东权益）	1 213 093 877.82	1 236 634 384.71	1 279 558 449.19	1 320 244 909.95
所有者权益（或股东权益）合计	1 264 015 585.55	1 427 370 554.96	1 437 358 543.50	1 471 781 191.42
负债和所有者（或股东权益）合计	4 437 198 253.97	4 954 911 980.56	6 175 584 773.96	9 078 413 495.82

2. 利润表（如表2-1-33所示）

表2-1-33　　　　　　　　　　　安凯客车利润表　　　　　　　　　单位：元

会计年度	2013 年	2014 年	2015 年	2016 年
一、营业收入	3 539 046 825.57	4 835 294 625.24	4 022 112 450.11	4 757 326 623.69
减：营业成本	3 335 195 356.15	4 435 059 355.88	4 563 187 634.11	5 615 340 654.38
税金及附加	8 466 926.53	7 012 303.50	8 383 741.34	28 615 329.17
销售费用	250 326 044.70	318 684 185.12	361 283 074.27	439 488 297.34
管理费用	217 862 385.20	275 911 716.08	297 347 291.83	333 432 437.79
财务费用	8 638 539.80	7 394 799.76	11 805 462.70	58 026 559.79
资产减值损失	43 212 323.96	27 058 018.77	106 984 499.71	184 343 083.03
投资收益	14 623 529.12	−29 676.66	1 593 981.60	811 171.71
其中：对联营企业和合营企业的投资收益	7 554 181.98	−834 552.86	117 701.36	348 014.43
二、营业利润	−310 031 221.65	−235 855 430.53	−1 325 285 272.25	−1 901 108 566.10
加：营业外收入	265 546 849.02	377 091 113.56	1 329 647 384.24	1 984 420 154.57
减：营业外支出	760 473.40	75 055 625.94	2 499 870.92	4 542 576.57
其中：非流动资产处置净损失	384 222.17	65 141 649.17	1 061 938.64	2 019 190.55
三、利润总额	−45 244 846.03	66 180 057.09	1 862 241.07	78 769 011.90
减：所得税	−5 963 001.13	19 194 616.81	−9 075 564.61	31 958 097.10
四、净利润	−39 281 844.90	46 985 440.28	10 937 805.68	46 810 914.80
归属于母公司所有者的净利润	−34 727 957.14	23 537 516.00	40 236 605.73	51 350 674.31
少数股东损益	−4 553 887.76	23 447 924.28	−29 298 800.05	−4 539 759.51
五、每股收益	—	—	—	—

表2-1-33(续)

会计年度	2013 年	2014 年	2015 年	2016 年
（一）基本每股收益	-0.05	0.03	0.06	0.07
（二）稀释每股收益	-0.05	0.03	0.06	0.07

3. 现金流量表（如表2-1-34所示）

表2-1-34 安凯客车现金流量表 单位：元

报告年度	2013 年	2014 年	2015 年	2016 年
一、经营活动产生的现金流量				
销售商品、提供劳务收到的现金	3 121 784 808.31	3 742 869 646.33	3 190 979 030.50	2 792 464 505.64
收到的税费返还	85 072 145.62	64 343 840.58	23 422 040.74	19 435 989.48
收到其他与经营活动有关的现金	294 124 826.74	368 631 214.40	626 532 457.03	164 808 660.37
经营活动现金流入小计	3 500 981 780.67	4 175 844 701.31	3 840 933 528.27	2 976 709 155.49
购买商品、接受劳务支付的现金	2 941 422 936.59	3 237 991 891.83	3 344 031 108.00	3 590 117 016.21
支付给职工以及为职工支付的现金	309 053 478.92	416 322 263.05	454 266 072.99	485 863 101.24
支付的各项税费	97 817 303.99	83 637 989.91	85 098 407.89	130 461 341.17
支付其他与经营活动有关的现金	297 970 187.71	311 112 334.48	246 832 282.92	26 612 593.69
经营活动现金流出小计	3 646 263 907.21	4 049 064 479.27	4 130 227 871.80	4 233 054 052.31
经营活动产生的现金流量净额	-145 282 126.54	126 780 222.04	-289 294 343.53	-1 256 344 896.82
二、投资活动产生的现金流量				
收回投资收到的现金	23 558 904.00	—	—	5 000 000.00
取得投资收益收到的现金	6 482 523.64	802 876.20	313 121.72	401 438.10
处置固定资产、无形资产和其他长期资产收回的现金净额	243 589.37	465 901.79	388 823.94	1 329 034.56
处置子公司及其他营业单位收到的现金净额	415 591.27	—	—	
收到其他与投资活动有关的现金	—	171 194 022.46	18 946 622.78	12 565 211.15
投资活动现金流入小计	30 700 608.28	172 462 800.45	19 648 568.44	19 295 683.81
购建固定资产、无形资产和其他长期资产支付的现金	219 796 112.83	189 886 945.83	175 007 680.40	91 358 040.98
投资支付的现金	—	—	5 000 000.00	5 289 000.00
投资活动现金流出小计	219 796 112.83	189 886 945.83	180 007 680.40	96 647 040.98
投资活动产生的现金流量净额	-189 095 504.55	-17 424 145.38	-160 359 111.96	-77 351 357.17

表2-1-34(续)

报告年度	2013 年	2014 年	2015 年	2016 年
三、筹资活动产生的现金流量				
取得借款收到的现金	276 739 900.00	653 368 910.00	1 054 898 686.03	2 419 008 656.64
收到其他与筹资活动有关的现金	—	2 990.89	—	85.16
筹资活动现金流入小计	276 739 900.00	653 371 900.89	1 054 898 686.03	2 419 008 741.80
偿还债务支付的现金	347 000 000.00	600 125 400.00	584 450 426.03	909 208 656.64
分配股利、利润或偿付利息支付的现金	65 044 701.91	28 563 211.44	38 713 203.46	89 622 719.62
支付其他与筹资活动有关的现金	67 456 386.85	—	303 183 080.09	575 105 211.89
筹资活动现金流出小计	479 501 088.76	628 688 611.44	926 346 709.58	1 573 936 588.15
筹资活动产生的现金流量净额	− 202 761 188.76	24 683 289.45	128 551 976.45	845 072 153.65
四、汇率变动对现金的影响	—	—	—	—
五、现金及现金等价物净增加额	− 537 138 819.85	134 039 366.11	− 321 101 479.04	
期初现金及现金等价物余额	1 790 472 980.42	1 246 210 290.84	1 380 535 210.21	1 062 607 311.58
期末现金及现金等价物余额	1 246 210 290.84	1 380 535 210.21	1 062 607 311.58	575 378 608.52

（三）2015—2016 年汽车制造行业偿债能力指标平均值（如表 2-1-35 所示）

表 2-1-35　　　　上市公司汽车制造行业偿债能力指标平均值

财务指标		上市公司平均值	汽车制造行业平均值	财务指标		上市公司平均值	汽车制造行业平均值
速动比率	2015 年	73.47%	98.28%	资产负债率	2015 年	60.36%	56.11%
	2016 年	79.23%	104.13%		2016 年	60.47%	57.31%
现金流动负债比率	2015 年	13.88%	11.75%	已获利息倍数	2015 年	3.74%	12.88%
	2016 年	13.11%	7.26%		2016 年	4.46%	13.57%
带息负债比率	2015 年	51.38%	39.83%				
	2016 年	51.03%	40.20%				

二、分析要求

（1）计算安凯客车 2014—2016 年的流动比率、速动比率、现金比率和现金流动负债比率，从以上比率并结合流动资产、流动负债的具体项目构成对安凯客车的短期偿债能力进行分析与评价。

（2）计算凯客车 2014—2016 年的资产负债率、产权比率、已获利息倍数、带息负债比率和有形净值债务率等指标，从以上比率并结合公司的资本结构对安凯客车的长期偿债能力进行分析与评价。

（3）撰写安凯客车 2016 年偿债能力的分析报告。

133

案例三　上海石化偿债能力分析

一、案例资料

1. 上海石化基本情况与经营范围

中国石化上海石油化工股份有限公司（以下简称上海石化）的前身是创建于1972年的上海石油化工总厂。1993年，经过国有企业股份制规范化改制，上海石化成为中国第一家股票同时在上海、香港和纽约三地上市的股份有限公司。公司目前是中国最大的炼油化工一体化综合性石油化工企业之一，也是中国重要的成品油、中间石化产品、合成树脂和合成纤维生产企业。目前上海石化的总股本为108亿股，其中，中国石油化工股份有限公司持股54.6亿股（A股），占总股本的50.56%；境内人民币普通股73.05亿股（A股），占总股本的67.64%；海外上市外资股34.95亿股（H股），占总股本的32.36%。

经营范围：原油加工，油品，化工产品，合成纤维及单体，塑料及制品，针纺织原料及制品，货物或技术进出口，催化剂制备及废剂回收电热水汽供应，水处理，铁路装卸，内河运输，码头，仓储，设计研究开发，"四技"服务，物业管理，自有房屋租赁，系统内员工培训，设计、制作各类广告，利用自有媒体发布广告（涉及许可经营的凭许可证经营），质检技术服务。

2. 2012—2015年财务报表

（1）资产负债表（如表2-1-36所示）

表2-1-36　　　　　　　　　上海石化资产负债表　　　　　　　　　单位：元

会计年度	2012 年	2013 年	2014 年	2015 年
货币资金	160 962 000.00	133 256 000.00	279 198 000.00	1 077 430 000.00
应收票据	2 065 483 000.00	2 984 445 000.00	1 372 277 000.00	1 007 373 000.00
应收账款	1 082 742 000.00	1 976 496 000.00	1 628 121 000.00	1 624 571 000.00
预付款项	90 261 000.00	5 930 000.00	31 098 000.00	15 131 000.00
其他应收款	40 765 000.00	48 883 000.00	51 771 000.00	29 050 000.00
应收利息	—	—	76 000.00	2 491 000.00
应收股利	—	—	19 372 000.00	—
存货	8 938 077 000.00	9 039 239 000.00	5 930 703 000.00	4 178 188 000.00
其他流动资产	513 134 000.00	297 779 000.00	197 799 000.00	209 746 000.00
流动资产合计	12 891 424 000.00	14 486 028 000.00	9 510 415 000.00	8 143 980 000.00
长期股权投资	3 057 153 000.00	3 173 594 000.00	3 106 262 000.00	3 471 139 000.00
投资性房地产	439 137 000.00	429 292 000.00	415 842 000.00	405 572 000.00
固定资产	17 622 001 000.00	16 768 602 000.00	15 611 926 000.00	14 424 899 000.00
在建工程	612 388 000.00	456 823 000.00	542 878 000.00	722 520 000.00
无形资产	497 575 000.00	458 532 000.00	441 140 000.00	423 529 000.00
长期待摊费用	633 548 000.00	458 463 000.00	602 451 000.00	359 487 000.00
递延所得税资产	1 052 573 000.00	684 599 000.00	915 069 000.00	71 045 000.00
非流动资产合计	23 914 375 000.00	22 429 905 000.00	21 635 568 000.00	19 878 191 000.00
资产总计	36 805 799 000.00	36 915 933 000.00	31 145 983 000.00	28 022 171 000.00
短期借款	11 023 877 000.00	6 484 336 000.00	4 078 195 000.00	2 070 000 000.00

表2-1-36(续)

会计年度	2012 年	2013 年	2014 年	2015 年
应付票据	—	12 680 000.00	11 714 000.00	—
应付账款	5 523 248 000.00	8 851 932 000.00	5 924 035 000.00	3 017 878 000.00
预收款项	758 796 000.00	507 960 000.00	612 573 000.00	579 887 000.00
应付职工薪酬	48 008 000.00	41 418 000.00	44 464 000.00	39 999 000.00
应交税费	671 231 000.00	840 682 000.00	1 276 874 000.00	1 368 418 000.00
应付利息	20 987 000.00	10 740 000.00	9 037 000.00	1 890 000.00
应付股利	21 548 000.00	20 918 000.00	19 406 000.00	19 119 000.00
其他应付款	859 562 000.00	637 098 000.00	508 551 000.00	629 080 000.00
一年内到期的非流动负债	—	609 690 000.00	—	—
流动负债合计	18 927 257 000.00	18 017 454 000.00	12 484 849 000.00	7 726 271 000.00
长期借款	1 231 340 000.00	627 800 000.00	1 632 680 000.00	—
其他非流动负债	190 000 000.00	180 000 000.00	—	—
非流动负债合计	1 421 340 000.00	807 800 000.00	1 819 116 000.00	160 000 000.00
负债合计	20 348 597 000.00	18 825 254 000.00	14 303 965 000.00	7 886 271 000.00
实收资本（或股本）	7 200 000 000.00	10 800 000 000.00	10 800 000 000.00	10 800 000 000.00
资本公积	2 914 763 000.00	493 922 000.00	493 922 000.00	516 624 000.00
盈余公积	5 151 770 000.00	4 173 831 000.00	4 173 831 000.00	4 493 260 000.00
未分配利润	915 707 000.00	2 358 032 000.00	1 101 605 000.00	4 028 025 000.00
少数股东权益	266 783 000.00	259 062 000.00	271 395 000.00	297 038 000.00
归属母公司所有者权益（或股东权益）	16 190 419 000.00	17 831 617 000.00	16 570 623 000.00	19 838 862 000.00
所有者权益（或股东权益）合计	16 457 202 000.00	18 090 679 000.00	16 842 018 000.00	20 135 900 000.00
负债和所有者（或股东权益）合计	36 805 799 000.00	36 915 933 000.00	31 145 983 000.00	28 022 171 000.00

（2）利润表（如表2-1-37 所示）

表2-1-37　　　　　　　　上海石化利润表　　　　　　　　单位：元

会计年度	2012 年	2013 年	2014 年	2015 年
一、营业收入	93 072 254 000.00	115 539 829 000.00	102 182 861 000.00	80 803 422 000.00
减：营业成本	86 041 072 000.00	100 477 000 000.00	90 046 890 000.00	60 089 297 000.00
税金及附加	5 791 064 000.00	9 987 148 000.00	9 401 283 000.00	13 710 933 000.00
销售费用	649 906 000.00	691 020 000.00	544 227 000.00	516 943 000.00
管理费用	2 388 555 000.00	2 732 355 000.00	2 666 597 000.00	2 667 413 000.00
财务费用	283 257 000.00	− 189 024 000.00	391 625 000.00	254 114 000.00
资产减值损失	203 927 000.00	39 838 000.00	224 039 000.00	95 625 000.00
投资收益	29 230 000.00	120 667 000.00	54 145 000.00	599 189 000.00
其中：对联营企业和合营企业的投资收益	22 784 000.00	120 667 000.00	54 145 000.00	562 035 000.00
二、营业利润	− 2 256 297 000.00	1 922 159 000.00	− 1 037 655 000.00	4 068 286 000.00

表2-1-37(续)

会计年度	2012 年	2013 年	2014 年	2015 年
加：营业外收入	279 838 000.00	543 142 000.00	208 480 000.00	193 695 000.00
减：营业外支出	56 515 000.00	72 431 000.00	84 974 000.00	53 252 000.00
其中：非流动资产处置净损失	24 670 000.00	27 392 000.00	47 263 000.00	13 448 000.00
三、利润总额	-2 032 974 000.00	2 392 870 000.00	-914 149 000.00	4 208 729 000.00
减：所得税	-507 763 000.00	379 151 000.00	-214 184 000.00	926 777 000.00
四、净利润	-1 525 211 000.00	2 013 719 000.00	-699 965 000.00	3 281 952 000.00
归属于母公司所有者的净利润	-1 548 466 000.00	2 003 545 000.00	-716 427 000.00	3 245 849 000.00
少数股东损益	23 255 000.00	10 174 000.00	16 462 000.00	36 103 000.00
五、每股收益	—	—	—	—
（一）基本每股收益	-0.22	0.19	-0.07	0.3
（二）稀释每股收益	-0.22	0.19	-0.07	0.3

（3）现金流量表（如表2-1-38所示）

表2-1-38　　　　　　上海石化现金流量表　　　　　　单位：元

报告年度	2012 年	2013 年	2014 年	2015 年
一、经营活动产生的现金流量				
销售商品、提供劳务收到的现金	109 890 063 000.00	131 676 123 000.00	119 205 335 000.00	92 100 986 000.00
收到的税费返还	56 207 000.00	48 941 000.00	46 093 000.00	49 667 000.00
收到其他与经营活动有关的现金	106 527 000.00	64 626 000.00	199 231 000.00	150 044 000.00
经营活动现金流入小计	110 052 797 000.00	131 789 690 000.00	119 450 659 000.00	92 300 697 000.00
购买商品、接受劳务支付的现金	101 960 334 000.00	110 022 988 000.00	100 774 633 000.00	66 623 585 000.00
支付给职工以及为职工支付的现金	2 543 488 000.00	2 659 358 000.00	2 624 311 000.00	2 570 831 000.00
支付的各项税费	6 673 708 000.00	13 015 360 000.00	11 438 084 000.00	17 362 805 000.00
支付其他与经营活动有关的现金	486 788 000.00	611 315 000.00	573 712 000.00	600 079 000.00
经营活动现金流出小计	111 664 318 000.00	126 309 021 000.00	115 410 740 000.00	87 157 300 000.00
经营活动产生的现金流量净额	-1 611 521 000.00	5 480 669 000.00	4 039 919 000.00	5 143 397 000.00
二、投资活动产生的现金流量				
收回投资收到的现金	46 000 000.00	70 000 000.00	78 000 000.00	82 000 000.00
取得投资收益收到的现金	66 936 000.00	64 226 000.00	98 824 000.00	216 530 000.00
处置固定资产、无形资产和其他长期资产收回的现金净额	28 247 000.00	599 181 000.00	24 462 000.00	16 875 000.00

表2-1-38(续)

报告年度	2012 年	2013 年	2014 年	2015 年
处置子公司及其他营业单位收到的现金净额	—	—	14 822 000.00	
收到其他与投资活动有关的现金	86 545 000.00	90 484 000.00	64 597 000.00	46 887 000.00
投资活动现金流入小计	227 728 000.00	823 891 000.00	280 705 000.00	362 292 000.00
购建固定资产、无形资产和其他长期资产支付的现金	4 259 859 000.00	1 323 137 000.00	1 089 268 000.00	695 277 000.00
投资支付的现金	30 000 000.00	130 000 000.00	90 000 000.00	—
支付其他与投资活动有关的现金	—	—		106 000 000.00
投资活动现金流出小计	4 289 859 000.00	1 453 137 000.00	1 190 809 000.00	801 277 000.00
投资活动产生的现金流量净额	-4 062 131 000.00	-629 246 000.00	-910 104 000.00	-438 985 000.00
三、筹资活动产生的现金流量				
取得借款收到的现金	53 365 372 000.00	55 037 612 000.00	51 385 298 000.00	31 999 758 000.00
筹资活动现金流入小计	53 365 372 000.00	55 037 612 000.00	51 385 298 000.00	31 999 758 000.00
偿还债务支付的现金	46 779 614 000.00	59 155 947 000.00	53 444 473 000.00	35 684 713 000.00
分配股利、利润或偿付利息支付的现金	842 488 000.00	760 656 000.00	924 797 000.00	221 320 000.00
筹资活动现金流出小计	47 622 102 000.00	59 916 603 000.00	54 369 270 000.00	35 906 033 000.00
筹资活动产生的现金流量净额	5 743 270 000.00	-4 878 991 000.00	-2 983 972 000.00	-3 906 275 000.00
四、汇率变动对现金的影响				
五、现金及现金等价物净增加额	69 618 000.00	-27 568 000.00	145 843 000.00	798 137 000.00
期初现金及现金等价物余额	91 346 000.00	160 962 000.00	133 256 000.00	279 198 000.00
期末现金及现金等价物余额	160 964 000.00	133 394 000.00	279 099 000.00	1 077 335 000.00

3. 2014—2015 石油石化行业偿债能力指标平均值（如表2-1-39所示）

表2-1-39　　　　　上市公司石油石化行业偿债能力指标平均值

财务指标		上市公司平均值	石油石化行业平均值	财务指标		上市公司平均值	石油石化行业平均值
速动比率	2014 年	69.66%	45.21%	资产负债率	2014 年	60.75%	52.17%
	2015 年	73.47%	57.34%		2015 年	60.36%	48.16%
现金流动负债比率	2014 年	12.65%	31.97%	利息保障倍数	2014 年	5.06%	5.39%
	2015 年	13.88%	30.84%		2015 年	3.74%	3.79%
带息负债比率	2014 年	45.45%	49.65%				
	2015 年	51.38%	53.47%				

二、 分析要求

（1）分别用纵向分析法和横向分析法对上述财务报表进行比较，对上海石化的资产负债表进行初步分析。

（2）计算上海石化 2013—2015 年的流动比率、速动比率、现金比率和现金流动负债比率，从以上比率并结合流动资产、流动负债的具体项目构成对上海石化的短期偿债能力进行分析与评价。

（3）计算上海石化 2013—2015 年的资产负债率、产权比率、利息保障倍数、带息负债比率和有形净值债务率等指标，从以上比率并结合公司的资本结构对上海石化的长期偿债能力进行分析与评价；

（4）写出上海石化偿债能力的分析报告。

案例四　上海氯碱化工股份有限公司偿债能力分析

一、 分析资料

上海氯碱化工股份有限公司 2013—2015 年偿债能力指标如表 2-1-40 所示。

表 2-1-40　　上海氯碱化工股份有限公司 2013—2015 年偿债能力指标

指标	2013 年		2014 年		2015 年	
	氯碱化工	行业平均值	氯碱化工	行业平均值	氯碱化工	行业平均值
流动比率	90.00%	—	75.00%	—	79.00%	—
速动比率	70.00%	41.97%	54.00%	45.21%	57.00%	57.34
现金比率	29.00%	—	17.00%	—	14.00%	—
现金流动负债比率	28.97%	28.09%	-1.24%	31.97%	17.86%	30.84
资产负债率	51.00%	51.55%	61.00%	52.17%	53.00%	48.16
利息保障倍数	1.28	7.48	无意义	5.39	1.78	3.79
权益乘数	210.00%	—	266.00%	—	214.00%	—
有形资产净值债务率	118.00%	—	189.00%	—	130.00%	—

二、 分析要求

请对上海氯碱化工股份有限公司的债能力进行分析。

模块二 营运能力分析

【实训目的】

通过本模块实训，使学生把握评价企业营运能力的指标体系，理解各指标的内涵和影响营运能力的因素，掌握营运能力分析的基本方法，能够对企业的营运能力进行分析和评价。

【分析内涵】

一、 指标内涵

评价企业资产营运能力一般采用总资产周转率、流动资产周转率、固定资产周转率、存货周转率和应收账款周转率、总资产现金回收率等。

1. 总资产周转率

（1）计算公式

总资产周转率＝营业收入÷总资产平均值

总资产周转天数＝360÷总资产周转率

其中，总资产平均值＝（总资产期初余额＋总资产期末余额）÷2

（2）指标意义

①总资产周转率表示企业总资产在一定时期内周转的次数，反映了企业资产周转的速度。

②总资产周转率也表示企业每一元资产在一定时期内所获得的营业收入，反映了企业资产利用的效率。

③总资产周转率越大，表明企业资产周转速度越快，资产运营的效率越高，反之，企业资产周转速度越慢，资产运营的效率越低。

2. 流动资产周转率

（1）计算公式

流动资产周转率＝营业收入÷流动资产平均值

流动资产周转天数＝360÷流动资产周转率

其中，流动资产平均值＝（流动资产期初余额＋流动资产期末余额）÷2

（2）指标意义

① 流动资产周转率表示在一定时期企业流动资产周转的次数，或者每一元流动资产在一定时期所取得的营业收入，反映了企业流动资产周转的速度和流动资产利用的效率。

② 流动资产周转率越大，表明企业流动资产周转速度越快，流动资产营运效率越高。

3. 固定资产周转率

（1）计算公式

固定资产周转率＝营业收入÷固定资产平均值

固定资产周转天数＝360÷固定资产周转率

其中，固定资产平均值＝（固定资产期初余额＋固定资产期末余额）÷2

（2）指标意义

①固定资产周转率表示每一元固定资产在一定时期所取得的营业收入，相当于在一定时期内固定资产周转的次数，它是衡量固定资产利用效率的一项指标；固定资产周转天数表示每周转一次所需要的天数。

②固定资产周转率越大，则固定资产周转一次所需要的时间越短，表明企业全部资产的使用效率越高，周转速度越快；如果指标较低，则说明企业利用全部资产进行经营的效率较差，周转速度越慢。

4. 存货周转率

（1）计算公式

存货周转率＝营业成本÷存货平均值

存货周转天数＝360天÷存货周转率

（2）指标意义

①存货周转率表示在一定时期内企业存货周转的次数，存货周转天数表示每周转一次所需要的时间，指标用于衡量和评价企业在生产经营各环节存货营运的效率。

②存货周转率越大，则存货周转天数越小，表明企业存货周转一次所需要的时间越短，存货的周转速度越快，营运能力越强。

5. 应收账款周转率

（1）计算公式

应收账款周转率＝营业收入÷应收账款平均值

应收账款周转天数＝360天÷应收账款周转率

其中，应收账款平均值＝（应收账款期初余额＋应收账款期末余额）÷2

（2）意义

①应收账款周转率表示每一元应收账款投资获得的营业收入，相当于企业在一定

时期内应收账款周转的次数；应收账款周转天数表示企业从取得应收账款的权利到收回款项、转为现金所需要的时间。

②应收账款周转率和应收账款周转天数从不同角度反映了应收账款的回收速度和管理效率。一般而言，应收账款周转率越大，则应收账款周转天数越短，表明应收账款回收的速度越快，企业营运能力越强；反之，应收账款回收的速度越慢，占用在应收账款的资金越多，营运能力越弱。

③应收账款周转率、应收账款周转天数与企业的信用政策有关，改变信用政策会改变应收账款周转率和应收账款周转天数。

6. 总资产现金回收率

（1）计算公式

总资产现金回收率 = 销售商品提供劳务收到的现金 ÷ 平均总资产 × 100%

（2）指标意义

①该比率表示每 100 元资产所取得的现金收入。

②该比率反映企业运用全部资产获取现金的能力，比率越高，说明企业运用全部资产获取现金能力越强，资产营运的效率越高。

二、 分析的思路

评价企业的营运能力，一般是将应收账款周转率、存货周转率、流动资产周转率、固定资产周转率和总资产周转率分别与往年数据、行业平均值、主要竞争对手以及预算数进行对比，确定差异，寻找造成差异的原因，然后进行综合评价。

【基础训练】

一、 单项选择

1. 在计算总资产周转率时使用的收入指标是（   ）。
   A. 总收入
   B. 其他业务收入
   C. 营业收入
   D. 投资收益

2. 应收账款的形成与（   ）有关。
   A. 全部销售收入
   B. 现金销售收入
   C. 赊销收入
   D. 分期收款收入

3. 影响流动资产周转率的因素是（   ）。
   A. 产出率
   B. 销售率
   C. 成本收入率
   D. 收入成本率

4. 企业的应收账款周转天数为 90 天，存货周转天数为 180 天，则营业周期为（   ）天。
   A. 90
   B. 180
   C. 270
   D. 360

5. 企业当年实现销售收入 3 800 万元，净利润 480 万元，资产周转率为 3，则总资产净利率为（   ）%。
   A. 4.21
   B. 12.63

C. 25.26 D. 37.89

6. 某企业本年营业收入为 20 000 元，应收账款周转率为 4，期初应收账款余额 3 500元，则期末应收账款余额为（　　　）元。

    A. 5 000　　　　　　　　　　　B. 6 000

    C. 6 500　　　　　　　　　　　D. 4 000

7. 某企业 2002 年销售收入净额为 250 万元，销售毛利率为 20%，年末流动资产 90 万元，年初流动资产 110 万元，则该企业流动资产周转率为（　　　）。

    A. 2 次　　　　　　　　　　　B. 2.22 次

    C. 2.5 次　　　　　　　　　　　D. 2.78 次

8. 能反映全部资产的营运能力的指标是（　　　）。

    A. 权益报酬率　　　　　　　　　B. 营业周期

    C. 总资产周转率　　　　　　　　D. 总资产报酬率

9. 成龙公司 2000 年的营业收入为 60 111 万元，其年初资产总额为 6 810 万元，年末资产总额为 8 600 万元，该公司总资产周转率及周转天数分别为（　　　）。

    A. 8.83 次，40.77 天　　　　　　B. 6.99 次，51.5 天

    C. 8.83 次，51.5 天　　　　　　D. 7.8 次，46.15 天

10. 对应收账款周转速度的表达，正确的是（　　　）。

    A. 应收账款周转天数越长，周转速度越快

    B. 计算应收账款周转率时，应收账款余额应包括应收票据

    C. 计算应收账款周转率时，应收账款余额应为扣除坏账准备后的净额

    D. 应收账款周转率越小，表明周转速度越快

11. 在下列各项中，属于计算流动资产周转率应选择的流动资产周转额是（　　　）。

    A. 营业收入　　　　　　　　　　B. 销售成本费用

    C. 全部收入　　　　　　　　　　D. 销售成本

二、多项选择题

1. 应收账款周转率越高越好，因为它表明（　　　）。

    A. 收款迅速　　　　　　　　　　B. 减少坏账损失

    C. 资产流动性高　　　　　　　　D. 销售收入增加

    E. 利润增加

2. 存货周转率偏低的原因可能是（　　　）。

    A. 应收账款增加　　　　　　　　B. 降价销售

    C. 产品滞销　　　　　　　　　　D. 销售政策发生变化

    E. 大量赊销

3. 反映资产周转速度的财务指标有（　　　）。

    A. 应收账款周转率　　　　　　　B. 存货周转率

    C. 流动资产周转率　　　　　　　D. 资产报酬率

4. 下列经济业务会影响存货周转率的（　　　）。

    A. 收回应收账款　　　　　　　　B. 销售产成品

    C. 期末购买存货　　　　　　　　D. 偿还应付账款

        E. 产品完工验收入库
    5. 影响应收账款周转率下降的原因有（   ）。
        A. 赊销比率   B. 客户故意拖延
        C. 企业的收账政策   D. 企业的信用政策
    6. 应收账款增长的原因可能是（   ）。
        A. 销售增加引起应收账款的自然增长
        B. 客户故意拖延付款
        C. 企业为扩大销售适当放宽信用标准
        D. 应收账款质量提高
    7. 应收账款周转率提高意味着（   ）。
        A. 短期偿债能力增强   B. 收账费用减少
        C. 收账迅速，账龄较短   D. 销售成本降低
    8. 存货周转天数越长，说明（   ）。
        A. 存货回收速度越快
        B. 对存货资产的经营管理效率越低
        C. 资产流动性越强
        D. 存货占用资金越多
        E. 一定时期内存货周转次数越多

三、 判断题

1. 从一定意义上讲，流动性比收益性更重要。 （   ）
2. 只要增加总产值，就能提高总资产产值率。 （   ）
3. 总资产收入率与总资产周转率的经济实质是一样的。 （   ）
4. 在其他条件不变时，流动资产比重越高，总资产周转速度越快。 （   ）
5. 资产周转次数越多，周转天数越多，表明资产周转速度越快。 （   ）
6. 使用产品销售收入作为周转额是用来说明垫支的流动资产周转速度。 （   ）
7. 成本收入率越高，流动资产周转速度越快。 （   ）
8. 销售收入增加的同时，流动资产存量减少所形成的节约额是绝对节约额。
 （   ）
9. 固定资产产值率越高，固定资产收入率就越高。 （   ）
10. 只要流动资产实际存量大于基期，就会形成绝对浪费额。 （   ）

四、 计算题

已知格力电器 2013—2016 年年有关财务数据如表 2 - 2 - 1 所示。

表 2 - 2 - 1   格力电器 2013—2016 年年有关财务数据   单位：元

会计年度	2013 年	2014 年	2015 年	2016 年
应收账款	1 849 275 342.79	2 661 347 628.69	2 879 212 111.93	2 960 534 651.37
存货	13 122 730 425.78	8 599 098 095.97	9 473 942 712.51	9 024 905 239.41
流动资产合计	103 732 522 181.91	120 143 478 823.10	120 949 314 644.95	142 910 783 531.64
固定资产	14 034 138 414.45	14 939 279 647.88	15 431 813 077.20	17 681 655 478.06
资产总计	133 702 103 359.54	156 230 948 479.88	161 698 016 315.06	182 369 705 049.35

143

表2-2-1(续)

会计年度	2013 年	2014 年	2015 年	2016 年
营业收入	118 627 948 208.59	137 750 358 395.70	97 745 137 194.16	108 302 565 293.70
营业成本	80 385 939 822.61	88 022 127 671.48	66 017 353 745.09	72 885 641 217.00
销售商品提供劳务收到的现金	70 211 403 596.83	85 534 451 083.44	110 918 320 884.07	69 896 621 293.21
应收账款周转率	—			
应收账款周转天数				
存货周转率	—			
存货周转天数				
营业周期				
流动资产周转率	—			
流动资产周转天数				
固定资产周转率	—			
固定资产周转天数				
总资产周转率	—			
总资产周转天数				
总资产现金周转率	—			

要求：

（1）计算格力电器 2014—2016 年应收账款周转率、存货周转率、流动资产周转率、固定资产周转率、总资产周转率、总资产现金周转率、应收账款周转天数、存货周转天数、流动资产周转天数、固定资产周转天数和总资产周转天数，并填入表 2-2-1 相应空格中。

（2）根据计算结果对公司的营运能力进行分析和评价。

【实训案例】

案例一　百利电气营运能力分析

一、案例资料

百利电气、长城电工及机械行业 2012—2014 年营运能力指标如表 2-2-2 所示。

表 2-2-2　　百利电气、长城电工及行业 2012—2014 年营运能力指标

指标	2012 年		2013 年			2014 年		
	百利电气	长城电工	百利电气	长城电工	行业平均值	百利电气	长城电工	行业平均值
总资产周转率	0.568	0.629	0.604	0.573	0.57	0.644	0.513	0.55
固定资产周转率	2.836	4.182	3.287	4.336	—	3.479	4.203	—

表2-2-2(续)

指标	2012 年		2013 年			2014 年		
	百利电气	长城电工	百利电气	长城电工	行业平均值	百利电气	长城电工	行业平均值
流动资产周转率	1.139	0.899	1.241	0.807	0.84	1.240	0.72	0.82
存货周转率	2.582	2.05	3.372	1.87	2.67	4.183	1.85	2.53
应收账款周转率	3.853	2.244	3.691	1.90	2.89	3.812	1.53	2.74

二、 分析要求

对百利电气的营运能力进行分析和评价。

案例二 安凯客车营运能力分析

一、 案例资料

(1)安凯客车资产负债表,如表2-1-32 所示。

(2)安凯客车利润表,如表2-1-33 所示。

(3)安凯客车现金流量表,如表2-1-34 所示。

(4)汽车制造行业营运能力指标平均值,如表2-2-3 所示。

表2-2-3　　　　　上市公司汽车制造行业营运能力指标平均值

财务指标		上市公司平均值	汽车制造行业平均值	财务指标		上市公司平均值	汽车制造行业平均值
总资产周转率	2015 年	0.64%	1.02%	应收账款周转率	2015 年	8.25%	10.51%
	2016 年	0.6%	1.00%		2016 年	7.89%	9.24%
流动资产周转率	2015 年	1.3%	1.86%	存货周转率	2015 年	2.74%	9.39%
	2016 年	1.19%	1.78%		2016 年	2.64%	9.85%

二、 实训要求

(1)计算安凯客车2014—2016 年的应收账款周转率、存货周转率、流动资产周转率、固定资产周转率和总资产周转率。

(2)结合行业数据,对安凯客车的营运能力进行分析,寻找 2016 年各周转率变动的原因,写出分析评价报告。

模块三
盈利能力分析

【实训目的】

通过本模块实训，学生把握评价企业盈利能力的指标体系，理解各指标的内涵和影响盈利能力的因素，掌握盈利能力分析的基本方法，能够对企业的盈利能力进行分析和评价。

【分析内涵】

一、指标内涵

（一）销售盈利能力指标

1. 营业毛利率

（1）计算公式

销售毛利率=（营业收入−营业成本）÷营业收入×100%

（2）内容解释

① 营业毛利率表示每百元营业收入中包含多少毛利润，反映营业收入扣除成本后还有多少用于支付增值税和各项期间费用，是企业盈利的初始源泉，比率越大，说明企业营业成本控制越好，表明企业盈利能力越强；否则相反。

② 影响营业毛利率的因素包括产品的销售价格、生产成本或购货成本与产品的品种结构。

2. 营业利润率

（1）计算公式

营业利润率=营业利润÷营业收入×100%

（2）内容解释

① 营业利润率表示每百元营业收入中获得的营业利润的多少。比率越大，表明企业营业盈利能力越强；否则相反。

② 作为考核盈利能力的指标，营业利润率比销售毛利率更趋于全面，因为它不仅考核企业的成本控制能力，而且考核企业对期间费用控制的水平，更能体现企业经营业务盈利的稳定性和可靠性。

3. 营业净利率

（1）计算公式

营业净利率 = 净利润÷营业收入×100%

（2）内容解释

① 营业净利率表示每百元营业收入中获得的税后利润，比率越大，表明企业每销售 100 元的产品所创造的净利润越高，销售盈利能力越强。

② 营业净利率与企业净利润成正比，与营业收入成反比，因此企业必须在销售收入不变的情况下提高净利润，或者使得净利润的增长幅度超过销售收入的增长幅度，才能提高销售净利率。

③ 营业净利率是评价企业商品经营盈利能力的综合指标，因为只有提高销售净利率才能够使股东获得真正的收益。

4. 成本费用利润率

（1）计算公式

成本费用利润率 = 利润总额÷（营业成本 + 税金及附加 + 销售费用 + 管理费用 + 财务费用）×100%

（2）内容解释

① 成本费用利润率表示每消耗 100 元的成本费用所获得的总利润，它反映了企业成本费用与利润总额的关系，是从企业耗费的角度评价企业盈利能力的主要指标。

② 成本费用利润率越高，表明企业以较少的代价获得较高的利润，或者说取得一定的利润付出的代价越少，成本费用控制越好，盈利能力越强。

5. 核心利润率

（1）计算公式

核心利润率 = 核心利润÷营业收入×100%

其中：核心利润 = 营业收入 - 营业成本 - 税金与附加 - 销售费用 - 管理费用 - 财务费用

（2）内容解释

① 核心利润率表示每元营业收入所获得核心利润。

② 核心利润率越大，表明企业核心业务盈利能力越强。

（二）资产盈利能力指标

1. 总资产报酬率

（1）计算公式

总资产报酬率 = （利润总额 + 利息费用）÷总资产平均余额×100%

其中：

总资产平均余额 = （期初总资产 + 期末总资产）÷2

（2）内容解释

① 总资产报酬率表示平均每百元总资产获得的息税前利润，它反映了总资产营运

的效益。总资产报酬率越高，表明企业在一定时期内每运营 100 元总资产取得的息税前利润越高，说明企业资产盈利能力越强，企业的管理者营运资产的水平越高。

② 影响总资产报酬率的因素包括息税前利润和总资产平均余额。比率与前者成正比，与后者成反比。要提高息税前利润，必须要提高销售净利率；在考虑总资产平均余额对总资产报酬率的影响时，不仅应注意尽可能降低资产占用额，提高资产运用效率，还应重视资产结构的影响，合理安排资产构成，优化资产结构。

③ 由于我国利润表中只列示财务费用，而没用单独列示利息费用，所以在实务中通常用财务费用来代替利息费用。

④ 总资产报酬率评价在不同资本结构下资产的盈利能力可比性更高。

2. 总资产净利率

（1）计算公式

总资产净利率 = 净利率 ÷ 总资产平均余额 × 100%

总资产平均余额 =（期初总资产 + 期末总资产）÷2

（2）内容解释

① 总资产净利率表示在一定时间内平均每百元总资产所取得的净利润，是反映企业资产盈利能力的综合指标。总资产净利率越大，说明企业资产综合盈利能力越强，反之，越弱。

② 由于计算总资产净利率时采用的收益是净利润，所以，在评价不同的资本结构情况下资产的盈利能力可比性略显不足。

（三）资本盈利能力指标

1. 股本收益率

（1）计算公式

股本收益率 = 净利润 ÷ 股本平均余额 × 100%

其中，

股本平均余额 =（期初股本余额 + 期末股本余额）÷2

（2）内容解释

① 股本收益率表示平均每百元股本所取得的净利润。股本收益率越大，表明股东每投入 100 元股本所得到的回报越高，股本的盈利能力越强。

② 股本收益率只是从股东投入的"本金"的角度来衡量企业盈利能力的指标。它还不能全面地反映股东投入总资本的获利水平。

2. 净资产收益率

（1）计算公式

净资产收益率 = 净利润 ÷ 所有者权益平均余额 × 100%

（2）内容解释

① 净资产收益率又称所有者权益净利率，表示每百元净资产所获得的净利润，反映股东投入总资本所获得的投资回报。比率越大，说明股东投资回报率越高，企业资本盈利能力越强；反之，企业资本盈利能力越弱。

② 净资产收益率是反映企业自有资本及其积累获得报酬水平最具综合性和代表性的指标，反映企业资本营运的综合效益。

二、分析思路

评价企业的盈利能力，通常运用销售毛利率、营业利润率、销售净利率、成本费用利润率、总资产报酬率、净资产净利率、股本收益率等指标，一般是将以上比率分别与往年数据、行业平均值、主要竞争对手以及预算数进行对比，确定差异，寻找造成差异的原因，然后进行综合评价。

【基础训练】

一、单项选择题

1. 息税前利润就是利润表中未扣除利息费用和所得税之前的利润，可以用（　　）加利息费用和所得税来测算。

    A. 利润总额   B. 净利润

    C. 主营业务利润   D. 利润分配

2. 下列衡量企业获利能力大小的指标是（　　）。

    A. 流动资产周转率   B. 每股盈余

    C. 权益乘数   D. 产权比率

3. 以下（　　）指标是评价上市公司获利能力的基本核心指标。

    A. 每股收益   B. 净资产收益率

    C. 每股市价   D. 每股净资产

4. 企业当年实现销售收入 3 800 万元，净利润 480 万元，资产周转率为 3，则总资产收益率为（　　）%。

    A. 4. 21   B. 12. 63

    C. 25. 26   D. 37. 89

5. 企业为股东创造财富的主要手段是增加（　　）。

    A. 自由现金流量   B. 净利润

    C. 净现金流量   D. 营业收入

6. MOU 公司 2000 年实现利润情况如下：主营业务利润 3 000 万元，其他业务利润 68 万元，资产减值准备 56 万元，销售费用 280 万元，管理费用 320 万元，营业收入实现 4 800 万元，则营业利润率是（　　）。

    A. 62. 5%   B. 64. 2%

    C. 51. 4%   D. 50. 25%

7. 投资人最关心的财务信息是（　　）。

    A. 总资产收益率   B. 销售利润率

    C. 净资产收益率   D. 流动比率

8. 杜邦财务分析体系的核心指标是（　　）。

    A. 总资产净利率   B. 总资产周转率

    C. 净资产收益率   D. 销售净利率

9. 企业营业利润率与去年基本一致，而销售净利率却有较大幅度下降，在下列原因中应是（　　）。

A. 销售收入下降 B. 销售成本上升
C. 营业费用增加 D. 营业外支出增加

二、多项选择题

1. 下列指标中反映企业赢利能力的比率有（　　）。

    A. 产权比率 B. 负债比率

    C. 资产净利率 D. 销售毛利率

2. 盈利能力分析中使用的指标主要有（　　）。

    A. 利息保障倍数 B. 总资产报酬率

    C. 销售净利率 D. 净资产收益率

3. 企业净资产收益率的计算公式有（　　）。

    A. 净利润÷平均净资产

    B. 净利润÷（年初净资产＋年末净资产）÷2

    C. 净利润÷年末股东权益

    D. 净利润÷资产总额

4. 下列经济业务会影响股份公司每股净资产指标的有（　　）。

    A. 以固定资产的账面净值对外进行投资

    B. 发行普通股股票

    C. 用银行存款偿还债务

    D. 用资本公积金转增股本

5. 影响总资产报酬率的因素有（　　）。

    A. 税后利润 B. 所得税

    C. 利息 D. 资产平均占用额

    E. 息税前利润

6. 影响营业利润率的因素主要有（　　）。

    A. 其他业务利润 B. 资产减值准备

    C. 营业利润 D. 主营业务收入

7. 属于反映上市公司盈利能力的指标有（　　）。

    A. 每股收益 B. 每股股利

    C. 总资产报酬率 D. 每股净资产

8. 为提高总资产利润率，企业可采取的措施有（　　）。

    A. 提高销售利润率 B. 优化资本结构

    C. 优化资产结构 D. 加速资产周转率

9. 下列指标中比值越高说明获利能力越强的有（　　）。

    A. 资产负债率 B. 成本费用利润率

    C. 固定资产利润率 D. 总资产报酬率

三、判断题

1. 每股收益越高，意味着股东可以从上市公司分得越高的股利。（　　）

2. 上市公司的成本费用利润率越低，表明公司的获利能力越强。（　　）

3. 在销售利润率不变的情况下，提高资产利用率可以提高资产利润率。（　　）

4. 净资产报酬率是所有比率中综合性最强的最具有代表性一个指标，它是杜邦财

务分析体系的核心。　　　　　　　　　　　　　　　　　　　　　　（　　）

5. 对于股东来讲，股利支付率总是越高越好。　　　　　　　　　　　（　　）

6. 我国企业的利润分配表反映了利润总额的去向，包括所得税、提取法定公积金和公益金、给投资者分配利润等。　　　　　　　　　　　　　　　　　　　（　　）

7. 资本保值增值率是指期末所有者权益总额除以期初所有者权益总额。　（　　）

8. 市盈率是评价上市公司盈利能力的指标，它反映投资者愿意对公司每股净利润支付的价格。　　　　　　　　　　　　　　　　　　　　　　　　　　　　（　　）

9. 总资产收益率的高低直接影响净资产收益率的高低，与净资产收益率成反向变动，是影响净资产收益率最基本的因素。　　　　　　　　　　　　　　　　　（　　）

10. 影响净资产收益率的因素主要有总资产净利率、企业资本结构、总资产周转率和所得税率等。　　　　　　　　　　　　　　　　　　　　　　　　　　　　（　　）

四、 计算题

1. 已知格力电器 2013—2016 年有关财务数据如表 2-3-1 所示。

表 2-3-1　　　　　　　　格力电器 2013—2016 年有关财务数据　　　　　单位：元

会计年度	2013 年	2014 年	2015 年	2016 年
营业收入	118 627 948 208	137 750 358 395	97 745 137 194	108 302 565 293
营业成本	80 385 939 822	88 022 127 671	66 017 353 745	72 885 641 217
财务费用	−137 308 621	−942 244 684	−1 928 797 250	−4 845 546 598
税金及附加	956 169 816	1 362 424 851	751 894 199	1 430 404 246
管理费用	22 508 931 701	28 889 995 658	15 506 341 694	5 488 955 551
营业利润	12 263 010 098	16 089 227 281	13 516 176 980	17 455 697 835
利润总额	12 891 923 945.32	16 752 430 685	14 909 419 462	18 531 190 076
净利润	10 935 755 177	14 252 954 811	12 623 732 620	15 524 634 903
销售商品、提供劳务收到的现金	70 211 403 596	85 534 451 083	110 918 320 884	69 896 621 293
经营活动产生的现金流量净额	12 969 837 129	18 939 165 507	44 378 381 827	14 859 952 106
流动资产合计	103 732 522 181	120 143 478 823	120 949 314 644	142 910 783 531
固定资产	14 034 138 414	14 939 279 647	15 431 813 077	17 681 655 478
资产总计	133 702 103 359	156 230 948 479	161 698 016 315	182 369 705 049
实收资本（或股本）	3 007 865 439	3 007 865 439	6 015 730 878	6 015 730 878
所有者权益合计	35 466 677 684	45 131 451 010	48 566 608 577	54 923 602 790
营业毛利率	—			
营业利润率	—			
核心利润率	—			
营业净利率	—			

表2-3-1(续)

会计年度	2013 年	2014 年	2015 年	2016 年
成本费用利润率	—			
总资产利润率	—			
流动资产利润率	—			
固定资产利润率	—			
总资产净利率	—			
总资产报酬率	—			
股本收益收益率	—			
净资产收益率	—			

分析要求：

（1）根据表2-3-1有关数据计算公司2014—2016年各盈利能力指标，并将结果填入表中相应空格中。

（2）根据计算结果对公司2016年的盈利能力进行分析和评价。

2. 中国联通2013—2015年利润表主要项目如表2-3-2所示。

表2-3-2 中国联通利润表 单位：元

会计年度	2013 年	2014 年	2015 年
一、营业收入	303 727 203 182.00	288 570 874 374.00	277 048 529 129.00
减：营业成本	211 657 042 435.00	199 936 890 360.00	207 704 323 608.00
税金及附加	8 689 393 669.00	4 721 258 591.00	884 716 802.00
销售费用	42 991 498 574.00	40 193 368 746.00	31 965 064 268.00
管理费用	20 373 057 592.00	19 825 119 469.00	19 839 818 604.00
财务费用	2 949 207 468.00	4 333 087 838.00	6 493 424 929.00
资产减值损失	4 347 533 230.00	4 023 758 839.00	4 089 787 782.00
加：公允价值变动净收益	—	− 7 311 523.00	45 146 626.00
投资收益	197 949 012.00	363 324 686.00	− 405 327 879.00
其中：对联营企业和合营企业的投资收益		− 28 122 881.00	− 801 646 364.00
二、营业利润	12 917 419 226.00	15 893 403 694.00	5 711 211 883.00
加：营业外收入	1 439 382 148.00	1 529 245 060.00	10 895 035 362.00
减：营业外支出	680 142 833.00	1 586 153 087.00	2 739 521 460.00
其中：非流动资产处置净损失		1 454 264 890.00	2 535 970 366.00
三、利润总额	13 676 658 541.00	15 836 495 667.00	13 866 725 785.00
减：所得税	3 384 222 262.00	3 868 606 057.00	3 432 331 538.00

表2-3-2(续)

会计年度	2013 年	2014 年	2015 年
四、净利润	10 292 436 279.00	11 967 889 610.00	10 434 394 247.00
归属于母公司所有者的净利润	3 442 853 809.00	3 981 738 536.00	3 471 590 902.00
少数股东损益	6 849 582 470.00	7 986 151 074.00	6 962 803 345.00
五、每股收益	—	—	—
（一）基本每股收益	0.16	0.19	0.16
（二）稀释每股收益	0.16	0.18	0.16

分析要求：

（1）根据表2-3-2，以总收入为分母计算 2014—2015 年各项目增减率和比重，填入表2-3-3相应空格中，并做简要分析。

表2-3-3　　　　　　　　　中国联通利润比较分析表（1）

会计年度	2014 年		2015 年	
	增减率（%）	比重（%）	增减率（%）	比重（%）
一、营业收入				
减：营业成本				
毛利润				
减：税金及附加				
销售费用				
管理费用				
财务费用				
核心利润				
减：资产减值损失				
加：公允价值变动净收益				
投资收益				
二、营业利润				
加：营业外收入				
减：营业外支出				
三、利润总额				
减：所得税				
加：影响净利润的其他科目				
四、净利润				
总收入		100		100

153

（2）根据表 2-3-2，以营业收入为分母计算 2014—2015 年各项目增减率和比重，并填入表 2-3-4 并做简要分析。

表 2-3-4　　　　　　　　中国联通利润比较分析表（2）

会计年度	2014 年		2015 年	
	增减率（%）	比重（%）	增减率（%）	比重（%）
一、营业收入		100		100
减：营业成本				
毛利润				
减：税金及附加				
销售费用				
管理费用				
财务费用				
核心利润				
减：资产减值损失				
加：公允价值变动净收益				
投资收益				
二、营业利润				
加：营业外收入				
减：营业外支出				
三、利润总额				
减：所得税				
加：影响净利润的其他科目				
四、净利润				

【实训案例】

案例一　中兴通讯利润表初步分析

一、案例资料

中兴通讯股份有限公司（简称中兴通讯）系由深圳市中兴新通讯设备有限公司与中国精密机械进出口深圳公司、骊山微电子研究所、深圳市兆科投资发展有限公司、湖南南天集团有限公司、吉林省邮电器材总公司及河北电信器材有限公司共同发起，并向社会公众公开募集股份而设立的股份有限公司。经中国证券监督管理委员会证监发字（1997）452 号及证监发字 453 号文批准，1997 年 10 月 6 日，本公司通过深圳证券交易所上网发行普通股股票，并于 1997 年 11 月 18 日，在深圳证券交易所挂牌交易。主要从事设计、开发、生产、分销及安装各种先进的电信设备，包括运营商网络、手机和电信软件系统和服务业务等。

中兴通讯是全球领先的综合通信解决方案提供商。公司拥有通信业界最完整的、端到端的产品线和融合解决方案，为全球 160 多个国家和地区的电信运营商和企业网客户提供新技术与产品解决方案。公司在美国、法国、瑞典、印度、中国等地共设有 20 个全球研发机构，3 万余名国内外研发人员专注于行业技术创新。2016 年，中兴通讯 PCT 国际专利申请三度夺冠，并以 19 亿美元年度研发投入位居"全球创新企业 70 强"与"全球 ICT 企业 50 强"。目前中兴通讯拥有 6.8 万余件全球专利申请、已授权专利超过 2.8 万件。2010—2016 年，中兴通讯连续 7 年稳居 PCT 国际专利申请全球前三名，2011 年、2012 年蝉联 PCT 第一，居芯片专利申请量国内首位、物联网专利持有量全球第三和国内第一。公司依托分布于全球的 107 个分支机构，凭借不断增强的创新能力、突出的灵活定制能力、日趋完善的交付能力赢得全球客户的信任与合作。随着万物移动互联时代的到来，中兴通讯的核心战略部署开始转向引领 5G 创新，持续加大面向 5G/4G、芯片、云计算、大数据、大视频、物联网等新兴技术的研发投入，并带动公司各项业务实现稳健增长。2016 年，中兴通讯实现营业收入 1012.3 亿元人民币，单一年度研发投入已超百亿元，研发投入强度达 13%，位居 A 股上市公司首位。2016 年中兴通讯第三次位居 PCT 专利申请量全球第一，连续 7 年位居全球前三。

表 2-3-5 是中兴通讯 2015—2017 年比较利润分析表。

表 2-3-5　　　　　中兴通讯 2015—2017 年比较利润分析表

会计年度	2015 年		2016 年		2017 年	
	比重（%）	增长率（%）	比重（%）	增长率（%）	比重（%）	增长率（%）
一、营业收入	100	22.97	100	1.04	100	7.49
减：营业成本	68.97	23.92	69.25	1.45	68.93	6.99
税金及附加	1.3	-2.08	0.86	-33.4	0.86	8.51
销售费用	11.75	14.74	12.31	5.83	11.12	-2.84
管理费用	2.38	17.32	2.46	4.39	2.81	22.88
财务费用	1.43	-31.9	0.21	-85.48	0.96	402.22
资产减值损失	2.19	181.95	2.82	30.43	2.33	-11.2
加：公允价值变动净收益	-0.18	-223.87	0.03	116.32	0.05	94.48
投资收益	0.69	417.29	1.62	135.8	2.33	5487
其中：对联营企业和合营企业的投资收益	0.06	219.3	0.04	-28.62	-0.12	-383.84
影响营业利润的其他科目	-12.18		-12.6	4.6	-11.91	1.57
二、营业利润	0.32	431.21	1.15	263.7	6.21	479.38
加：补贴收入						

155

表2-3-5(续)

会计年度	2015 年		2016 年		2017 年	
	比重 (%)	增长率 (%)	比重 (%)	增长率 (%)	比重 (%)	增长率 (%)
营业外收入	4.43	17.3	4.31	-1.83	0.15	-96.35
减:营业外支出	0.46	48.47	6.22	1268.79	0.18	-96.93
其中:非流动资产处置净损失	0.03	-19.03	0.02	-22.03	—	—
三、利润总额	4.3	21.63	-0.76	-117.84	6.17	975.14
减:所得税	0.56	-30.5	0.63	13.64	1.22	108.18
四、净利润	3.73	37.12	-1.39	-137.64	4.95	482.59

二、 分析要求

(1) 根据表2-3-5对公司2015—2017年利润与上期相比的增减变动情况进行分析与评价。

(2) 根据表2-3-5对公司2015—2017年利润结构变动情况进行分析与评价。

案例二　安凯客车盈利能力分析

一、 案例资料:

(1) 安凯客车资产负债表,如表2-1-32所示。

(2) 安凯客车利润表,如表2-1-33所示。

(3) 安凯客车现金流量表,如表2-1-34所示。

(4) 汽车制造行业盈利能力指标平均值如表2-3-6所示。

表2-3-6　　　　　上市公司汽车制造行业财务指标平均值

财务指标		上市公司平均值	汽车制造行业平均值	财务指标		上市公司平均值	汽车制造行业平均值
营业利润率	2015 年	5.06%	6.61%	净资产收益率	2015 年	5.61%	13.25%
	2016 年	6.14%	6.56%		2016 年	6.77%	13.26%
总资产报酬率	2015 年	5.11%	8.29%	盈余现金保障倍数	2015 年	2.2	0.89
	2016 年	5.32%	7.93%		2016 年	1.88	0.59

二、 实训要求

(1) 根据表2-1-33的资料,编制安凯客车比较利润表,对安凯客车的利润表做初步分析。

(2) 计算安凯客车2014—2016年销售盈利能力、资产盈利能力和资本盈利能力的有关财务比率,从以上比率并结合行业平均值对公司的盈利能力进行分析与评价。

(3) 根据以上分析写出分析评价报告。

模块四
获现能力分析

【实训目的】

通过本模块实训，学生把握评价企业获现能力的指标体系，理解各指标的内涵和影响获现能力的因素，掌握获现能力分析的基本方法，能够对企业的获现能力进行分析和评价。

【分析内涵】

一、指标内涵

1. 营业收入现金回收率

（1）计算公式

营业收入现金回收率 = 销售商品、提供劳务收到的现金 ÷ 营业收入 × 100%

（2）内容解释

① 营业收入现金回收率表示企业每百元营业收入现金回收的现金额，比率反映了企业在一定时期取得的销售收入中收回现金的比例。

②比率反映了企业当期营业收入的收现情况，体现了收入的质量，比值越大，说明企业收入的质量越高，获现能力越强。

③ 当比率大于1时，说明企业当期的营业收入全部变现，而且还收回了部分前期的应收账款；当比率等于1时，说明企业的销售款基本没有挂账；当比率小于1时，说明企业账面收入高，变现收入低，挂账较多。

④ 指标数值越高，说明企业销售款的回收速度越快，对应收账款的管理越好，获取现金的能力越强；指标数值越低，说明企业收账能力越差，或者说明企业销售条件较为宽松，获取现金的能力越弱。

2. 营业收入现金比率

（1）计算公式

营业收入现金比率 = 经营活动产生的现金净流量÷营业收入×100%

（2）内容解释

① 该比率表示每 100 元的营业收入所取得的现金净流量.

②比率反映了企业当期营业收入的收现情况，体现了收入的质量.

③ 指标数值越高，说明企业经营状况和经营效益越好，获现能力越强；反之，亦然。

3. 盈利现金保障倍数

（1）计算公式

盈利现金保障倍数 = 经营活动产生的现金净流量÷净利润×100%

（2）内容解释

① 盈利现金保障倍数表示每支付 100 元的净利润用经营活动所提供的净现金，即当期实现的净利润中有多少经营活动现金作保障。

② 该指标值越大，表明企业实现的账面利润中流入现金的利润越多，企业盈利质量越好。

4. 全部资产现金比率

（1）计算公式

全部资产现金回收率 = 经营活动产生的现金净流量÷平均总资产×100%

（2）内容解释

①该比率表示每 100 元资产通过经营活动所形成的现金净流量。

②该比率反映企业运用全部资产获取现金的能力，比率越高，说明企业运用全部资产获取现金能力越强。

二、 分析的思路

评价企业的获现能力，通常运用销售现金回收率、营业收入现金比率、净利润现金比率、全部资产现金回收率和总资产现金周转率等指标，一般是将销售现金回收率、营业收入现金比率、净利润现金比率、全部资产现金回收率和总资产现金周转率分别与往年数据、行业平均值、主要竞争对手以及预算数进行对比，确定差异，寻找造成差异的原因，然后进行综合评价。

【基础训练】

一、 单项选择

1. （   ）产生的现金流量最能反映企业获取现金的能力。

    A. 经营活动   B. 投资活动

    C. 筹资活动   D. 以上各活动都是

2. 用现金偿还债务，对现金的影响是（   ）。

    A. 增加   B. 减少

    C. 不增不减   D. 属非现金事项

3. 以下 （ ） 项目属于经营活动产生的现金流出。

    A. 支付的增值税额   B. 权益性投资所支付的现金

    C. 偿还债务所支付的现金   D. 分配股利所支付的现金

4. 以下 （ ） 项目属于投资活动产生的现金收入。

    A. 销售商品、提供劳务所收到的现金

    B. 收到的租金

    C. 处置固定资产而收到的现金

    D. 借款所收到的现金

5. 以下 （ ） 项目属于筹资活动产生的现金收入。

    A. 收到的租金   B. 收回投资所收到的现金

    C. 发行债券所收到的现金   D. 处置固定资产而收到的现金

6. 以下 （ ） 项目属于投资活动产生的现金流出。

    A. 支付的所得税款   B. 购买固定资产所支付的现金

    C. 支付的增值税   D. 融资租赁支付的现金

7. 以下 （ ） 项目属于筹资活动产生的现金流出。

    A. 支付的其他税费   B. 支付的其他经营费用

    C. 债权性投资做支付的现金   D. 融资租赁支付的现金

8. 以下比率属于反映获取现金能力的指标是 （ ）。

    A. 营业收入现金比率   B. 现金流动负债比率

    C. 现金债务总额比率   D. 现金比率

9. 现金偿付比率计算公式中的分子是 （ ）。

    A. 经营活动产生的现金流量   B. 投资活动产生的现金流量

    C. 经营活动产生的现金净流量 D. 投资活动产生的现金净流量

二、 多项选择题

1. 下列经济事项中，不能产生现金流量的有 （ ）。

    A. 出售固定资产   B. 企业从银行提取现金

    C. 投资人投入现金   D. 将库存现金送存银行

    E. 企业用现金购买将于 3 个月到期的国库券

2. 下列各项活动中，属于筹资活动产生的现金流量项目是 （ ）。

    A. 以现金偿还债务的本金   B. 支付现金股利

    C. 支付借款利息   D. 发行股票筹集资金

    E. 收回长期债权投资本金

3. （ ） 活动形成经营活动现金流量。

    A. 应付账款的发生   B. 购买无形资产

    C. 应交税金的形成   D. 发行长期债券

    E. 支付职工工资

4. 以下 （ ） 项目属于投资活动产生的现金收入。

    A. 收到的增值税销项税   B. 收回投资所收到的现金

    C. 处置固定资产而收到的现金 D. 发行债券所收到的现金

5. 以下 （ ） 项目属于经营活动产生的现金流出。

A．支付的增值税额　　　　　　　　B．支付的所得税款

C．支付的其他税费　　　　　　　　C．偿还债务支付的现金

6. 在分析获现能力时，可以选用的指标有（　　　）。

A．总资产净现率　　　　　　　　　B．现金流动负债比率

C．销售现金比率　　　　　　　　　D．投资收益收现比率

E．净资产净现率

三、 判断题

1. 现金流量表是反映企业一定时期现金流入和现金流出情况的静态报表。（　　　）

2. 现金流量表在本质上属于资金表。（　　　）

3. 现金净流量是流动资产减去流动负债后的净值。（　　　）

4. 编制现金流量表需要前期与当期的利润表做资料。（　　　）

5. 一般来说，现金流量净额越大，则企业活动力越强。（　　　）

四、 计算题

1. 已知格力电器 2013—2016 年现金流量如表 2-4-1 所示。

表 2-4-1　　　　　　　　　　　　**格力电器现金流量表**　　　　　　　　　单位：元

报告年度	2013 年	2014 年	2015 年	2016 年
一、经营活动产生的现金流量				
销售商品、提供劳务收到的现金	70 211 403 596.83	85 534 451 083.44	110 918 320 884.07	69 896 621 293.21
收到的税费返还	468 525 066.80	511 576 234.70	1 237 326 987.91	1 139 337 699.60
收到其他与经营活动有关的现金	4 951 538 534.02	4 493 941 627.69	4 682 640 196.09	2 938 826 213.65
经营活动现金流入小计	75 631 467 197.65	90 539 968 945.83	118 796 508 123.64	75 515 435 932.31
购买商品、接受劳务支付的现金	38 588 727 356.34	38 816 900 119.58	42 541 255 260.22	40 478 783 811.27
支付给职工以及为职工支付的现金	4 963 951 119.32	5 730 237 588.82	5 590 514 442.03	5 657 046 182.44
支付的各项税费	8 171 292 438.69	13 334 358 630.39	13 773 887 181.66	11 333 898 757.72
支付其他与经营活动有关的现金	10 937 659 153.47	13 719 307 099.31	10 435 185 083.90	8 371 524 851.14
经营活动现金流出小计	62 661 630 067.82	71 600 803 438.10	74 418 126 295.96	60 655 483 825.39
经营活动产生的现金流量净额	12 969 837 129.83	18 939 165 507.73	44 378 381 827.68	14 859 952 106.92
二、投资活动产生的现金流量				
收回投资收到的现金	327 515 300.00	660 000 000.00	950 000 000.00	3 142 289 553.35
取得投资收益收到的现金	241 352 080.54	44 701 122.29	84 643 291.79	264 728 491.86
处置固定资产、无形资产和其他长期资产收回的现金净额	1 209 811.00	2 486 624.00	1 228 803.43	27 196 374.80
处置子公司及其他营业单位收到的现金净额	—	1 754 209.96	—	—
收到其他与投资活动有关的现金	434 397 421.35	661 065 307.05	143 435 881.62	6 500 000.00

表2-4-1(续)

报告年度	2013 年	2014 年	2015 年	2016 年
投资活动现金流入小计	1 004 474 612.89	1 370 007 263.30	1 179 307 976.84	3 440 714 420.01
购建固定资产、无形资产和其他长期资产支付的现金	2 461 467 222.38	1 777 308 642.20	2 884 513 074.71	3 276 936 026.68
投资支付的现金	704 068 043.20	2 330 499 916.33	2 832 663 335.62	1 496 403 698.86
支付其他与投资活动有关的现金	24 926 702.72	124 336 597.02	175 286 430.99	17 913 927 388.57
投资活动现金流出小计	3 190 461 968.30	4 232 145 155.55	5 892 462 841.32	22 687 267 114.11
投资活动产生的现金流量净额	-2 185 987 355.41	-2 862 137 892.25	-4 713 154 864.48	-19 246 552 694.10
三、筹资活动产生的现金流量				
取得借款收到的现金	4 987 907 166.99	10 376 654 773.19	10 096 926 967.84	12 382 413 204.61
收到其他与筹资活动有关的现金	1 996 700 658.64	235 620 087.87	1 257 485 012.71	2 110 522 945.98
筹资活动现金流入小计	6 984 607 825.63	10 612 274 861.06	11 354 411 980.55	14 492 936 150.59
偿还债务支付的现金	6 233 844 919.51	7 800 683 084.65	9 512 423 538.15	11 054 156 840.31
分配股利、利润或偿付利息支付的现金	3 174 740 060.83	4 675 905 628.06	9 525 010 447.46	9 180 067 571.71
支付其他与筹资活动有关的现金	—	—	—	10 271 924.02
筹资活动现金流出小计	9 408 584 980.34	12 476 588 712.71	19 037 433 985.61	20 244 496 336.04
筹资活动产生的现金流量净额	-2 423 977 154.71	-1 864 313 851.65	-7 683 022 005.06	-5 751 560 185.45
四、汇率变动对现金的影响	—	—	—	—
五、现金及现金等价物净增加额	8 359 872 619.71	14 212 713 763.83	31 982 204 958.14	-6 043 656 822.39
期初现金及现金等价物余额	21 370 486 691.03	29 259 183 063.61	43 506 471 113.09	77 365 016 845.22
期末现金及现金等价物余额	29 730 359 310.74	43 471 896 827.44	75 488 676 071.23	71 321 360 022.83

要求:

(1) 根据表2-4-1编制格力电器2013—2016年现金流入、流出与现金净流量结构分析表,计算结果填入表2-4-2、表2-4-3、表2-4-4,并做简要分析。

表2-4-2　　　　　　现金流入结构分析表　　　　单位:%

报告年度	2013 年	2014 年	2015 年	2016 年
销售商品、提供劳务收到的现金				
收到的税费返还				
收到其他与经营活动有关的现金				
经营活动现金流入小计				
收回投资收到的现金				
取得投资收益收到的现金				

报告年度	2013 年	2014 年	2015 年	2016 年
处置固定资产、无形资产和其他长期资产收回的现金净额				
处置子公司及其他营业单位收到的现金净额				
收到其他与投资活动有关的现金				
投资活动现金流入小计				
吸收投资收到的现金				
取得借款收到的现金				
收到其他与筹资活动有关的现金				
筹资活动现金流入小计				
合计	100	100	100	100

表 2－4－3　　　　　　　　　现金流出结构分析表　　　　　　单位:%

报告年度	2013 年	2014 年	2015 年	2016 年
购买商品、接受劳务支付的现金				
支付给职工以及为职工支付的现金				
支付的各项税费				
支付其他与经营活动有关的现金				
经营活动现金流出小计				
购建固定资产、无形资产和其他长期资产支付的现金				
投资支付的现金				
取得子公司及其他营业单位支付的现金净额				
支付其他与投资活动有关的现金				
投资活动现金流出小计				
偿还债务支付的现金				
分配股利、利润或偿付利息支付的现金				
支付其他与筹资活动有关的现金				
筹资活动现金流出小计				
合计	100	100	100	100

表2-4-4 　　　　　　　　**现金净流量结构分析表** 　　　　　单位:%

报告年度	2013 年	2014 年	2015 年	2016 年
经营活动产生的现金流量净额				
投资活动产生的现金流量净额				
筹资活动产生的现金流量净额				
汇率变动对现金的影响				
合计	100	100	100	100

（2）根据表2-4-1计算各项目增减率，填入表2-4-5编制格力电器比较现金流量表，并进行简要分析。

表2-4-5 　　　　　　　　**格力电器比较现金流量表**

报告年度	2014 年增减率（%）	2015 年增减率（%）	2016 年增减率（%）
一、经营活动产生的现金流量			
销售商品、提供劳务收到的现金			
收到的税费返还			
收到其他与经营活动有关的现金			
经营活动现金流入小计			
购买商品、接受劳务支付的现金			
支付给职工以及为职工支付的现金			
支付的各项税费			
支付其他与经营活动有关的现金			
经营活动现金流出小计			
经营活动产生的现金流量净额			
二、投资活动产生的现金流量			
收回投资收到的现金			
取得投资收益收到的现金			
处置固定资产、无形资产和其他长期资产收回的现金净额			
处置子公司及其他营业单位收到的现金净额			

表2-4-5(续)

报告年度	2014 年增减率（%）	2015 年增减率（%）	2016 年增减率（%）
收到其他与投资活动有关的现金			
投资活动现金流入小计			
购建固定资产、无形资产和其他长期资产支付的现金			
投资支付的现金			
取得子公司及其他营业单位支付的现金净额			
支付其他与投资活动有关的现金			
投资活动现金流出小计			
投资活动产生的现金流量净额			
三、筹资活动产生的现金流量			
吸收投资收到的现金			
取得借款收到的现金			
收到其他与筹资活动有关的现金			
筹资活动现金流入小计			
偿还债务支付的现金			
分配股利、利润或偿付利息支付的现金			
支付其他与筹资活动有关的现金			
筹资活动现金流出小计			
筹资活动产生的现金流量净额			
四、汇率变动对现金的影响			
五、现金及现金等价物净增加额			
期初现金及现金等价物余额			
期末现金及现金等价物余额			

2. 已知格力电器2013—2016年有关财务数据如表2-4-6所示。

表2-4-6　　　　格力电器2013—2016年有关财务数据　　　　单位：元

报告年度	2013年	2014年	2015年	2016年
销售商品、提供劳务收到的现金	70 211 403 597	85 534 451 083	110 918 320 884	69 896 621 293
经营活动产生的现金流量净额	12 969 837 130	18 939 165 508	44 378 381 828	14 859 952 107
营业收入	118 627 948 209	137 750 358 396	97 745 137 194	108 302 565 293
净利润	10 935 755 177	14 252 954 812	12 623 732 620	15 524 634 904
营业收入现金回收率				
营业收入现金比率				
总资产现金回收率				
总资产现金比率				
盈余现金保障倍数				

要求：

（1）根据表2-4-6有关数据，计算公司2013—2016年各项获现能力比率，并将计算结果填在表中的空格里。

（2）根据计算结果对公司的获现能力进行分析和评价。

【实训案例】

案例一　七匹狼现金流量表初步分析

一、案例资料

七匹狼实业股份有限公司（简称七匹狼）系主要经营"七匹狼"休闲男装品牌服饰的高新技术的上市公司（股票代码002029）。公司产品定位为男士休闲服装，在市场上享有很高的品牌知名度和美誉度，产品综合市场占有率均名列前茅。以下是七匹狼2013—2016年财务报表。

1. 资产负债表（如表2-4-7所示）

表2-4-7　　　　　　　　七匹狼资产负债表　　　　　　　　单位：元

会计年度	2013年	2014年	2015年	2016年
货币资金	2 514 560 109.71	2 114 122 661.73	2 168 833 010.02	1 852 804 974.21
应收票据	279 400 000.00	165 460 000	100 300 000.00	121 166 620.00
应收账款	440 732 085.42	294 747 771.98	260 126 687.85	171 832 159.94
预付款项	49 417 411.31	49 169 427.10	34 633 411.16	46 743 619.21
其他应收款	57 466 280.20	101 626 371.63	89 454 540.38	118 713 672.23
存货	657 315 655.55	742 675 418.59	843 142 737.00	899 422 999.01

表2-4-7(续)

会计年度	2013 年	2014 年	2015 年	2016 年
一年内到期的非流动资产	1 187 736 973.43	28 792 177.29	85 141 885.68	10 474 875.48
其他流动资产	93 880 212.66	1 727 871 324.47	1 917 637 208.61	2 357 709 276.22
流动资产合计	5 280 508 728.28	5 224 465 152.79	5 499 269 480.70	5 578 868 196.30
可供出售金融资产	—	52 719 648.20	61 475 000.00	535 894 020.30
长期股权投资	1 691 329.88	2 500 353.64	229 375 308.76	300 935 671.83
投资性房地产	843 603 922.14	854 488 457.84	754 390 205.64	739 343 064.59
固定资产	324 565 667.43	405 088 955.16	470 648 092.68	410 014 870.51
在建工程	34 127 138.72	35 738 145.82	—	—
无形资产	58 072 439.73	81 942 369.83	47 704 051.21	41 851 394.15
开发支出	4 139 739.50	4 581 291.98	6 696 944.90	6 840 586.48
长期待摊费用	177 325 406.58	109 413 747.63	110 840 249.84	123 899 385.00
递延所得税资产	123 697 044.17	138 424 686.21	211 092 983.64	179 648 143.88
其他非流动资产	—	6 610 261.36	6 315 702.00	2 368 980.00
非流动资产合计	1 567 222 688.15	1 691 507 917.67	1 898 538 538.67	2 340 796 116.74
资产总计	6 847 731 416.43	6 915 973 070.46	7 397 808 019.37	7 919 664 313.04
短期借款	578 650 000.00	654 890 000	489 194 564.00	807 571 000.00
应付票据	357 137 300.62	453 540 571.71	478 535 869.19	506 523 238.73
应付账款	294 569 012.74	348 425 484.31	352 509 224.75	420 965 394.33
预收款项	241 185 351.77	360 113 183.16	476 769 643.18	513 257 890.40
应付职工薪酬	44 686 659.94	55 111 897.55	47 311 526.04	47 703 892.60
应交税费	29 303 510.74	32 307 469.85	24 259 217.04	35 702 057.91
应付利息	14 066 666.66	176 244.44	6 859 114.67	—
应付股利	13 619 229.79	—	—	—
其他应付款	44 395 023.07	72 885 195.49	232 011 269.80	303 919 328.54
其他流动负债	500 000 000.00		150 000 000.00	—
流动负债合计	2 117 612 755.33	1 977 450 046.51	2 257 450 428.67	2 635 642 802.51
递延所得税负债	—	3 512 821.03	9 604 394.29	3 094 808.84
其他非流动负债	90 573 329.36	—	—	—
非流动负债合计	90 573 329.36	53 254 417.03	70 381 394.29	28 052 808.84
负债合计	2 208 186 084.69	2 030 704 463.54	2 327 831 822.96	2 663 695 611.35
实收资本（或股本）	755 670 000.00	755 670 000	755 670 000.00	755 670 000.00
资本公积	1 879 802 544.23	1 879 802 544.23	1 879 802 544.23	1 879 962 839.43
盈余公积	321 207 877.66	468 349 950.20	545 557 117.66	577 934 513.72
未分配利润	1 625 067 185.15	1 691 065 259.36	1 811 321 865.76	1 970 569 022.55
少数股东权益	57 797 724.70	70 517 080.38	48 666 904.15	58 213 422.43
归属母公司所有者权益（或股东权益）	4 581 747 607.04	4 814 751 526.54	5 021 309 292.26	5 197 755 279.26

会计年度	2013 年	2014 年	2015 年	2016 年
所有者权益（或股东权益）合计	4 639 545 331.74	4 885 268 606.92	5 069 976 196.41	5 255 968 701.69
负债和所有者（或股东权益）合计	6 847 731 416.43	6 915 973 070.46	7 397 808 019.37	7 919 664 313.04

2. 利润表（如表2－4－8所示）

表2－4－8　　　　　　　　　　七匹狼利润表　　　　　　　　　　单位：元

会计年度	2013 年	2014 年	2015 年	2016 年
一、营业收入	2 773 490 671.66	2 391 034 758.56	2 486 469 112.85	2 639 603 026.79
减：营业成本	1 469 546 363.81	1 321 269 744.06	1 421 091 689.59	1 479 897 014.26
税金及附加	26 214 656.24	25 184 807.72	24 917 619.24	25 245 666.73
销售费用	436 385 076.02	451 171 923.37	488 393 715.79	467 034 987.34
管理费用	240 657 519.15	240 037 233.33	246 814 784.71	228 718 152.93
财务费用	－ 26 336 044.50	－ 66 432 362.06	－ 73 961 466.44	－ 33 741 748.01
资产减值损失	205 075 742.92	205 496 325.03	263 001 472.32	277 168 661.21
投资收益	42 221 221.89	69 316 941.64	97 160 324.78	106 688 443.42
其中：对联营企业和合营企业的投资收益	－ 1 380 348.90	－ 820 976.24	－ 4 266 741.81	－ 5 597 636.93
二、营业利润	464 168 579.91	283 624 028.75	213 371 622.42	301 968 735.75
加：补贴收入	—	—	—	—
营业外收入	8 865 438.75	72 198 756.00	47 693 703.75	60 659 395.38
减：营业外支出	1 750 914.11	7 010 631.21	3 272 448.08	3 517 178.07
其中：非流动资产处置净损失	38 724.51	301 253.51	461 764.87	510 364.10
三、利润总额	471 283 104.55	348 812 153.54	257 792 878.09	359 110 953.06
减：所得税	93 808 002.99	54 420 530.11	－ 22 290 904.29	81 501 810.39
四、净利润	377 475 101.56	294 391 623.43	280 083 782.38	277 609 142.67
归属于母公司所有者的净利润	379 069 295.63	288 707 146.75	273 030 773.86	267 191 552.85
少数股东损益	－ 1 594 194.07	5 684 476.68	7 053 008.52	10 417 589.82
五、每股收益	—	—	—	—
（一）基本每股收益	0.5	0.38	0.36	0.35
（二）稀释每股收益	0.5	0.38	0.36	0.35

3. 现金流量表（如表2-4-9所示）

表2-4-9　　　　　　　　　七匹狼现金流量表　　　　　　　　单位：元

报告年度	2013年	2014年	2015年	2016年
一、经营活动产生的现金流量				
销售商品、提供劳务收到的现金	3 278 480 147.47	3 107 407 380.17	3 049 198 206.04	3 132 837 008.63
收到的税费返还	1 876 523.56	3 386 699.39	3 189 449.81	1 647 055.22
收到其他与经营活动有关的现金	83 341 044.48	90 604 827.20	275 305 634.03	147 341 829.78
经营活动现金流入小计	3 363 697 715.51	3 201 398 906.76	3 327 693 289.88	3 281 825 893.63
购买商品、接受劳务支付的现金	1 704 625 115.08	1 586 913 361.24	1 833 652 423.46	1 888 178 993.79
支付给职工以及为职工支付的现金	267 455 493.69	254 138 780.61	262 926 794.53	255 664 807.18
支付的各项税费	298 600 287.87	258 858 591.22	252 962 192.20	195 861 202.46
支付其他与经营活动有关的现金	409 808 001.28	334 610 744.45	337 161 945.39	352 860 542.65
经营活动现金流出小计	2 680 488 897.92	2 434 521 477.52	2 686 703 355.58	2 692 565 546.08
经营活动产生的现金流量净额	683 208 817.59	766 877 429.24	640 989 934.30	589 260 347.55
二、投资活动产生的现金流量				
收回投资收到的现金	590 000 000.00	2 378 918 178.49	2 866 289 000.00	4 276 850 000.00
取得投资收益收到的现金	7 176 164.39	102 604 979.67	105 361 206.18	118 659 638.82
处置固定资产、无形资产和其他长期资产收回的现金净额	9 576 338.94	110 607.05	443 947.74	443 490.73
处置子公司及其他营业单位收到的现金净额	—			8 153 700.74
投资活动现金流入小计	606 752 503.33	2 481 633 765.21	2 972 094 153.92	4 404 106 830.29
购建固定资产、无形资产和其他长期资产支付的现金	127 452 160.10	133 287 613.34	154 833 450.35	126 292 738.44
投资支付的现金	1 735 000 000.00	2 862 310 000.00	3 266 947 500.00	5 237 304 913.95
取得子公司及其他营业单位支付的现金净额	—	74 976 841.02		
投资活动现金流出小计	1 862 452 160.10	3 070 574 454.36	3 421 780 950.35	5 363 597 652.39
投资活动产生的现金流量净额	-1 255 699 656.77	-588 940 689.15	-449 686 796.43	-959 490 822.10
三、筹资活动产生的现金流量				
吸收投资收到的现金	—	7 000 000.00	1 700 000.00	9 050 369.00
取得借款收到的现金		100 000 000.00	100 000 000.00	—
收到其他与筹资活动有关的现金	1 066 554 250.01	1 246 035 167.39	1 749 197 913.48	1 314 431 875.41
筹资活动现金流入小计	1 066 554 250.01	1 353 035 167.39	1 850 897 913.48	1 323 482 244.41
偿还债务支付的现金	—	61 047 607.53	100 000 000.00	100 000 000.00

表2-4-9(续)

报告年度	2013 年	2014 年	2015 年	2016 年
分配股利、利润或偿付利息支付的现金	55 478 000.00	114 115 518.68	126 338 758.47	116 275 693.05
支付其他与筹资活动有关的现金	721 711 474.00	1 753 311 946.52	1 657 761 375.41	1 183 098 237.70
筹资活动现金流出小计	777 189 474.00	1 928 475 072.73	1 884 100 133.88	1 399 373 930.75
筹资活动产生的现金流量净额	289 364 776.01	−575 439 905.34	−33 202 220.40	−75 891 686.34
四、汇率变动对现金的影响	—	—	—	—
五、现金及现金等价物净增加额	−283 679 184.5	−397 386 699.5	157 852 822.4	−445 443 676.7
期初现金及现金等价物余额	2 185 185 196.26	1 901 506 011.74	1 504 119 312.25	1 661 972 134.61
期末现金及现金等价物余额	1 901 506 011.74	1 504 119 312.25	1 661 972 134.61	1 216 528 457.90

二、 分析要求

（1）根据上述报表编制七匹狼 2014—2016 年现金流量结构分析表，并对现金流量的结构进行分析。

（2）根据现金流量结构各年的变化情况，分析公司的经营策略和财务策略。

案例二 安凯客车获现能力分析

一、 案例资料

（1）安凯客车资产负债表，如表 2-1-32 所示。

（2）安凯客车利润表，如表 2-1-33 所示。

（3）安凯客车现金流量表，如表 2-1-34 所示。

（4）汽车制造行业获现能力指标平均值如表 2-4-10 所示。

表2-4-10 **上市公司汽车制造行业获现能力指标平均值**

财务指标		上市公司平均值	汽车制造行业平均值
盈利现金保障倍数	2015 年	2.2	0.89
	2016 年	1.88	0.59

二、 实训要求

（1）根据表 2-1-34 的资料，编制现金流量趋势分析表和结构分析表，对安凯客车的现金流量表做初步分析。

（2）计算安凯客车 2014—2016 年的销售现金回收率、营业收入现金比率、盈利现金保障倍数、全部资产现金回收率和总资产现金周转率，从以上比率并结合行业平均值对公司的获现能力进行分析与评价。

（3）根据以上分析写出分析评价报告。

案例三　长安汽车股份有限公司获现能力分析

一、案例资料

长安汽车和安凯客车 2008—2010 年有关获现能力指标如表 2-4-11 所示。

表 2-4-11　　长安汽车和安凯客车 2008—2010 年有关获现能力指标　　单位:%

指标	2008 年		2009 年		2010 年	
	安凯客车	长安汽车	安凯客车	长安汽车	安凯客车	长安汽车
销售现金回收率	104.20	68.17	98.46	63.60	77.78	74.37
营业收入现金比率	7.52	3.62	12.09	11.56	4.20	8.15
净利润现金比率	528.29	2703.90	1008.43	268.23	172.77	134.37
全部资产现金回收率	9.23	3.26	12.82	14.62	5.60	9.81
总资产现金周转率	127.88	61.36	104.38	80.47	103.74	89.56

二、分析要求

（1）长安汽车 2009 年的营业收入现金比率比 2008 年大幅度上升，而销售现金回收率却略有下降，其可能的原因是什么？

（2）请对长安汽车的获现能力进行分析和评价。

模块五 发展能力分析

【实训目的】

通过本模块实训，学生把握评价企业发展能力的指标体系，理解各指标的内涵和影响发展能力的因素，掌握发展能力分析的基本方法，能够对企业的发展能力进行分析和评价。

【分析内涵】

1. 营业收入增长率

（1）计算公式

营业收入增长率 =（本年营业收入 - 上年营业收入）÷ 上年营业收入 × 100%

（2）内容解释

① 营业收入增长率是衡量企业经营成果和市场占有能力、预测企业经营业务拓展趋势的重要指标。该指标大于 0 表示企业本期的营业收入有所增长，指标值越高，表明营业收入增长速度越快，销售情况越好；若指标值小于 0 则说明企业销售规模减小，销售情况较差，表明企业产品或服务不适销对路、质次价高，或是售后服务等方面存在问题，市场份额萎缩。

② 该指标在实际操作时，应将营业收入增长率与总资产增长率结合起来，并考虑企业历年的营业收入水平、企业市场占有情况、资产增长情况、行业平均值及其他影响企业发展的潜在因素，并结合企业前三年的营业增长率做出趋势分析判断。

2. 总资产增长率

（1）计算公式

总资产增长率 =（年末总资产 - 年初总资产）÷ 年初总资产 × 100%

（2）内容解释

① 总资产增长率是用来反映企业资产总规模增长幅度的比率。总资产增长率大于 0 说明企业本期的资产规模有所增加，总资产增长率越大，说明资产规模扩张速度越快。总资产增长率小于 0 则说明企业本期资产规模缩减，资产出现负增长。

② 在实际分析时，应注意考虑资产规模增长的效益性与稳定性。企业资产增长率高并不一定意味着企业的资产规模增长就一定适当，评价一个企业资产增长是否有效益，必须和销售收入增长结合起来分析，只有销售收入的增长超过了资产的增长，资产增长才属于效益型增长。另外，还应观察资产增长的稳定性，因为，对于一个健康的处于成长的企业，其资产规模应该是不断增长的，如果时增时减，则反映企业的经营并不稳定。因此，为全面认识企业资产规模的增长趋势和增长水平，应将企业不同时期的资产增长加以比较。

3. 营业利润增长率

（1）计算公式

营业利润增长率 =（本期营业利润 - 上期营业利润）÷ 上期营业利润 × 100%

（2）内容解释

营业利润增长率反映企业正常营业活动取得利润在一年内增长幅度的比率。如果一个企业的利润增长迅速，但是销售收入并未增长，也就是说其营业利润并不是来自其营业活动，这样的增长是不能持续的，随着时间的推移将会消失。因此，利用营业利润增长率这一比率可以较好地考察企业的成长性。

该指标越大，说明企业营业利润增长得越快，表明企业营业情况好，业务扩张能力强；相反，则说明企业营业利润增长得越慢，反映企业营业活动发展停滞，业务扩张能力减弱。

4. 净利润增长率

（1）计算公式

净利润增长率 =（本年净利润 - 上年净利润）÷ 上年净利润 × 100%

（2）内容解释

① 净利润增长率是反映企业税后净利润在一年内增长幅度的比率。净利润增长率大于 0 说明企业本年的净利润有所增加，净利润增长率越高，说明企业发展的前景越好；净利润增长率小于 0 则说明企业本期净利润减少，收益降低，企业的发展受挫。

② 在分析净利润增长时，应关注净利润增长的来源和增长的趋势。因为，企业的净利润除了来自营业利润外，还包括公允价值变动损益、营业外收入这些非正常性收益，因此，在分析净利润增长率时，应关注净利润增长的来源；同时，还应考察连续几年的净利润增长率，以排除个别时期偶然性或特殊性因素的影响，确定净利润增长的稳定性。

5. 股东权益增长率

（1）计算公式

股东权益增长率 =（年末股东权益 - 年初股东权益）÷ 年初总资产 × 100%

（2）内容解释

① 股东权益增长率反映的是企业在经过一年经营以后股东权益增长幅度的比率，也称资本积累率。股东权益增长率为正数，说明企业年末所有者权益有所增加，股东

权益增长率越高，表明企业股东权益增长的速度越快，企业自有资本积累的能力越强，对企业未来的发展越有利；股东权益增长率为负数，则表明企业资本受到侵蚀，所有者利益受到损害。

② 在对股东权益增长率进行分析时，应注意分析股东权益增长的来源和增长的趋势。因为，股东权益包括股本、资本公积、盈余公积、未分配利润等项目，股本和资本公积是属于融资活动形成的，盈余公积和未分配利润是属于经营活动的净利润形成的，分析股东权益增长率，要看是由于净利润形成还是靠融资取得的；另外，还要分析连续几年的股东权益增长率，因为一个持续增长型企业，其股东权益应该是不断增长的，如果时增时减，则反映出企业发展不稳定，同时也说明企业不具备良好的发展能力。

6. 累计保留盈余率

（1）计算公式

累计保留盈余率 = （盈余公积 + 未分配利润）÷平均股东权益×100%

（2）内容解释

① 累计保留盈余率表示每100元股东权益中累计保留的利润所占的比例，反映企业股东的财富有多少是利润创造的，比率越大，表明企业发展后劲越足。

②盈余公积金、未分配利润、股东权益等数值均来自资产负债表。

【基础训练】

一、 单项选择

1. 下列因素中，能直接影响股东权益增长率变化的指标是 （ ）。

    A. 净资产收益率　　　　　　　　　B. 总资产周转率

    C. 总资产报酬率　　　　　　　　　D. 总资产

2. 下列指标中，不属于增长率指标的是 （ ）。

    A. 利息保障倍数　　　　　　　　　B. 销售增长率

    C. 股东权益增长率　　　　　　　　D. 资本积累率

3. 如果企业某一产品处于成熟期，其销售增长率的特点是 （ ）。

    A. 比值比较大　　　　　　　　　　B. 与上期相比变动不大

    C. 比值比较小　　　　　　　　　　D. 与上期相比变动非常小

4. 如果企业某一产品处于衰退期，其销售增长率的特点是 （ ）。

    A. 比值比较大　　　　　　　　　　B. 增长速度与上期相比变动不大

    C. 比值比较大小　　　　　　　　　D. 增长速度开始放慢甚至出现负增长

5. 某产品或劳务具有巨大的增长潜力，市场增长率保持较高水平时，标志着该产品或劳务正处于 （ ）。

    A. 开发阶段　　　　　　　　　　　B. 成长阶段

    C. 成熟阶段　　　　　　　　　　　D. 衰退期

6. 下列衡量企业发展能力的财务指标是 （ ）。

    A. 净资产收益率　　　　　　　　　B. 总资产周转率

C. 营业收入增长率　　　　　　　　D. 资产负债率

7. 计算总资产增长率的公式中，分母是（　　　）。

    A. 总资产增长额　　　　　　　　B. 期末总资产

    C. 期初总资产　　　　　　　　　D. 期末总资产 - 期初总资产

8. 营业收入增长率及资本积累率是反映企业（　　　）能力的指标。

    A. 偿债能力　　　　　　　　　　B. 发展能力

    C. 赢利能力　　　　　　　　　　D. 资产营运状况

二、 多项选择题

1. 可以用于反映企业增长能力的财务指标有（　　　）。

    A. 资产增长率　　　　　　　　　B. 销售增长率

    C. 资本积累率　　　　　　　　　D. 净利润增长率

2. 在分析企业的净利润增长率时，应结合以下分析（　　　）。

    A. 净利润增长来源分析　　　　　B. 净利润增长趋势分析

    C. 资产结构分析　　　　　　　　D. 负债结构分析

3. 下列项目中，属于资产规模增加的原因是（　　　）。

    A. 企业对外举债　　　　　　　　B. 企业实现盈利

    C. 企业发放股利　　　　　　　　D. 企业发行股票

    E. 企业购置固定资产

4. 在对资产增长率进行具体分析时，还应该注意（　　　）。

    A. 资产增长的规模是否适当

    B. 资产增长的来源是否合理

    C. 资产增长的趋势是否稳定

    D. 行业平均资产增长率

5. 股东权益增长率的大小直接取决于下列因素中的（　　　）。

    A. 资产负债率　　　　　　　　　B. 总资产报酬率

    C. 净资产收益率　　　　　　　　D. 总资产周转率

三、 判断题

1. 企业资产增长率越高，意味着对企业越有利。　　　　　　　　　　（　　）

2. 企业能否持续增长对投资者、经营者至关重要，但对债权人而言相对不重要。

                                      （　　）

3. 在产品生命周期的成长期，产品销售收入增长率一般趋于稳定，与上期相比变化不大。　　　　　　　　　　　　　　　　　　　　　　　　　　　　　　　（　　）

4. 仅分析某一项增长能力指标，无法得出企业整体增长能力情况的结论。（　　）

5. 企业资产增长率越高，反映的资产规模增长势头越好。　　　　　　（　　）

6. 要正确分析和判断一个销售收入的增长趋势和增长水平，必须将一企业不同时期的销售增长率加以比较和分析。　　　　　　　　　　　　　　　　　　　（　　）

7. 销售增长率越高并不一定代表企业在销售方面具有良好的成长性。　（　　）

8. 增长能力的大小是一个相对概念。　　　　　　　　　　　　　　　（　　）

9. 营业（销售）收入增长率反映了企业销售增长的长期变动趋势。　　（　　）

四、计算题

已知格力电器2013—2016年有关财务数据如表2-5-1所示。

表2-5-1　　　　　　　　格力电器2013—2016年有关财务数据　　　　　单位：元

会计年度	2013 年	2014 年	2015 年	2016 年
资产总计	133 702 103 359.54	156 230 948 479.88	161 698 016 315.06	182 369 705 049.35
营业收入	118 627 948 208.59	137 750 358 395.70	97 745 137 194.16	108 302 565 293.70
营业利润	12 263 010 098.93	16 089 227 281.02	13 516 176 980.54	17 455 697 835.72
净利润	10 935 755 177.19	14 252 954 811.96	12 623 732 620.22	15 524 634 903.87
实收资本（或股本）	3 007 865 439.00	3 007 865 439.00	6 015 730 878.00	6 015 730 878.00
所有者权益（或股东权益）合计	35 466 677 684.78	45 131 451 010.18	48 566 608 577.92	54 923 602 790.51
销售商品、提供劳务收到的现金	70 211 403 596.83	85 534 451 083.44	110 918 320 884.07	69 896 621 293.21
经营活动产生的现金流量净额	12 969 837 129.83	18 939 165 507.73	44 378 381 827.68	14 859 952 106.92
资产增长率	—			
营业收入增长率	—			
营业利润增长率	—			
净利润增长率	—			
股本增长率	—			
资本扩张率	—			
销售商品、提供劳务收到的现金增长率	—			
经营活动产生的现金流量净额增长率	—			

要求：

（1）根据表2-5-1计算格力电器2014—2016年各项目增长率，并将结果填在表2-5-1的空格里。

（2）根据计算结果，对该公司的发展能力做出分析与评价。

【实训案例】

案例一　TCL集团增长能力分析

一、案例资料

TCL集团2013—2017年有关发展能力比率如表2-5-2所示。

表2-5-2　　　　　　　　2013—2017年TCL集团部分指标增长比率　　　　　　单位:%

比率	2013年	2014年	2015年	2016年	2017年
资产总额	-2.087	18.95	20.326	31.66	8.942
所有者权益总额	-1.358	34.584	40.092	21.572	18.354
实收资本	0.652	10.794	29.368	-0.12	10.654
营业收入	22.86	18.406	3.515	1.811	4.794
营业利润	424.343	65.722	-36.557	-90.413	3 099.817
净利润	126.657	46.731	-23.69	-33.823	65.831
销售商品、提供劳务收到的现金	21.199	16.642	4.858	0.758	3.736
经营活动产生的现金流量净额	32.336	4.451	36.618	8.573	14.719

二、要求

根据表2-5-2对TCL集团的发展能力进行初步分析和评价。

案例二　中国联通发展能力分析

一、案例资料

中国联通2013—2016年的资产负债表、利润表和现金流量表主要数据如表2-5-3、表2-5-4和表2-5-5所示。

1. 资产负债表

表2-5-3　　　　　　　　　中国联通资产负债表　　　　　　　　　单位:元

会计年度	2013年	2014年	2015年	2016年
货币资金	21 589 060 597	25 399 678 650	22 006 865 745	25 394 664 357
交易性金融资产	—	12 871 426	106 040 094	123 383 281
应收票据	85 806 786	38 444 704	56 949 454	53 672 478
应收账款	15 312 304 551	16 632 115 939	16 811 072 024	17 414 272 274
预付款项	4 005 637 554	4 094 478 005	3 823 396 040	3 990 770 545
其他应收款	5 643 332 565	4 801 396 395	9 620 785 672	27 487 514 571
应收利息	310 566	887 145	119 827 206	141 245 963
存货	5 535 771 415	4 378 472 861	3 945 875 077	2 431 260 896
其他流动资产	160 549 881	1 262 309 623	3 266 930 901	5 197 102 926
流动资产合计	52 332 773 915	56 620 654 748	59 757 742 213	82 233 887 291
可供出售金融资产	6 497 100 997	5 901 979 614	4 851 697 897	4 325 676 913
长期应收款	—	—	18 362 894 204	181 894 423
长期股权投资	53 141 130	3 056 537 978	32 974 695 807	33 423 309 042
固定资产	370 674 381 416	377 765 033 457	355 650 986 002	371 099 780 390
在建工程	57 176 424 958	57 190 574 167	96 499 654 967	78 142 875 637

表2－5－3（续）

会计年度	2013 年	2014 年	2015 年	2016 年
工程物资	1 796 895 217	1 375 300 871	995 680 343	657 433 159
无形资产	23 822 847 423	25 716 538 830	26 982 875 838	26 376 746 032
长期待摊费用	11 334 651 709	13 623 954 065	13 826 291 397	13 190 632 785
递延所得税资产	5 180 414 136	4 679 264 541	4 143 718 728	4 535 525 693
其他非流动资产	2 495 822 362	1 194 730 574	1 273 145 678	1 739 591 341
非流动资产合计	479 031 679 348	490 503 914 097	555 561 640 861	533 673 465 415
资产总计	531 364 453 263	547 124 568 845	615 319 383 074	615 907 352 706
短期借款	95 765 895 663	93 321 002 921	85 196 201 677	76 993 726 798
应付票据	406 317 719	107 766 020	23 867 678	67 507 440
应付账款	95 745 696 314	112 372 702 753	163 151 127 302	140 265 281 900
预收款项	50 352 480 435	47 470 423 706	48 933 578 958	47 614 812 281
应付职工薪酬	4 927 070 472	6 873 016 135	5 585 651 959	5 034 379 126
应交税费	2 634 109 942	1 466 511 521	3 162 828 645	732 125 383
应付利息	568 100 158	765 503 758	927 795 185	1 303 043 957
应付股利	2 266 014	2 266 014	2 266 014	2 266 014
其他应付款	9 081 352 828	7 425 989 256	8 414 468 733	11 845 328 181
一年内到期的非流动负债	209 733 286	11 380 300 366	2 855 961 468	21 752 714 994
其他流动负债	35 000 000 000	9 978 520 548	19 944 741 803	35 958 133 333
流动负债合计	294 693 022 831	291 164 002 998	338 198 489 422	341 569 319 407
长期借款	481 296 995	419 824 527	1 748 362 447	4 495 455 998
应付债券	13 001 630 309	23 459 900 328	38 928 287 067	35 875 428 078
长期应付款	254 652 354	120 107 898	270 742 239	264 119 740
递延所得税负债	38 885 611	39 370 551	35 947 379	127 750 269
其他非流动负债	1 268 860 999	1 593 441 341	—	—
非流动负债合计	15 045 326 268	25 632 644 645	43 074 517 951	43 831 064 220
负债合计	309 738 349 099	316 796 647 643	381 273 007 373	385 400 383 627
实收资本（或股本）	21 196 596 395	21 196 596 395	21 196 596 395	21 196 596 395
资本公积	26 745 949 454	27 811 699 351	27 811 532 309	27 811 532 309
盈余公积	919 120 486	1 044 822 759	1 204 091 734	1 338 484 194
未分配利润	26 027 415 661	28 751 553 676	30 637 344 666	29 432 859 036
少数股东权益	146 767 164 703	152 991 401 830	155 364 199 076	153 004 361 830
外币报表折算价差	− 30 142 535	—	—	—
归属母公司所有者权益（或股东权益）	74 858 939 461	77 336 519 372	78 682 176 625	77 502 607 249
所有者权益（或股东权益）合计	221 626 104 164	230 327 921 202	234 046 375 701	230 506 969 079
负债和所有者（或股东权益）合计	531 364 453 263	547 124 568 845	615 319 383 074	615 907 352 706

2. 利润表

表 2-5-4 中国联通利润表 单位：元

会计年度	2013 年	2014 年	2015 年	2016 年
一、营业收入	303 727 203 182	288 570 874 374	277 048 529 129	274 196 782 481
减：营业成本	211 657 042 435	199 936 890 360	207 704 323 608	211 584 006 516
营业税金及附加	8 689 393 669	4 721 258 591	884 716 802	1 064 088 991
销售费用	42 991 498 574	40 193 368 746	31 965 064 268	34 646 227 426
管理费用	20 373 057 592	19 825 119 469	19 839 818 604	19 873 904 197
财务费用	2 949 207 468	4 333 087 838	6 493 424 929	3 854 988 501
资产减值损失	4 347 533 230	4 023 758 839	4 089 787 782	4 177 141 744
加：公允价值变动净收益	—	− 7 311 523	45 146 626	− 14 217 817
投资收益	197 949 012	363 324 686	− 405 327 879	743 026 953
其中：对联营企业和合营企业的投资收益	—	− 28 122 881	− 801 646 364	357 011 669
二、营业利润	12 917 419 226	15 893 403 694	5 711 211 883	− 274 765 758
加：补贴收入	—	—	—	—
营业外收入	1 439 382 148	1 529 245 060	10 895 035 362	2 706 503 752
减：营业外支出	680 142 833	1 586 153 087	2 739 521 460	1 850 477 733
其中：非流动资产处置净损失	—	1 454 264 890	2 535 970 366	1 655 489 664
三、利润总额	13 676 658 541	15 836 495 667	13 866 725 785	581 260 261
减：所得税	3 384 222 262	3 868 606 057	3 432 331 538	101 343 921
四、净利润	10 292 436 279	11 967 889 610	10 434 394 247	479 916 340
归属于母公司所有者的净利润	3 442 853 809	3 981 738 536	3 471 590 902	154 074 131
少数股东损益	6 849 582 470	7 986 151 074	6 962 803 345	325 842 209
五、每股收益	—	—	—	—
（一）基本每股收益	0.16	0.19	0.16	0.01
（二）稀释每股收益	0.16	0.18	0.16	0.01

3. 现金流量表

表 2-5-5 中国联通现金流量表 单位：元

报告年度	2013 年	2014 年	2015 年	2016 年
一、经营活动产生的现金流量				
销售商品、提供劳务收到的现金	294 067 611 299	282 938 421 499	297 711 860 913	287 806 029 647
收到的税费返还	91 271 182	14 844 651	47 763 231	3 107 087 740
收到其他与经营活动有关的现金	359 145 416	947 571 134	1 009 023 093	1 732 011 064
经营活动现金流入小计	294 518 027 897	283 900 837 284	298 768 647 237	292 645 128 451

表2-5-5（续）

报告年度	2013 年	2014 年	2015 年	2016 年
购买商品、接受劳务支付的现金	166 120 717 704	139 002 602 474	157 197 103 339	160 353 066 997
支付给职工以及为职工支付的现金	30 643 231 169	32 688 262 589	36 495 884 984	37 548 942 648
支付的各项税费	14 384 614 657	15 517 667 301	11 779 548 735	11 260 938 149
支付其他与经营活动有关的现金	—	4 263 124 761	4 062 845 153	3 957 147 487
经营活动现金流出小计	211 148 563 530	191 471 657 125	209 535 382 211	213 120 095 281
经营活动产生的现金流量净额	83 369 464 367	92 429 180 159	89 233 265 026	79 525 033 170
二、投资活动产生的现金流量				
收回投资收到的现金	250 000	—	19 244 295	211 928 600
取得投资收益收到的现金	350 241 246	636 913 732	375 511 742	349 142 602
处置固定资产、无形资产和其他长期资产收回的现金净额	1 542 675 900	796 891 687	2 336 205 613	6 246 124 800
收到其他与投资活动有关的现金	8 188 030	785 114	1 492 076	6 495 478
投资活动现金流入小计	1 901 355 176	1 434 590 533	2 732 453 726	6 813 691 480
购建固定资产、无形资产和其他长期资产支付的现金	78 807 504 351	73 390 940 253	92 898 406 430	102 304 837 850
投资支付的现金	—	3 075 386 390	1 182 279 195	253 371 420
支付其他与投资活动有关的现金	30 309 666	2 144 008	4 969 966	4 826 454
投资活动现金流出小计	78 837 814 017	76 468 470 651	94 085 655 591	102 563 035 724
投资活动产生的现金流量净额	-76 936 458 841	-75 033 880 118	-91 353 201 865	-95 749 344 244
三、筹资活动产生的现金流量				
吸收投资收到的现金	1 101 880 306	870 865 596	543 634	270 400 000
取得借款收到的现金	186 995 417 495	200 046 623 851	190 884 488 099	223 616 607 951
收到其他与筹资活动有关的现金	—	—	—	2 216 159 598
筹资活动现金流入小计	188 097 297 801	200 917 489 447	190 885 031 733	226 103 167 549
偿还债务支付的现金	183 484 950 613	206 213 510 730	182 815 158 171	197 758 809 465
分配股利、利润或偿付利息支付的现金	7 756 335 346	8 289 729 299	9 562 285 531	8 864 165 354
支付其他与筹资活动有关的现金				1 576 860 783
筹资活动现金流出小计	191 241 285 959	214 503 240 029	192 377 443 702	208 199 835 602
筹资活动产生的现金流量净额	-3 143 988 158	-13 585 750 582	-1 492 411 969	17 903 331 947
四、汇率变动对现金的影响	—	—	—	—

表2-5-5(续)

报告年度	2013 年	2014 年	2015 年	2016 年
五、现金及现金等价物净增加额	3 289 017 368	3 809 549 459	- 3 612 348 808	1 679 020 873
期初现金及现金等价物余额	18 287 991 369	21 534 854 948	25 344 114 107	21 804 875 092
期末现金及现金等价物余额	21 577 008 737	25 344 404 407	21 731 765 299	23 483 895 965

二、 分析要求

（1）计算该公司 2014—2016 年各项目增长项目增长率。

（2）分析 2014—2016 年度销售增长的效益和趋势。

（3）分析 2014—2016 年度净利润增长的来源与趋势。

（4）分析 2014—2016 年度所有者权益增长的原因与趋势。

（5）分析 2014—2016 年度资产总额增长的规模是否适当，来源是否合理，趋势是否稳当。

（6）对中联通讯的增长能力和发展趋势做出评价。

案例三　安凯客车发展能力分析

一、 案例资料

（1）安凯客车资产负债表，如表 2-1-32 所示。

（2）安凯客车利润表，如表 2-1-33 所示。

（3）安凯客车现金流量表，如表 2-1-34 所示。

（4）汽车制造行业盈利能力指标平均值如表 2-5-6 所示

表 2-5-6　　　　　　上市公司汽车制造行业财务指标平均值

财务指标		上市公司平均值	汽车制造行业平均值	财务指标		上市公司平均值	汽车制造行业平均值
资本扩张率	2015 年	16.96%	17.6%	总资产增长率	2015 年	15.69%	19.14%
	2016 年	18.07%	21.29%		2016 年	18.94%	24.7%
营业收入增长率	2015 年	- 1.98%	9.51%	营业利润增长率	2015 年	- 12.37%	6.28%
	2016 年	10.52%	20.13%		2016 年	30.69%	19.57%
累计保留盈余率（%）	2015 年	42.27%	54.43%				
	2016 年	40.98%	53.4%				

二、 分析要求

（1）计算安凯客车 2014—2016 年总资产增长率、营业收入增长率、营业利润增长率、利润总额增长率、资本扩张率和累计保留盈余率。

（2）从以上比率并结合行业平均值对公司的盈利能力进行分析与评价，写出分析评价报告。

模块六
财务综合分析

【实训目的】

通过本模块的实训，实训者能够进一步理解企业财务状况的内容，掌握企业财务状况分析与评价的基本思路与框架，以及财务状况质量的系统分析方法。

【基础训练】

一、单项选择题

1. 权益乘数的计算公式是（　　）。

　A. $\dfrac{总资产}{净资产}$

　B. $\dfrac{净资产}{总资产}$

　C. $\dfrac{1}{资产负债率}$

　D. $1-资产负债率$

2. 杜邦财务分析体系的核心指标是（　　）。

　A. 总资产周转率

　B. 销售净利率

　C. 费用利润率

　D. 净资产收益率

3. 总资产报酬率的计算公式是（　　）。

　A. $\dfrac{利润总额+利息支出}{期末总资产}$

　B. $\dfrac{净利润+利息支出}{总资产平均数}$

　C. $\dfrac{利润总额+利息支出}{总资产平均数}$

　D. $\dfrac{净利润+利息支出}{期末总资产}$

4. 某企业 2009 年、2010 年总资产分别为 8 000 万、9 000 万，总负债分别为 4 000 万、6 000 万，则该企业 2010 年杜邦财务分析体系中权益乘数是（　　）。

　A. 1.5

　B. 0.667

　C. 2.43

　D. 2

5. 下列指标中，既能反映投资与报酬的关系，又是评价企业资本经营效益的核心指标是（　　）。

    A. 总资产报酬率   B. 净资产收益率

    C. 销售毛利率   D. 股本收益率

6. 杜邦财务分析体系不涉及（　　）。

    A. 盈利能力   B. 偿债能力

    C. 营运能力   D. 发展能力

7. 净资产收益率 = 销售净利率 × 总资产周转率 ×（　　）。

    A. 资产负债率   B. 总资产净利率

    C. 权益乘数   D. 流动比率

二、多项选择题

1. 根据杜邦财务分析体系，影响净资产收益率的因素有（　　）。

    A. 资产负债率   B. 销售净利率

    C. 总资产周转率   D. 股本收益率

2. 财务报表综合分析的方法有（　　）。

    A. 杜邦分析法   B. 比较分析法

    C. 结构分析法   D. 沃尔分析法

3. 从杜邦财务分析体系可知，提高总资产净利率的途径有（　　）。

    A. 加强负债管理，提高负债比率

    B. 加强资产管理，提高资产周转率

    C. 加强资产流动性，提高流动比率

    D. 加强销售管理，提高销售净利率

4. 下列（　　）的表述是正确的。

    A. 净资产报酬率是杜邦财务分析体系的龙头指标，综合性最强

    B. 销售净利率的高低反映企业经营承包管理水平的高低

    C. 权益乘数的大小取决于企业的筹资政策

    D. 总资产周转率的快慢反映企业资产的使用效率

5. 下列（　　）表述是正确的。

    A. 总资产净利率越大，则净资产收益率越高，盈利能力越强

    B. 总资产周转率越高，则总资产净利率越大，盈利能力越强

    C. 资产负债率越高，则偿债能力越弱，净资产收益率越高，盈利能力越强

    D. 资产负债率越低，则偿债能力越强，净资产收益率越高，盈利能力越强

6. 必须同时利用资产负债表和利润表才能计算的指标有（　　）。

    A. 营业毛利率   B. 总资产周转率

    C. 净资产收益率   D. 营业收入现金回收率

三、判断题

1. 总资产净利率为销售净利率和权益乘数的乘积。   （　　）

2. 杜邦分析法是一种对财务比率进行分解的方法，不是另外建立新的财务指标。

                                                         （　　）

3. 权益乘数越高，企业的净资产收益率就越高，债权人的权益就能得到更多的

保障。 （　　）

　　4. 企业某一年的净资产收益下降，可能是资产负债率下降。 （　　）

　　5. 资本保值增值率是反映企业财务效益的基本指标。 （　　）

　　6. 在其他因素不变的情况下，总资产净利率与总资产周转率成正比。 （　　）

　　7. 权益乘数越高，财务风险越大。 （　　）

【实训案例】

案例一　宇通客车财务状况质量综合分析

一、案例资料

　　郑州宇通客车股份有限公司（简称宇通客车），其前身是郑州客车厂，1993 年进行股份制改组，各发起人以其经营性净资产折为发起人股 1 934 万股，其中国家股为 1482 万股。1993 年和 1996 年 2 月两次募集和配售法人股 1 100.04 万股和职工股 765.96 万股，经 1997 年 4 月公开发行后，上市时总股本为 7 300 万股，其内部职工股将于公众股 3500 万股 1997 年 5 月 8 日在上交所交易期满三年后上市。

　　宇通客车是一家集客车产品研发、制造与销售为一体的大型制造业企业，日产整车达 360 台以上。主要产品可满足 5～25 米不同长度的需求，拥 203 个产品系列的完整产品链，主要用于公路客运、旅游客运、公交客运、团体运输、校车、专用客车等各个细分市场。2012 年新建成投产的新能源厂区占地 2 000 余亩，建筑面积达 60 万平方米，具备年产 30 000 台的生产能力。2016 年，客车产品实现销售 70 988 辆，新能源客车销售 26 856 辆。公司的业务覆盖中国所有市县市场及世界主要的客车进口国家，大中型客车的产销量稳居行业第一，并连续十余年获得中国工商银行 AAA 级信用等级。

　　经营范围：经营本企业自产产品及相关技术的出口业务；经营本企业生产、科研所需的原辅材料、机械设备、仪器仪表、零配件及相关技术的进口业务；经营本企业的进料加工和"三来一补"业务；客车及配件、附件制造；客车底盘的设计、生产与销售；机械加工、客车产品设计与技术服务；摩托车、汽车及配件、附件、机电产品、五金交电、百货、化工产品（不含易燃易爆化学危险品）的销售；旧车及其配件、附件交易；汽车维修（限分支机构凭证经营）；住宿、饮食服务（限分支机构凭证经营）；普通货运；仓储（除可燃物资）；租赁业；旅游服务；企业信息化技术服务、咨询服务；计算机软件开发与销售；市县际定线旅游客运，市（县）际包车客运，市（县）内包车客运、汽车出租、汽车自驾租赁业务（限分支机构凭证经营）；第二类增值电信业务中的信息服务业务（不含固定网电话信息服务和互联网信息服务）；经营第Ⅱ类、第Ⅲ类医疗器械；保险业代理；对外承包工程业务；新能源配套基础设施的设计咨询、建设及运营维护；通信设备、警用装备、检测设备的销售；计算机信息系统集成。

二、宇通客车2012—2015年财务报表

1. 资产负债表（如表2-6-1所示）

表2-6-1 　　　　　　　　　　宇通客车资产负债表 　　　　　　　单位：元

会计年度	2012年	2013年	2014年	2015年
货币资金	3 054 544 210.84	4 206 741 261.71	6 016 338 311.61	6 699 164 486.59
交易性金融资产	—	6 295 080.73	20 826 610.71	1 307 895 694.72
应收票据	828 161 588.26	841 045 424.41	725 364 151.13	1 414 464 687.57
应收账款	3 115 571 858.28	4 175 354 300.18	8 584 497 051.67	9 948 959 661.92
预付款项	164 057 168.26	207 280 045.51	260 158 688.01	427 599 707.66
其他应收款	775 764 751.46	108 320 092.37	171 609 351.27	260 006 265.09
应收利息	—	—	2 892 285.86	875 538.36
存货	1 258 328 500.93	1 400 658 822.60	1 159 509 750.00	1 547 379 434.19
一年内到期的非流动资产			23 376 772.62	39 777 433.79
其他流动资产	820 000 000.00	807 323 012.42	258 916 025.74	1 336 981 360.17
流动资产合计	10 016 428 078.03	11 753 018 039.93	17 223 488 998.62	22 983 104 270.06
可供出售金融资产			149 047 800.00	378 660 200.00
长期股权投资	142 377 800.00	142 377 800.00		
固定资产	3 146 517 801.14	2 979 858 868.46	3 630 320 013.94	4 071 835 776.90
在建工程	126 008 930.90	444 189 429.58	955 967 947.00	584 839 095.76
无形资产	601 869 887.13	592 362 905.75	939 429 685.04	1 463 507 513.81
商誉	492 016.01	492 016.01	492 016.01	492 016.01
长期待摊费用	15 272.29	—	11 619 596.97	10 293 211.25
递延所得税资产	245 400 355.56	275 474 424.37	407 317 878.10	561 211 940.53
其他非流动资产	—	9 800 000.00	505 815 865.48	85 187 287.26
非流动资产合计	4 262 682 063.03	4 444 555 444.17	6 600 010 802.54	7 156 027 041.52
资产总计	14 279 110 141.06	16 197 573 484.10	23 823 499 801.16	30 139 131 311.58
短期借款	204 443 779.32	160 408 133.55	—	—
交易性金融负债	1 860 661.04	—	—	6 377 316.45
应付票据	555 254 450.63	1 309 857 941.54	2 747 011 515.42	4 322 966 337.25
应付账款	3 736 242 097.62	3 406 505 398.79	6 357 651 729.44	7 868 166 485.11
预收款项	384 909 001.11	850 826 513.76	1 211 446 201.99	1 933 616 871.84
应付职工薪酬	412 257 706.78	468 440 830.21	586 806 036.55	704 462 732.55
应交税费	308 721 924.78	103 772 387.57	269 327 435.06	270 201 258.54
应付股利		17 091 760.00	18 814 751.11	—
其他应付款	702 658 011.09	659 330 376.00	1 163 573 406.71	1 211 198 340.58
应付关联公司款	—	—	—	
一年内到期的非流动负债	97 423 156.54	34 092 337.68	4 127 783.83	—
流动负债合计	6 403 770 788.91	7 010 325 679.10	12 358 758 860.11	16 316 989 342.32

表2－6－1（续）

会计年度	2012 年	2013 年	2014 年	2015 年
长期借款	156 111 646.57	4 127 783.87	—	—
预计负债	194 274 692.14	158 043 162.13	314 601 069.38	496 077 886.62
递延所得税负债	—	832 363.56	3 123 991.61	—
其他非流动负债	205 397 059.68	267 099 526.33	—	—
非流动负债合计	555 783 398.39	430 102 835.89	604 166 660.97	882 756 680.62
负债合计	6 959 554 187.30	7 440 428 514.99	12 962 925 521.08	17 199 746 022.94
实收资本（或股本）	705 286 590.00	1 273 709 862.00	1 477 332 262.00	2 213 939 223.00
资本公积	2 724 892 791.21	2 258 668 498.34	2 020 540 225.86	1 278 768 580.22
盈余公积	676 822 408.36	860 127 771.42	1 255 734 345.44	1 554 726 589.18
未分配利润	3 207 884 211.38	4 354 160 425.99	6 050 572 478.52	7 812 045 638.79
少数股东权益	4 669 952.81	10 083 061.19	56 113 352.42	78 808 606.70
归属母公司所有者权益（或股东权益）	7 314 886 000.95	8 747 061 907.92	10 804 460 927.66	12 860 576 681.94
所有者权益（或股东权益）合计	7 319 555 953.76	8 757 144 969.11	10 860 574 280.08	12 939 385 288.64
负债和所有者（或股东权益）合计	14 279 110 141.06	16 197 573 484.10	23 823 499 801.16	30 139 131 311.58

2. 利润表（如表2－6－2所示）

表2－6－2　　　　　　　　　　宇通客车利润表　　　　　　　　　单位：元

会计年度	2012 年	2013 年	2014 年	2015 年
一、营业收入	19 763 459 199.02	22 093 826 571.04	25 728 299 513.16	31 210 873 852.54
减：营业成本	15 817 656 983.84	17 794 266 439.00	19 481 360 598.02	23 305 898 509.15
税金及附加	116 779 946.92	123 587 552.80	154 579 150.67	151 755 768.25
销售费用	1 149 954 983.39	1 241 389 817.24	1 518 055 430.49	2 034 365 059.76
管理费用	880 513 246.49	1 071 030 306.22	1 452 376 480.16	1 812 930 608.92
财务费用	− 37 831 413.90	7 871 611.86	− 24 899 534.81	− 142 401 040.71
资产减值损失	258 726 975.11	10 876 314.70	356 544 590.83	240 740 779.01
加：公允价值变动净收益	− 1 860 661.04	8 155 741.77	14 531 529.98	− 41 039 008.73
投资收益	61 341 955.80	31 006 105.72	97 897 015.23	61 737 809.62
二、营业利润	1 637 139 771.93	1 883 966 376.71	2 902 711 343.01	3 828 282 969.05
加：补贴收入	—	—	—	—
营业外收入	144 038 156.40	210 302 895.16	167 933 759.72	331 944 083.18
减：营业外支出	15 992 525.74	6 978 909.29	19 804 739.89	55 882 162.17
其中：非流动资产处置净损失	809 301.73	1 431 438.48	3 601 927.28	9 318 810.66
三、利润总额	1 765 185 402.59	2 087 290 362.58	3 050 840 362.84	4 104 344 890.06
减：所得税	215 398 181.51	265 382 461.99	398 209 271.61	516 655 761.86

表2-6-2(续)

会计年度	2012 年	2013 年	2014 年	2015 年
四、净利润	1 549 787 221.08	1 821 907 900.59	2 652 631 091.23	3 587 689 128.20
归属于母公司所有者的净利润	1 549 721 544.08	1 822 575 190.67	2 612 621 946.77	3 535 215 876.01
少数股东损益	65 677.00	−667 290.08	40 009 144.46	52 473 252.19
五、每股收益	—	—	—	—
（一）基本每股收益	2.31	1.43	1.77	1.6
（二）稀释每股收益	2.31	1.43	1.77	1.6

3. 现金流量表（如表2-6-3所示）

表 2-6-3　　　　　　　　宇通客车现金流量表　　　　　　　单位：元

报告年度	2012 年	2013 年	2014 年	2015 年
一、经营活动产生的现金流量				
销售商品、提供劳务收到的现金	15 617 948 232.39	20 813 935 648.99	20 412 007 010.75	31 848 557 533.53
收到的税费返还	94 921 616.16	86 125 898.63	277 960 313.20	473 991 387.24
收到其他与经营活动有关的现金	484 674 000.59	232 033 959.69	366 824 727.56	619 975 638.21
经营活动现金流入小计	16 197 543 849.14	21 132 095 507.31	21 056 792 051.51	32 942 524 558.98
购买商品、接受劳务支付的现金	11 784 097 339.21	15 582 170 206.25	13 228 146 241.16	21 071 605 399.64
支付给职工以及为职工支付的现金	945 728 017.10	1 204 304 588.00	1 616 474 021.46	2 221 585 833.80
支付的各项税费	817 714 131.65	1 010 817 520.60	1 312 762 229.92	1 526 638 622.40
支付其他与经营活动有关的现金	1 277 848 599.36	1 397 835 575.51	1 694 148 801.04	2 112 954 223.04
经营活动现金流出小计	14 825 388 087.32	19 195 127 890.36	17 851 531 293.58	26 932 784 078.88
经营活动产生的现金流量净额	1 372 155 761.82	1 936 967 616.95	3 205 260 757.93	6 009 740 480.10
二、投资活动产生的现金流量				
收回投资收到的现金	6 695 713 722.63	10 632 249 137.24	9 835 516 869.23	13 826 716 778.81
取得投资收益收到的现金	898 870.00	2 436 968.48	32 236 290.09	40 286 331.27
处置固定资产、无形资产和其他长期资产收回的现金净额	1 233 414.83	3 617 838.51	4 645 493.07	7 810 334.71
收到其他与投资活动有关的现金	—	800 000 000.00	—	114 219.80
投资活动现金流入小计	6 697 846 007.46	11 438 303 944.23	9 872 398 652.39	13 874 927 664.59
购建固定资产、无形资产和其他长期资产支付的现金	1 895 844 737.75	921 431 061.01	1 918 768 663.59	1 302 239 870.58
投资支付的现金	7 118 330 000.00	10 620 557 148.13	9 099 374 520.00	16 335 135 803.96
取得子公司及其他营业单位支付的现金净额	—	—	568 007 427.92	—

表2-6-3(续)

报告年度	2012 年	2013 年	2014 年	2015 年
投资活动现金流出小计	9 014 174 737.75	11 541 988 209.14	11 586 150 611.51	17 637 375 674.54
投资活动产生的现金流量净额	- 2 316 328 730.29	- 103 684 264.91	- 1 713 751 959.12	- 3 762 448 009.95
三、筹资活动产生的现金流量				
吸收投资收到的现金	2 593 666 875.29	71 269 869.00	33 880 000.00	
取得借款收到的现金	519 837 007.10	215 166 379.68	—	—
收到其他与筹资活动有关的现金	79 880 652.45	41 693 568.94	74 244 912.00	143 685 934.28
筹资活动现金流入小计	3 193 384 534.84	328 129 817.62	108 124 912.00	143 685 934.28
偿还债务支付的现金	77 034 171.50	469 771 091.66	194 500 471.27	4 127 783.83
分配股利、利润或偿付利息支付的现金	215 248 620.94	496 968 714.29	921 982 902.15	1 608 352 162.90
支付其他与筹资活动有关的现金	41 693 568.94	16 985 480.62	168 180 496.15	21 589 362.04
筹资活动现金流出小计	333 976 361.38	983 725 286.57	1 284 663 869.57	1 634 069 308.77
筹资活动产生的现金流量净额	2 859 408 173.46	- 655 595 468.95	- 1 176 538 957.57	- 1 490 383 374.49
四、汇率变动对现金的影响				
五、现金及现金等价物净增加额	1 915 235 205	1 177 687 883	314 969 841.2	756 909 095.7
期初现金及现金等价物余额	1 091 122 462.52	3 012 850 641.90	5 523 997 954.20	5 857 328 435.34
期末现金及现金等价物余额	3 012 850 641.90	4 189 755 781.09	5 857 328 435.34	6 667 286 697.56

187

三、 2014—2015 年上市公司汽车制造行业有关财务比率 （如表2-6-4所示）

表2-6-4　　　　　上市公司汽车制造行业财务指标平均值

财务指标		上市公司平均值	汽车制造业平均值	财务指标		上市公司平均值	汽车制造业平均值
净资产收益率（%）	2014 年	7.81	14.13	资产负债率（%）	2014 年	60.75	55.63
	2015 年	5.61	12.25		2015 年	60.36	56.11
总资产报酬率（%）	2014 年	5.74	8.50	已获利息倍数	2014 年	5.06	23.25
	2015 年	5.11	8.29		2015 年	3.74	12.88
营业利润率（%）	2014 年	5.55	6.74	速动比率（%）	2014 年	69.66	96.1
	2015 年	5.06	6.61		2015 年	73.47	98.28
盈利现金保障倍数	2014 年	1.61	0.85	现金流动负债比率（%）	2014 年	12.65	12.09
	2015 年	2.2	0.89		2015 年	13.88	11.75
总资产周转率	2014 年	0.75	1.1	营业收入增长率（%）	2014 年	4.34	12.45
	2015 年	0.64	1.02		2015 年	- 1.98	9.51

二、 分析要求

（1）根据表2-6-1、表2-6-2、表2-6-3分别编制比较资产负债表、比较利润表和比较现金流量表，并对宇通客车的资产负债表、利润表和现金流量表做初步分析。

（2）根据表2-6-1、表2-6-2、表2-6-3计算宇通客车2013—2015年有关盈利能力、营运能力、偿债能力、获现能力和发展能力的比率，结合表2-6-4对该公司2015年财务状况的质量进行评价，并指出存在的财务问题。

（3）根据以上分析，撰写宇通客车2015年财务状况质量评价报告。

案例二 同仁堂状况质量综合分析

一、案例资料

【资料一】同仁堂基本情况与经营范围

北京同仁堂股份有限公司（简称同仁堂）系经北京市经济体制改革委员会批准，由中国北京同仁堂（集团）有限责任公司独家发起，以募集方式设立的股份有限公司。公司于1997年5月29日发行人民币普通股5 000万股，1997年6月18日成立，并于1997年6月25日在上海证券交易所正式挂牌。2000年3月，北京同仁堂股份有限公司下沉部分优良资产组建北京同仁堂科技发展股份有限公司，同年10月底在香港联交所创业板挂牌上市。同仁堂是集生产、销售、科研、配送为一体的产品公司，总占地面积近百万平方米。除本部管理部外，公司设两个经营单位，一个仓储配送单位；同时在大兴、昌平、通州、亦庄分别建有六个生产基地，并拥有天然药物公司、蜂业公司、吉林人参公司、陵川党参公司、内蒙古甘草黄芪种植基地等子公司。目前，同仁堂已经形成了在集团整体框架下发展现代制药业、零售商业和医疗服务三大板块，配套形成十大公司、两大基地、两个院、两个中心的"1032"工程，其中拥有境内、境外两家上市公司，零售门店800余家，海外合资公司（门店）28家，遍布15个国家和地区。

经营范围：制造、加工中成药制剂、化妆品、酒剂、涂膜剂、软胶囊剂、硬胶囊剂、保健酒、加工鹿、乌鸡产品、营养液制造（不含医药作用的营养液）。经营中成药、中药材、西药制剂、生化药品、保健食品、定型包装食品、酒、医疗器械、医疗保健用品；零售中药饮片、保健食品、定型包装食品（含乳冷食品）、图书、百货；中医科、内科专业、外科专业、妇产科专业、儿科专业、皮肤科专业、老年病科专业诊疗；技术咨询、技术服务、技术开发、技术转让、技术培训、劳务服务。药用动植物的饲养、种植；养殖梅花鹿、乌骨鸡、麝、马鹿；广告设计制作；危险货物运输（3类）、普通货运；物业管理和供暖服务；出租办公用房、出租商业用房；自营和代理各类商品及技术的进出口业务，但国家限定公司经营或禁止进出口的商品及技术除外。

【资料二】同仁堂2013—2016年财务报表

1. 资产负债表（如表2-6-5所示）

表2-6-5　　　　　　　　同仁堂资产负债表　　　　　　　　单位：元

会计年度	2013年	2014年	2015年	2016年
货币资金	4 938 260 983.80	4 592 511 864.41	4 735 049 414.01	5 859 224 840.15

表2-6-5(续)

会计年度	2013 年	2014 年	2015 年	2016 年
应收票据	128 737 836. 06	320 540 581. 63	325 382 326. 39	918 451 095. 02
应收账款	471 142 607. 90	624 752 892. 20	864 652 713. 01	925 790 608. 52
预付款项	130 547 780. 52	143 381 091. 92	174 414 812. 63	220 734 558. 24
其他应收款	58 877 034. 81	82 659 521. 12	90 865 154. 01	118 263 309. 58
应收股利	7 921. 37	9 588. 74	12 297. 66	9 628. 04
存货	4 180 324 076. 25	4 595 335 507. 89	5 039 462 011. 62	5 328 305 761. 57
其他流动资产	89 392 847. 06	153 289 006. 04	162 148 033. 24	82 005 165. 07
流动资产合计	9 997 291 087. 77	10 512 480 053. 95	11 391 986 762. 57	13 452 784 966. 19
可供出售金融资产	—	10 090 000. 00	10 090 000. 00	21 998 076. 87
长期股权投资	29 577 441. 49	28 091 429. 79	29 281 032. 64	25 112 706. 03
固定资产	1 133 475 994. 72	1 305 537 301. 22	1 390 900 630. 10	1 533 286 330. 18
在建工程	263 516 926. 08	562 412 039. 87	871 697 383. 43	1 332 287 303. 04
无形资产	292 620 369. 14	321 203 704. 79	339 140 570. 30	345 946 332. 57
商誉	—	—	44 534 999. 01	47 338 047. 00
长期待摊费用	107 844 785. 98	125 763 119. 81	149 026 718. 19	163 606 400. 00
递延所得税资产	42 348 281. 50	51 526 783. 35	76 466 982. 01	98 634 560. 76
其他非流动资产	45 225 123. 84	29 571 475. 01	36 744 158. 13	39 016 022. 15
非流动资产合计	1 914 608 922. 75	2 434 195 853. 84	2 947 882 473. 81	3 607 225 778. 60
资产总计	11 911 900 010. 52	12 946 675 907. 79	14 339 869 236. 38	17 060 010 744. 79
短期借款	261 000 000. 00	206 000 000. 00	340 500 000. 00	380 800 000. 00
应付票据	—	—	12 700 000. 00	41 454 500. 00
应付账款	1 622 773 172. 38	1 851 802 660. 50	1 820 582 956. 67	2 181 037 208. 17
预收款项	351 224 491. 93	284 245 574. 53	184 596 218. 36	261 160 259. 30
应付职工薪酬	126 398 929. 17	153 158 783. 59	163 513 600. 66	214 555 459. 46
应交税费	126 391 922. 31	195 053 093. 84	251 636 501. 40	227 172 310. 56
应付利息	531 925. 61	985 655. 64	10 633. 33	9 870 066. 68
应付股利	8 492 971. 39	51 380 333. 29	24 365 694. 17	20 718 168. 86
其他应付款	487 757 467. 46	470 545 646. 27	512 392 718. 21	584 526 173. 22
流动负债合计	2 984 570 880. 25	3 213 171 747. 66	3 310 298 322. 80	3 921 294 146. 25
长期借款	39 310 000. 00	—	10 369 726. 49	127 197 011. 04
应付债券	908 152 190. 08	955 225 505. 68	—	798 052 153. 25
长期应付款	139 820. 11	98 753. 71	32 165. 32	—
专项应付款	10 694 800. 00	9 694 800. 00	9 840 900. 00	9 840 900. 00
递延所得税负债	24 178 036. 64	17 694 440. 01	7 276 908. 10	5 346 024. 14
其他非流动负债	107 452 336. 24	4 341 011. 16	—	—
非流动负债合计	1 089 927 183. 07	1 087 047 058. 84	159 185 676. 51	1 060 389 990. 42
负债合计	4 074 498 063. 32	4 300 218 806. 50	3 469 483 999. 31	4 981 684 136. 67

表2-6-5（续）

会计年度	2013 年	2014 年	2015 年	2016 年
实收资本（或股本）	1 311 097 303.00	1 311 230 748.00	1 371 470 262.00	1 371 470 262.00
资本公积	1 084 632 297.67	943 618 411.19	2 012 453 481.73	2 006 153 349.47
盈余公积	420 405 953.88	470 464 050.37	525 971 428.31	582 660 724.63
未分配利润	2 240 474 948.35	2 691 857 405.97	3 209 806 072.26	3 775 702 947.45
少数股东权益	2 819 429 841.98	3 127 499 295.53	3 752 442 309.54	4 284 849 679.67
外币报表折算价差	-38 638 397.68	—	—	—
归属母公司所有者权益（或股东权益）	5 017 972 105.22	5 518 957 805.76	7 117 942 927.53	7 793 476 928.45
所有者权益（或股东权益）合计	7 837 401 947.20	8 646 457 101.29	10 870 385 237.07	12 078 326 608.12
负债和所有者（或股东权益）合计	11 911 900 010.52	12 946 675 907.79	14 339 869 236.38	17 060 010 744.79

2. 利润表（如表2-6-6所示）

表2-6-6 同仁堂利润表 单位：元

会计年度	2013 年	2014 年	2015 年	2016 年
一、营业收入	8 714 647 401.68	9 685 867 522.55	10 808 761 229.94	12 090 740 122.20
减：营业成本	4 978 569 156.44	5 504 257 573.99	5 828 175 736.85	6 531 700 986.08
税金及附加	86 256 440.17	98 825 927.22	112 498 789.19	129 181 013.01
销售费用	1 580 392 489.76	1 749 120 507.14	2 135 203 857.38	2 422 682 175.09
管理费用	779 988 501.98	842 007 781.34	942 579 992.55	1 061 011 603.61
财务费用	26 514 357.45	-9 997 912.18	-16 499 091.63	-18 610 445.74
资产减值损失	3 211 656.23	4 756 070.98	44 299 777.82	81 016 163.86
投资收益	3 884 734.29	2 847 524.24	896 822.22	2 843 799.91
其中：对联营企业和合营企业的投资收益	2 855 246.41	2 817 697.13	100 915.89	-815 676.45
二、营业利润	1 263 599 533.94	1 499 745 098.30	1 763 398 990.00	1 886 602 426.20
加：补贴收入	—	—	—	—
营业外收入	34 774 208.09	27 650 525.16	18 913 994.53	34 646 285.73
减：营业外支出	2 564 340.70	4 880 479.49	3 897 925.71	4 402 642.22
其中：非流动资产处置净损失	1 976 167.64	1 522 003.92	2 953 636.02	3 795 511.19
三、利润总额	1 295 809 401.33	1 522 515 143.97	1 778 415 058.82	1 916 846 069.71
减：所得税	229 108 144.29	268 549 813.17	313 317 142.92	354 662 908.36
四、净利润	1 066 701 257.04	1 253 965 330.80	1 465 097 915.90	1 562 183 161.35
归属于母公司所有者的净利润	656 013 728.53	763 669 171.31	875 179 501.87	933 165 391.02
少数股东损益	410 687 528.51	490 296 159.49	589 918 414.03	629 017 770.33
五、每股收益	—	—	—	—
（一）基本每股收益	0.5	0.58	0.64	0.68
（二）稀释每股收益	0.49	0.56	0.64	—

3. 现金流量表（如表2-6-7所示）

表2-6-7　　　　　　　　　　　　　同仁堂现金流量表　　　　　　　　　　单位：元

报告年度	2013 年	2014 年	2015 年	2016 年
一、经营活动产生的现金流量				
销售商品、提供劳务收到的现金	8 852 456 557.65	9 128 669 556.42	10 008 088 010.36	11 953 184 190.91
收到的税费返还	2 721 494.34	2 476 287.52	6 173 029.03	6 092 809.94
收到其他与经营活动有关的现金	125 314 348.89	178 946 124.40	241 153 441.51	186 008 650.08
经营活动现金流入小计	8 980 492 400.88	9 310 091 968.34	10 255 414 480.90	12 145 285 650.93
购买商品、接受劳务支付的现金	4 852 628 294.12	4 761 154 175.98	4 802 595 355.66	5 961 114 752.46
支付给职工以及为职工支付的现金	1 341 139 700.77	1 562 140 199.03	1 865 146 135.59	2 099 361 187.74
支付的各项税费	917 090 296.96	1 020 532 251.57	1 238 976 083.56	1 393 025 587.97
支付其他与经营活动有关的现金	1 193 235 441.67	1 270 251 354.52	1 516 224 060.46	1 646 017 640.14
经营活动现金流出小计	8 304 093 733.52	8 614 077 981.10	9 422 941 635.27	11 099 519 168.31
经营活动产生的现金流量净额	676 398 667.36	696 013 987.24	832 472 845.63	1 045 766 482.62
二、投资活动产生的现金流量				
收回投资收到的现金	547 916.07	—	—	—
取得投资收益收到的现金	2 543 855.79	3 316 038.50	2 635 046.09	3 322 013.48
处置固定资产、无形资产和其他长期资产收回的现金净额	2 557 379.52	2 837 373.65	876 474.78	107 310 629.97
收到其他与投资活动有关的现金	74 648 788.59	111 740 624.88	97 676 219.13	491 515 782.39
投资活动现金流入小计	80 297 939.97	117 894 037.03	101 187 740.00	602 148 425.84
购建固定资产、无形资产和其他长期资产支付的现金	427 303 375.26	560 864 561.47	542 290 386.82	703 621 569.86
投资支付的现金	52 082 911.12	10 696 744.56	2 082 894.75	11 017 861.71
取得子公司及其他营业单位支付的现金净额	31 111 131.22	—	—	13 500 000.00
支付其他与投资活动有关的现金	1 234 343.30	25 000 000.00	15 000 000.00	405 000 000.00
投资活动现金流出小计	511 731 760.90	596 561 306.03	559 373 281.57	1 133 139 431.57
投资活动产生的现金流量净额	−431 433 820.93	−478 667 269.00	−458 185 541.57	−530 991 005.73
三、筹资活动产生的现金流量				
吸收投资收到的现金	1 500 302 724.83	26 222 896.19	118 744 153.38	90 652 492.72
取得借款收到的现金	506 830 000.00	322 000 000.00	582 546 532.09	612 000 000.00
收到其他与筹资活动有关的现金	5 000 000.00	—	489 802.29	—
筹资活动现金流入小计	2 012 132 724.83	348 222 896.19	701 780 487.76	1 501 212 492.72

191

表2-6-7（续）

报告年度	2013 年	2014 年	2015 年	2016 年
偿还债务支付的现金	437 000 000.00	421 310 000.00	442 183 552.44	455 045 388.46
分配股利、利润或偿付利息支付的现金	498 025 742.27	443 472 845.44	554 369 974.12	580 918 874.35
支付其他与筹资活动有关的现金	42 854 756.56	90 000.00	—	1 301 517.37
筹资活动现金流出小计	977 880 498.83	864 872 845.44	996 553 526.56	1 037 265 780.18
筹资活动产生的现金流量净额	1 034 252 226.00	-516 649 949.25	-294 773 038.80	463 946 712.54
四、汇率变动对现金的影响				
五、现金及现金等价物净增加额	1 247 132 353.00	-295 549 119.40	137 537 549.60	1 068 167 200.00
期初现金及现金等价物余额	3 640 928 630.98	4 888 060 983.80	4 592 511 864.41	4 743 195 050.02
期末现金及现金等价物余额	4 888 060 983.80	4 592 511 864.41	4 730 049 414.01	5 811 362 249.85

【资料三】2015—2016 年上市公司医药行业有关财务指标（如表 2-6-8 所示）

表 2-6-8　　　　　　　上市公司医药行业财务指标平均值

财务指标		上市公司平均值	医药行业平均值	财务指标		上市公司平均值	医药行业平均值
净资产收益率（%）	2015 年	5.61	10.6	资产负债率（%）	2015 年	60.36	44.69
	2016 年	6.77	10.29		2016 年	60.47	40.29
总资产报酬率（%）	2015 年	5.11	9.25	已获利息倍数	2015 年	3.74	9.06
	2016 年	5.32	9.24		2016 年	4.46	10.46
营业利润率（%）	2015 年	5.06	9.72	速动比率（%）	2015 年	73.47	116.62
	2016 年	6.14	10.17		2016 年	79.23	139.63
盈利现金保障倍数	2015 年	2.2	0.8	现金流动负债比率（%）	2015 年	13.88	13.22
	2016 年	1.88	0.83		2016 年	13.11	15.99
股本收益率%	2015 年	30.96	58.35	营业收入增长率（%）	2015 年	-1.98	15.07
	2016 年	34.9	54.77		2016 年	10.52	17.48
总资产周转率	2015 年	0.64	0.8	资本扩张率	2015 年	16.96	24.72
	2016 年	0.61	0.77		2016 年	18.07	27.3
流动资产周转率	2015 年	1.30	1.35	累计保留盈余率（%）	2015 年	42.27	45.25
	2016 年	1.19	1.33		2016 年	40.98	44.41
应收账款周转率	2015 年	8.25	5.39	总资产增长率（%）	2015 年	15.69	30.31
	2016 年	7.89	3.96		2016 年	18.94	23.48
存货周转率	2015 年	2.74	3.5	营业利润增长率（%）	2015 年	-12.37	18.53
	2016 年	2.64	5.13		2016 年	30.69	17.83

二、案例分析要求

（1）根据以上资产负债表、利润表和现金流量表编制比较资产负债表、比较利润表和现金流量表结构分析表，对同仁堂的财务报表进行初步分析。

（2）分别计算同仁堂 2014—2016 年有关盈利能力、偿债能力、营运能力、获现能力和发展能力的财务指标。

（3）结合资料三，对同仁堂 2016 年的财务状况与经济效益进行综合分析和评价，形成财务分析报告。

案例三　保变电器与特变电工财务状况质量的对比分析

一、案例资料

【资料一】保定天威保变电气股份有限公司（以下简称保变电气）的基本情况和该公司 2013—2016 年的财务报表

（一）保变电气的基本情况和经营范围

保定天威保变电气股份有限公司系根据中华人民共和国法律在中国境内注册成立的股份公司。公司由保定天威集团有限公司为主发起人，联合保定惠源咨询服务有限公司、乐凯胶片股份有限公司、河北宝硕集团有限公司、保定天鹅股份有限公司共同发起设立。于 1999 年 9 月 28 日在河北省工商行政管理局登记注册。

公司是国内变压器的龙头企业之一，是国内最大的电力设备变压器生产基地之一，是唯一独立掌握全部变压器制造核心技术的企业。此外，保变电气也是国内唯一具备完整产业链结构的光伏企业。

经营范围：变压器、互感器、电抗器等输变电设备及辅助设备、零售部件的制造与销售；输变电专用制造设备的生产与销售；电力工程施工；承包境内、外电力、机械行业工程及境内国际招标工程；上述境外工程所需的设备、材料出口业务；相关技术、产品及计算机应用技术的开发与销售；经营本企业自产产品的出口业务和本企业所需的机械设备、零配件、原辅材料的进口业务；自营本单位所有各种太阳能、风电产品及相关配套产品的进出口业务与本单位太阳能、风电相关技术的研发、太阳能、光伏发电系统、风力发电系统的咨询、系统集成、设计、工程安装、维护；自营和代理货物进出口业务，自营和代理除国家组织统一联合经营的出口商品和国家实行核定公司经营的进口商品除外的其他货物的进出口业务（依法须经批准的项目，经相关部门批准后方可开展经营活动）。

（二）保变电气 2013—2016 年财务报表

1. 资产负债表（如表 2 - 6 - 9 所示）

表 2 - 6 - 9　　　　　保变电气资产负债表　　　　　单位：元

会计年度	2013 年	2014 年	2015 年	2016 年
货币资金	1 587 648 329.31	1 366 355 202.91	1 420 366 668.43	2 354 058 871.69
交易性金融资产	109 820 000.00	—	—	—
应收票据	30 968 202.18	64 359 315.83	29 598 825.00	18 648 826.01
应收账款	2 036 733 752.91	1 649 187 348.87	2 052 864 776.12	2 890 088 216.00

表2-6-9(续)

会计年度	2013 年	2014 年	2015 年	2016 年
预付款项	511 058 674. 23	343 294 473. 85	321 977 809. 67	385 732 540. 63
其他应收款	52 426 268. 26	233 194 347. 01	180 084 652. 67	57 958 832. 34
应收利息	—	533 012. 43	738 612. 13	1 318 504. 49
应收股利	—	—	—	3 339 495. 75
存货	1 742 350 434. 29	1 437 217 735. 09	1 279 515 369. 11	1 059 388 346. 85
其他流动资产	—	18 325 419. 02	4 047 680. 80	9 636 434. 58
流动资产合计	6 071 005 661. 18	5 112 466 855. 01	5 289 194 393. 93	6 780 170 068. 34
可供出售金融资产	—	5 944 589. 30	691 651 143. 24	660 294 237. 85
长期股权投资	1 678 523 958. 30	1 418 306 095. 92	105 905 315. 36	113 723 038. 97
投资性房地产	25 404 571. 01	24 449 437. 13	23 494 303. 25	22 539 169. 37
固定资产	1 222 691 555. 86	1 134 619 420. 13	1 068 177 069. 69	1 082 652 498. 27
在建工程	137 044 241. 04	133 280 940. 52	170 448 056. 95	308 153 168. 06
无形资产	721 930 574. 51	664 675 452. 77	612 891 963. 08	565 659 655. 84
开发支出	—	15 601 231. 55	18 397 640. 19	9 610 471. 75
商誉	13 052 774. 93	13 052 774. 93	13 052 774. 93	13 052 774. 93
长期待摊费用	8 541 745. 83	6 063 565. 85	5 543 561. 29	4 706 785. 66
递延所得税资产	48 980 225. 38	39 158 294. 55	44 107 186. 50	49 700 885. 16
其他非流动资产	—	1 386 823. 02	—	42 002 216. 30
非流动资产合计	3 856 169 646. 86	3 456 538 625. 67	2 753 669 014. 48	2 872 094 902. 16
资产总计	9 927 175 308. 04	8 569 005 480. 68	8 042 863 408. 41	9 652 264 970. 50
短期借款	3 295 521 580. 95	1 845 000 000. 00	2 821 657 482. 80	5 084 197 590. 00
应付票据	475 241 251. 80	183 767 736. 85	250 127 490. 45	429 185 712. 44
应付账款	998 195 841. 31	954 788 190. 14	1 192 714 204. 47	1 263 824 597. 29
预收款项	901 382 838. 70	746 960 494. 39	589 064 311. 31	1 575 566 865. 93
应付职工薪酬	44 055 524. 04	46 004 679. 76	70 232 373. 06	45 113 303. 50
应交税费	- 159 169 102. 31	19 523 603. 36	63 667 108. 05	103 206 872. 24
应付利息	42 597 260. 31	42 597 260. 31	42 597 260. 31	940 038. 73
应付股利	4 650 234. 30	4 650 234. 30	9 538 725. 84	7 238 725. 84
其他应付款	123 090 813. 62	295 175 953. 44	78 236 475. 20	76 439 983. 50
一年内到期的非流动负债	105 000 000. 00	805 000 000. 00	325 165 238. 97	118 797 345. 92
其他流动负债	630 000. 00	—	—	2 552 179. 48
流动负债合计	5 831 196 242. 72	4 943 468 152. 55	5 443 000 670. 46	8 707 063 214. 87
长期借款	1 650 000 000. 00	545 000 000. 00	120 000 000. 00	115 000 000. 00
应付债券	1 586 392 826. 58	1 589 102 642. 74	1 591 974 228. 50	32 532 254. 47
长期应付款	—	—	78 466 910. 24	62 615 842. 64
预计负债	483 516 000. 00	292 186 985. 12	210 197 678. 72	22 756 392. 70
递延所得税负债	11 129 250. 00	—	378 218. 46	—

表2-6-9(续)

会计年度	2013 年	2014 年	2015 年	2016 年
其他非流动负债	84 410 105.68	66 135 032.73	—	—
非流动负债合计	3 815 448 182.26	2 492 424 660.59	2 085 157 001.36	311 096 401.18
负债合计	9 646 644 424.98	7 435 892 813.14	7 528 157 671.82	9 018 159 616.05
实收资本（或股本）	1 372 990 906.00	1 534 607 067.00	1 534 607 067.00	1 534 607 067.00
资本公积	3 230 349 159.98	3 858 063 494.88	3 154 112 280.93	3 144 923 140.32
盈余公积	325 620 954.54	325 620 954.54	325 620 954.54	325 620 954.54
未分配利润	−4 881 319 023.52	−4 815 531 627.62	−4 724 880 481.85	−4 615 752 395.68
少数股东权益	217 153 190.49	218 411 904.51	214 410 679.42	220 540 239.39
外币报表折算价差	−468 882.67			
归属母公司所有者权益（或股东权益）	63 377 692.57	914 700 763.03	300 295 057.17	413 565 115.06
所有者权益（或股东权益）合计	280 530 883.06	1 133 112 667.54	514 705 736.59	634 105 354.45
负债和所有者（或股东权益）合计	9 927 175 308.04	8 569 005 480.68	8 042 863 408.41	9 652 264 970.50

2. 利润表（如表2-6-10所示）

表2-6-10　　　　　　　　　保变电气利润表　　　　　　　　　单位：元

会计年度	2013 年	2014 年	2015 年	2016 年
一、营业收入	4 358 993 718.53	3 895 042 664.06	4 027 432 992.73	4 068 435 950.67
减：营业成本	4 004 107 654.07	3 060 178 271.68	3 300 144 857.50	3 105 884 196.28
税金及附加	20 393 710.82	11 881 543.44	22 096 002.27	42 400 605.70
销售费用	221 489 065.59	162 843 814.12	169 984 624.81	183 932 962.33
管理费用	476 128 608.13	289 843 543.35	338 274 390.54	319 305 036.22
财务费用	434 675 022.01	335 305 067.71	287 897 680.64	253 901 028.26
资产减值损失	4 698 722 380.09	47 359 158.81	582 803 557.41	151 306 716.80
加：公允价值变动净收益	−35 915 000.00	−74 195 000.00		
投资收益	155 768 757.58	108 873 430.41	747 255 648.06	13 107 219.36
其中：对联营企业和合营企业的投资收益	−441 727 453.70	−82 329 267.90	887 654.93	13 107 219.36
二、营业利润	−5 376 668 964.60	22 309 695.36	73 487 527.62	24 812 624.44
加：补贴收入	—	—		
营业外收入	52 956 284.32	64 901 996.13	26 894 434.50	95 005 837.39
减：营业外支出	499 000 248.71	1 911 325.11	4 701 435.62	4 515 325.96
其中：非流动资产处置净损失	1 740 861.02	115 087.95	2 102 530.13	980 245.98
三、利润总额	−5 822 712 928.99	85 300 366.38	95 680 526.50	115 303 135.87
减：所得税	−5 440 195.53	9 104 088.13	3 321 665.56	5 630 862.25

表2-6-10（续）

会计年度	2013 年	2014 年	2015 年	2016 年
四、净利润	-5 817 272 733.46	76 196 278.25	92 358 860.94	109 672 273.62
归属于母公司所有者的净利润	-5 233 347 041.62	67 707 840.84	90 651 145.77	109 128 086.17
少数股东损益	-583 925 691.84	8 488 437.41	1 707 715.17	544 187.45
五、每股收益	—	—	—	—
（一）基本每股收益	-3.81	0.05	0.06	0.07
（二）稀释每股收益	-3.81	—	0.06	0.07

3. 现金流量表（如表2-6-11所示）

表2-6-11　　　　　　　　保变电气现金流量表　　　　　　　单位：元

报告年度	2013 年	2014 年	2015 年	2016 年
一、经营活动产生的现金流量				
销售商品、提供劳务收到的现金	5 082 940 629.46	4 791 300 662.19	4 161 746 574.68	4 669 483 873.36
收到的税费返还	19 365 608.56	69 922 497.85	9 534 629.05	617 569.09
收到其他与经营活动有关的现金	104 044 184.77	140 306 655.81	152 837 932.10	201 712 746.38
经营活动现金流入小计	5 206 350 422.79	5 001 529 815.85	4 324 119 135.83	4 871 814 188.83
购买商品、接受劳务支付的现金	3 612 762 682.93	3 401 753 437.52	3 073 972 434.06	3 072 803 489.08
支付给职工以及为职工支付的现金	462 440 976.96	409 923 548.58	455 163 231.89	459 873 702.01
支付的各项税费	188 301 216.96	121 869 573.76	195 087 969.59	299 530 462.67
支付其他与经营活动有关的现金	264 413 362.10	439 465 917.72	446 631 598.78	529 664 051.45
经营活动现金流出小计	4 527 918 238.95	4 373 012 477.58	4 170 855 234.32	4 361 871 705.21
经营活动产生的现金流量净额	678 432 183.84	628 517 338.27	153 263 901.51	509 942 483.62
二、投资活动产生的现金流量				
收回投资收到的现金	101 537 766.34	498 817 791.55	264 305 584.00	9 406 665.68
取得投资收益收到的现金	31 210 157.53	16 952 080.94	2 552 549.33	36 960.00
处置固定资产、无形资产和其他长期资产收回的现金净额	287 221.00	426 348.00	276 683 836.00	101 820 367.45
处置子公司及其他营业单位收到的现金净额	36 292 397.93	—	—	—
收到其他与投资活动有关的现金	—	16 927.02	—	66 974 156.71
投资活动现金流入小计	169 327 542.80	516 213 147.51	543 541 969.33	178 238 149.84
购建固定资产、无形资产和其他长期资产支付的现金	95 464 836.44	34 574 829.93	162 827 577.56	213 550 061.84

表2-6-11(续)

报告年度	2013年	2014年	2015年	2016年
投资支付的现金	190 835 000.00	—	—	2 253 133.99
取得子公司及其他营业单位支付的现金净额	110 000 000.00	34 050 000.00	100 000.00	—
支付其他与投资活动有关的现金	—	—	—	60 770 873.95
投资活动现金流出小计	396 299 836.44	68 624 829.93	162 927 577.56	276 574 069.78
投资活动产生的现金流量净额	-226 972 293.64	447 588 317.58	380 614 391.77	-98 335 919.94
三、筹资活动产生的现金流量				
吸收投资收到的现金	—	791 599 996.95	—	—
取得借款收到的现金	4 464 919 358.09	3 122 000 000.00	4 053 297 674.93	7 894 197 590.00
筹资活动现金流入小计	4 464 919 358.09	3 913 599 996.95	4 053 297 674.93	7 894 197 590.00
偿还债务支付的现金	4 346 416 219.24	4 975 746 865.69	4 260 654 506.57	7 229 159 767.63
分配股利、利润或偿付利息支付的现金	410 747 876.41	357 645 672.46	295 345 278.15	291 067 574.63
支付其他与筹资活动有关的现金	9 788 495.32	4 142 659.60	99 223 351.86	131 858 566.31
筹资活动现金流出小计	4 766 952 590.97	5 337 535 197.75	4 655 223 136.58	7 652 085 908.57
筹资活动产生的现金流量净额	-302 033 232.88	-1 423 935 200.80	-601 925 461.65	242 111 681.43
四、汇率变动对现金的影响				
五、现金及现金等价物净增加额	143 620 787.86	-349 861 407.4	-62 032 929.62	658 091 132.27
期初现金及现金等价物余额	1 422 601 302.31	1 566 222 090.17	1 216 360 682.77	1 154 327 753.15
期末现金及现金等价物余额	1 566 222 090.17	1 216 360 682.77	1 154 327 753.15	1 812 418 885.42

【资料二】特变电工股份有限公司（以下简称特变电工）基本情况和该公司2013—2016年的财务报表

(一)特变电工的基本情况和经营范围

特变电工1993年2月26日经新疆维吾尔自治区股份制试点联审小组批准（新体改〔1993〕095号），以定向募集方式设立。1997年5月经中国证券监督管理委员会批准（证监发〔1997〕286号），向社会公开发行人民币普通股3 000万股。1997年6月股票发行上市。1997年6月12日公司在昌吉州工商行政管理局登记注册，股本8 168万元。特变电工是中国重大装备制造业的核心骨干企业，国家级重点高新技术企业，目前已成为中国最大的变压器、电线电缆研发、制造和出口企业、最大的高压电子铝箔新材料生产基地和最大的太阳能核心控制部件组装基地，是中国重大装备制造业首家获得"中国驰名商标"和"中国名牌产品"的企业集团。截至2016年12月31日，公司总资产达749.9亿元，总股本为32.43亿元。

公司经营范围：变压器、电抗器、互感器、电线电缆等电气机械及器材制造、销售、检修、安装、回收、运输服务及相关技术咨询服务；硅及相关产品的制造、技术研发及咨询服务；矿产品开发、加工；新能源、建筑环境环保及水资源利用技术、设备工程项目的研究、实施及咨询服务；太阳能硅片、电池片、电池组件、控制器、逆变器、蓄电池等太阳能系统相关组配件和环境设备的制造、安装及技术咨询服务；太阳能光伏离网和并网及风光互补系统、柴油机光互补系统等新能源系列工程的设计、建设、安装维护；太阳能集中供热工程设计、制造安装，太阳能光热产品的设计、制造；承包境外机电行业输变电、水电、火电站工程和国内、国际招标工程；上述境外工程所属的设备、材料出口；对外派遣实施上述境外工程所需的劳务人员；进口钢材经营，电力工程施工总承包三级（具体内容以建设部门核发的资质证书为准）；货物或技术进出口业务；一般货物和技术的进出口代理（国家禁止或限定公司经营的商品和技术除外）；房屋出租、纯净水生产（限下属分支机构）、饮食服务、水暖电安装。

（二）特变电工 2013—2016 年财务报表

1. 资产负债表（如表 2-6-12 所示）

表 2-6-12 　　　　　　　　　特变电工资产负债表　　　　　　　　　单位：元

会计年度	2013 年	2014 年	2015 年	2016 年
货币资金	10 361 946 428.27	11 184 182 686.57	15 016 999 361.08	15 817 454 018.17
应收票据	1 929 033 910.44	2 619 989 869.13	3 227 399 645.91	3 397 951 867.80
应收账款	5 364 084 562.63	7 947 465 920.02	8 803 977 087.55	8 250 131 183.96
预付款项	3 620 503 453.62	2 935 876 698.11	3 018 170 677.44	2 268 353 591.94
其他应收款	358 690 328.09	474 475 436.62	701 720 399.01	639 936 400.51
存货	6 038 813 296.54	8 640 542 149.04	10 212 876 446.12	11 487 777 881.86
其他流动资产	—	1 324 576 996.44	2 663 844 830.53	663 529 740.02
流动资产合计	27 673 071 979.59	35 127 109 755.93	43 644 988 447.64	42 525 134 684.26
可供出售金融资产	—	27 526 700.00	37 526 700.00	692 926 700.00
长期应收款	—	—	—	36 393 617.92
长期股权投资	1 396 672 713.23	1 101 230 377.19	1 154 620 200.17	1 222 712 047.40
固定资产	16 881 723 768.68	17 933 526 354.61	17 459 153 062.23	19 323 764 442.01
在建工程	1 977 403 256.41	928 264 400.35	2 937 351 862.02	5 731 475 638.05
工程物资	112 358.18	—	276 902 078.27	89 372 097.81
无形资产	2 439 398 286.37	3 608 528 915.66	3 359 512 479.48	3 417 689 443.71
商誉	97 567 995.59	73 713 753.53	—	—
长期待摊费用	141 253 568.12	170 208 247.93	236 853 122.76	374 872 064.06
递延所得税资产	52 979 376.65	111 204 501.30	214 651 644.31	227 335 576.26
其他非流动资产	—	210 398 237.08	937 844 362.62	1 351 633 979.28
非流动资产合计	22 987 111 323.23	24 164 601 487.65	26 614 415 511.86	32 468 175 606.50
资产总计	50 660 183 302.82	59 291 711 243.58	70 259 403 959.50	74 993 310 290.76
短期借款	2 419 366 832.69	5 343 027 077.61	6 192 810 107.24	5 376 823 569.76
应付票据	6 342 375 439.94	6 449 548 848.70	9 744 416 120.89	8 671 297 680.19
应付账款	7 903 349 668.20	7 459 310 177.12	8 882 031 828.24	9 292 359 687.76

表2-6-12(续)

会计年度	2013 年	2014 年	2015 年	2016 年
预收款项	4 989 845 270.21	6 115 613 091.56	4 506 723 678.95	4 734 648 679.13
应付职工薪酬	30 644 843.37	97 666 084.98	190 817 034.22	223 263 606.81
应交税费	-549 143 454.78	56 265 400.92	184 141 594.19	215 734 393.12
应付利息	95 722 022.90	71 070 392.14	79 038 567.08	34 785 525.96
应付股利	874 500.00	1 978 355.00	874 500.00	29 874 500.00
其他应付款	543 494 916.73	623 547 772.10	903 192 497.39	1 054 008 727.11
一年内到期的非流动负债	2 519 144 500.00	1 763 074 000.00	3 744 044 999.21	5 398 731 129.74
其他流动负债	64 445 917.30	565 941 085.70	1 071 322 907.10	581 359 328.42
流动负债合计	24 360 120 456.56	28 547 042 285.83	35 499 413 834.51	35 612 886 828.00
长期借款	7 338 103 720.68	6 276 629 720.68	7 247 137 963.37	9 676 890 391.76
应付债券	1 700 000 000.00	1 700 000 000.00	700 000 000.00	—
长期应付款	59 747 933.16	50 655 071.58	489 647 247.86	737 693 347.23
专项应付款	336 940 156.12	336 940 156.12	336 940 156.12	336 940 156.12
预计负债	—	419 346 955.00	420 553 284.00	258 628 854.30
递延所得税负债	17 361 482.09	23 680 526.90	29 435 857.98	34 289 413.53
其他非流动负债	896 401 525.10	11 355.16	7 492.60	3 630.04
非流动负债合计	10 348 554 817.15	9 724 298 718.48	10 091 019 697.81	11 963 868 885.39
负债合计	34 708 675 273.71	38 271 341 004.31	45 590 433 532.32	47 576 755 713.39
实收资本（或股本）	2 635 559 840.00	3 240 133 686.00	3 249 053 686.00	3 243 448 886.00
资本公积	4 735 900 404.07	8 063 894 699.00	8 197 534 398.02	8 224 351 756.59
盈余公积	734 971 699.71	819 552 000.77	924 288 045.56	1 043 152 683.28
减：库存股	—	419 346 955.00	420 553 284.00	258 628 854.30
未分配利润	6 618 107 303.23	7 761 061 154.84	9 024 023 177.54	10 482 338 132.82
少数股东权益	1 350 074 546.38	1 472 945 663.46	3 771 244 862.53	4 223 729 120.27
外币报表折算价差	-123 105 764.28	—	—	—
归属母公司所有者权益（或股东权益）	14 601 433 482.73	19 547 424 575.81	20 897 725 564.65	23 192 825 457.10
所有者权益（或股东权益）合计	15 951 508 029.11	21 020 370 239.27	24 668 970 427.18	27 416 554 577.37
负债和所有者（或股东权益）合计	50 660 183 302.82	59 291 711 243.58	70 259 403 959.50	74 993 310 290.76

2. 利润表（如表2-6-13所示）

表2-6-13　　　　　　　　　　　特变电工利润表　　　　　　　　　单位：元

会计年度	2013 年	2014 年	2015 年	2016 年
一、营业收入	29 174 688 011.17	36 074 756 310.11	37 451 962 164.44	40 117 492 192.36
减：营业成本	24 454 629 452.71	29 934 412 683.06	30 705 549 131.00	32 818 345 393.22
税金及附加	119 024 410.12	173 441 037.73	198 606 010.55	311 311 891.59

表2-6-13(续)

会计年度	2013 年	2014 年	2015 年	2016 年
销售费用	1 536 045 712.71	1 688 053 074.40	1 784 430 193.77	1 915 858 645.08
管理费用	1 071 404 869.56	1 472 893 282.36	1 809 548 691.50	1 889 617 685.50
财务费用	527 133 227.30	642 099 145.57	636 804 772.29	399 265 719.32
资产减值损失	238 130 418.37	343 531 531.84	466 801 769.85	222 104 215.03
投资收益	63 469 891.56	-127 159 573.32	56 544 072.02	80 411 777.63
其中：对联营企业和合营企业的投资收益	35 309 788.68	-120 778 597.47	17 036 280.79	30 330 978.75
二、营业利润	1 291 789 811.96	1 693 165 981.83	1 906 765 667.50	2 641 400 420.25
加：补贴收入	—	—	—	—
营业外收入	334 595 540.81	400 336 902.40	522 392 549.57	386 961 838.85
减：营业外支出	72 738 953.81	42 580 234.65	60 400 740.63	37 875 305.28
其中：非流动资产处置净损失	7 910 422.61	2 366 818.88	2 620 406.98	1 664 234.16
三、利润总额	1 553 646 398.96	2 050 922 649.58	2 368 757 476.44	2 990 486 953.82
减：所得税	175 260 770.87	239 504 185.33	343 630 176.85	484 295 925.20
四、净利润	1 378 385 628.09	1 811 418 464.25	2 025 127 299.59	2 506 191 028.62
归属于母公司所有者的净利润	1 328 375 843.32	1 648 600 579.81	1 887 546 657.25	2 190 348 152.48
少数股东损益	50 009 784.77	162 817 884.44	137 580 642.34	315 842 876.14
五、每股收益	—	—	—	—
（一）基本每股收益	0.5	0.52	0.58	0.68
（二）稀释每股收益	0.5	0.52	0.58	0.68

3. 现金流量表（如表2-6-14所示）

表2-6-14　　　　　　　　特变电工现金流量表　　　　　　　单位：元

报告年度	2013 年	2014 年	2015 年	2016 年
一、经营活动产生的现金流量				
销售商品、提供劳务收到的现金	25 859 587 459.70	34 395 168 170.03	36 236 961 918.02	41 309 729 640.65
收到的税费返还	184 085 038.03	116 570 858.90	344 075 378.76	384 924 197.29
收到其他与经营活动有关的现金	869 043 953.13	858 120 522.21	950 379 197.64	951 668 687.19
经营活动现金流入小计	26 912 716 450.86	35 369 859 551.14	37 531 416 494.42	42 646 322 525.13
购买商品、接受劳务支付的现金	21 483 695 985.47	32 065 992 521.83	30 768 746 215.59	34 472 938 255.82
支付给职工以及为职工支付的现金	1 346 060 549.36	1 759 776 508.33	2 000 440 554.52	2 237 993 628.72
支付的各项税费	941 983 872.20	1 241 517 423.33	1 393 465 438.95	1 682 841 112.76
支付其他与经营活动有关的现金	1 361 287 761.11	1 684 299 618.96	1 311 205 601.78	1 613 754 736.88

表2-6-14（续）

报告年度	2013 年	2014 年	2015 年	2016 年
经营活动现金流出小计	25 133 028 168.14	36 751 586 072.45	35 473 857 810.84	40 007 527 734.18
经营活动产生的现金流量净额	1 779 688 282.72	-1 381 726 521.31	2 057 558 683.58	2 638 794 790.95
二、投资活动产生的现金流量				
收回投资收到的现金	41 495 000.00	23 249 400.00	—	1 701 148 282.00
取得投资收益收到的现金	55 252 262.61	10 202 432.79	35 131 770.52	47 253 199.16
处置固定资产、无形资产和其他长期资产收回的现金净额	87 837 694.48	2 989 479.14	144 022 572.49	3 563 741.86
处置子公司及其他营业单位收到的现金净额	35 242 955.83	149 796 530.76	121 090 185.11	185 852 106.55
收到其他与投资活动有关的现金	21 492 181.87	—	74 104 990.03	634 294.29
投资活动现金流入小计	241 320 094.79	186 237 842.69	374 349 518.15	1 938 451 623.86
购建固定资产、无形资产和其他长期资产支付的现金	2 625 915 086.27	1 630 673 678.89	2 782 549 272.76	4 799 175 752.76
投资支付的现金	121 179 000.00	699 147 217.00	1 302 468 282.00	750 442 100.00
取得子公司及其他营业单位支付的现金净额	—	19 392 624.56	—	17 137 156.15
支付其他与投资活动有关的现金	—	—	—	256 040 024.78
投资活动现金流出小计	2 747 094 086.27	2 349 213 520.45	4 085 017 554.76	5 822 795 033.69
投资活动产生的现金流量净额	-2 505 773 991.48	-2 162 975 677.76	-3 710 668 036.61	-3 884 343 409.83
三、筹资活动产生的现金流量				
吸收投资收到的现金	72 281 246.14	4 006 577 966.36	2 311 959 939.98	746 940 985.60
取得借款收到的现金	6 359 926 064.47	8 145 526 191.92	13 833 300 457.78	15 297 871 348.12
收到其他与筹资活动有关的现金	—	—	1 036 615 531.56	449 849 092.35
筹资活动现金流入小计	6 432 207 310.61	12 652 104 158.28	18 181 875 929.32	17 494 661 426.07
偿还债务支付的现金	5 113 304 480.91	7 035 389 690.50	11 341 539 387.16	13 802 741 612.48
分配股利、利润或偿付利息支付的现金	1 039 731 441.74	1 267 436 853.47	1 354 772 314.90	1 511 654 158.92
支付其他与筹资活动有关的现金	607 668 333.26	122 144 348.69	1 302 162 282.34	331 596 140.19
筹资活动现金流出小计	6 760 704 255.91	8 424 970 892.66	13 998 473 984.40	15 645 991 911.59
筹资活动产生的现金流量净额	-328 496 945.30	4 227 133 265.62	4 183 401 944.92	1 848 669 514.48
四、汇率变动对现金的影响				
五、现金及现金等价物净增加额	-1 082 432 312.64	701 341 909.61	2 563 638 820.73	760 651 560.41
期初现金及现金等价物余额	10 305 730 239.28	9 223 297 926.64	9 924 639 836.25	12 488 278 656.98
期末现金及现金等价物余额	9 223 297 926.64	9 924 639 836.25	12 488 278 656.98	13 248 930 217.39

【资料三】2015—2016 年上市公司机械行业有关财务指标（如表 2 - 6 - 15 所示）

表 2 - 6 - 15　　　　　　　　　上市公司机械行业财务指标平均值

财务指标		上市公司平均值	机械行业平均值	财务指标		上市公司平均值	机械行业平均值
净资产收益率（%）	2015 年	5.61	2.66	资产负债率（%）	2015 年	60.36	56.73
	2016 年	6.77	3.33		2016 年	60.47	60.83
总资产报酬率（%）	2015 年	5.11	3.69	已获利息倍数	2015 年	3.74	3.42
	2016 年	5.32	3.63		2016 年	4.46	4.13
营业利润率（%）	2015 年	5.06	3.69	速动比率（%）	2015 年	73.47	105.62
	2016 年	6.14	5.14		2016 年	79.23	99.91
盈利现金保障倍数	2015 年	2.2	1.18	现金流动负债比率（%）	2015 年	13.88	4.75
	2016 年	1.88	0.87		2016 年	13.11	3.11
股本收益率%	2015 年	30.96	16.76	营业收入增长率（%）	2015 年	-1.98	9.61
	2016 年	34.9	16.74		2016 年	10.52	11.55
总资产周转率	2015 年	0.64	0.52	资本扩张率（%）	2015 年	16.96	19.54
	2016 年	0.61	0.44		2016 年	18.07	27.3
流动资产周转率	2015 年	1.3	0.77	累计保留盈余率（%）	2015 年	42.27	32.74
	2016 年	1.19	0.69		2016 年	40.98	30.27
应收账款周转率	2015 年	8.25	2.59	总资产增长率（%）	2015 年	15.69	18.25
	2016 年	7.89	2.6		2016 年	18.94	40.53
存货周转率	2015 年	2.74	2.34	营业利润增长率（%）	2015 年	-12.37	-10.14
	2016 年	2.64	2.43		2016 年	30.69	40.26

二、分析要求

（1）根据资料一和资料二，计算天威保变和特变电工有关偿债能力、营运能力、盈利能力、获现能力与发展能力的指标。

（2）根据相关的财务指标，结合资料三对比分析两个公司的财务状况。

（3）通过对比分析，从企业财务角度预测两个公司的发展前景。

（4）根据以上分析，撰写两个公司财务状况对比分析报告。

案例四　四川长虹、海信电器、康佳 A、ST 厦华财务状况综合分析

一、案例资料

四川长虹、康佳 A、海信电器、ST 厦华是我国四大从事彩电生产与销售的上市公司。以下列示的是其基本情况和 2013—2016 年财务报表。

（一）四川长虹

1．基本情况

四川长虹电器股份有限公司（简称四川长虹）前身是国营长虹机器厂，创建于1958年。1988年经绵阳市人民政府（绵府发〔1988〕33号）批准进行股份制企业改革试点，设立为股份有限公司，同年原人民银行绵阳市分行（绵人行金〔1988〕字第47号）批准公司向社会公开发行个人股股票。1994年3月11日，经中国证监会（证监发审字〔1994〕7号）批准，在上海证券交易所上市流通。近年来，公司从军工立业、彩电兴业，到信息电子的多元拓展，产业拓展至黑电、白电、IT/通信、服务、零部件、军工等多种门类，已成为集军工、消费电子、核心器件研发与制造为一体的综合型跨国企业集团，并正向具有全球竞争力的信息家电内容与服务提供商挺进。2016年长虹品牌价值达1 208.96亿元，继续稳居中国电子百强品牌第六位，在中国企业500强排名第152位，居中国制造业500强第64位。

公司经营范围：家用电器、汽车电器、电子产品及零配件、通信设备、照明设备、家居产品、计算机及其他电子设备、电子电工机械专用设备、电器机械及器材、电池系列产品、电子医疗产品、电力设备、机械设备、制冷设备及配件、数字监控产品、金属制品、仪器仪表、文化及办公用机械、文教体育用品、厨柜及燃气具的制造、销售与维修；房屋及设备租赁；包装产品及技术服务；公路运输，仓储及装卸搬运；集成电路与软件开发及销售、服务，系统集成产品开发、销售与服务；企业管理咨询与服务；高科技项目投资及国家允许的其他投资业务；房地产开发与经营，房屋建筑工程施工；废弃电器、电子产品回收及处理；信息技术服务；财务咨询服务；化工原料及产品（除危险品）、建筑材料、有色金属、钢材、塑料、包装材料、机电设备、贵重金属、汽车零配件、电子元器件等国内购销、进出口；电信业务代办。

2．2013—2016年财务报表

（1）资产负债表（如表2-6-16所示）

表2-6-16　　　　　　　　　四川长虹资产负债表　　　　　　　　单位：元

会计年度	2013年	2014年	2015年	2016年
货币资金	13 438 237 115.92	13 999 811 942.03	10 254 494 369.54	11 955 056 137.64
交易性金融资产	26 037 106.89	86 304 077.30	51 666 244.34	241 064 733.40
应收票据	8 321 966 241.30	8 872 161 928.39	6 317 909 535.99	5 590 511 029.01
应收账款	8 162 357 693.32	8 474 051 341.98	8 032 777 170.63	7 788 563 634.55
预付款项	767 942 943.85	1 645 895 852.83	1 701 902 420.16	1 677 234 316.08
其他应收款	661 423 610.65	3 094 792 603.74	515 186 085.63	506 165 765.81
应收利息	107 607 545.09	127 185 202.98	71 482 450.52	27 194 064.67
应收股利	3 321 429.92	—	—	—
存货	12 541 792 565.03	11 917 256 315.87	11 745 602 201.62	12 044 638 406.24
一年内到期的非流动资产	—	—	—	12 625 340.00
其他流动资产	102 168 828.56	277 751 637.99	1 839 218 227.16	2 757 181 872.59
流动资产合计	44 132 855 080.53	48 495 210 903.11	40 530 238 705.59	42 600 235 299.99
可供出售金融资产	—	262 790 103.23	261 991 095.55	261 698 310.92

表2-6-16(续)

会计年度	2013 年	2014 年	2015 年	2016 年
长期应收款	4 557 409. 67	57 302 091. 62	3 448 307 631. 53	4 706 951 456. 88
长期股权投资	1 172 547 333. 83	946 531 513. 64	1 113 696 772. 98	2 359 405 508. 64
投资性房地产	451 310 029. 10	481 782 181. 67	455 058 626. 28	72 226 601. 83
固定资产	8 194 590 460. 33	5 785 652 513. 24	5 848 244 605. 11	5 614 349 690. 55
在建工程	850 802 848. 05	367 578 954. 09	179 436 462. 07	354 815 244. 42
固定资产清理	76 241 771. 41	95 391 177. 29	95 328 830. 04	95 368 401. 53
无形资产	3 442 390 619. 44	3 181 829 157. 41	3 039 003 145. 57	3 093 912 179. 92
开发支出	174 720 197. 18	189 871 078. 92	215 011 489. 46	215 532 563. 91
商誉	165 106 772. 29	162 840 340. 18	157 526 426. 68	157 934 303. 91
长期待摊费用	15 412 633. 94	7 213 027. 31	7 770 809. 34	26 112 711. 32
递延所得税资产	156 473 311. 24	188 148 765. 27	178 751 486. 80	205 550 616. 24
其他非流动资产	—	2 465 107. 00	84 975 340. 70	98 881 156. 16
非流动资产合计	14 704 153 386. 48	11 729 396 010. 87	15 085 102 722. 11	17 262 738 746. 23
资产总计	58 837 008 467. 01	60 224 606 913. 98	55 615 341 427. 70	59 862 974 046. 22
短期借款	14 648 873 322. 68	13 388 072 362. 19	9 760 087 003. 12	13 896 904 905. 28
交易性金融负债	59 781 854. 97	8 652 670. 00	53 396 561. 88	19 759 857. 09
应付票据	5 140 934 177. 28	4 357 441 531. 16	6 916 704 396. 14	8 570 554 473. 04
应付账款	8 292 451 166. 28	8 817 745 769. 58	8 133 207 300. 96	9 493 139 359. 85
预收款项	1 503 581 189. 70	1 566 951 873. 01	1 369 859 256. 74	1 356 804 119. 41
应付职工薪酬	574 164 849. 64	510 272 802. 20	460 110 409. 17	538 365 579. 08
应交税费	− 521 256 748. 58	− 311 923 693. 56	− 20 959 028. 97	381 816 478. 83
应付利息	63 589 675. 59	145 637 085. 41	112 073 669. 33	13 661 479. 05
应付股利	71 266 762. 22	5 683 064. 21	5 645 923. 21	8 938 136. 95
其他应付款	2 864 483 644. 57	2 725 703 888. 31	2 859 829 036. 37	2 709 123 839. 79
一年内到期的非流动负债	841 379 973. 43	3 361 918 825. 11	1 546 061 223. 80	705 276 215. 35
其他流动负债		3 000 000 000. 00	3 000 000 000. 00	2 920 548. 02
流动负债合计	33 539 249 867. 78	37 576 156 177. 62	34 196 015 751. 75	37 697 264 991. 74
长期借款	1 853 739 050. 16	2 024 151 635. 90	826 695 003. 19	690 008 788. 00
应付债券	2 753 039 361. 55	—	1 623 400 000. 00	—
长期应付款	—	—	—	205 807 555. 42
专项应付款	—	31 520 000. 00	31 520 000. 00	32 920 000. 00
预计负债	495 974 155. 93	445 286 332. 32	447 992 199. 32	444 735 202. 74
递延所得税负债	74 781 241. 69	32 390 984. 45	9 314 122. 51	51 528 305. 20
其他非流动负债	618 376 269. 79	251 729 541. 61	—	
非流动负债合计	5 795 910 079. 12	3 196 032 803. 42	3 617 626 712. 42	2 136 951 609. 14
负债合计	39 335 159 946. 90	40 772 188 981. 04	37 813 642 464. 17	39 834 216 600. 88
实收资本（或股本）	4 616 244 222. 00	4 616 244 222. 00	4 616 244 222. 00	4 616 244 222. 00

表2-6-16(续)

会计年度	2013 年	2014 年	2015 年	2016 年
资本公积	3 857 011 376.28	3 870 330 230.62	3 907 538 642.46	3 910 229 505.56
盈余公积	3 455 121 978.12	3 455 121 978.12	2 184 773 404.07	68 627 909.45
未分配利润	2 125 073 030.28	2 081 537 704.28	1 377 263 296.67	4 047 864 216.37
少数股东权益	5 457 691 173.79	5 400 302 709.29	5 694 872 416.46	7 419 640 201.23
外币报表折算价差	-9 293 260.36	—	—	—
归属母公司所有者权益（或股东权益）	14 044 157 346.32	14 052 115 223.65	12 106 826 547.07	12 609 117 244.11
所有者权益（或股东权益）合计	19 501 848 520.11	19 452 417 932.94	17 801 698 963.53	20 028 757 445.34
负债和所有者（或股东权益）合计	58 837 008 467.01	60 224 606 913.98	55 615 341 427.70	59 862 974 046.22

（2）利润表（如表2-6-17所示）

表2-6-17　　　　　　　　　　　　四川长虹利润表　　　　　　　　　单位：元

会计年度	2013 年	2014 年	2015 年	2016 年
一、营业收入	58 875 274 661.52	59 503 900 596.63	64 847 813 147.02	67 175 343 225.71
减：营业成本	49 133 947 580.59	50 925 117 999.91	56 253 356 899.09	57 585 475 058.40
税金及附加	485 402 950.93	440 662 619.33	436 117 121.83	477 200 501.00
销售费用	5 190 134 470.13	4 704 514 363.86	5 010 512 142.29	5 248 033 737.11
管理费用	2 709 518 877.80	3 013 868 855.36	2 845 720 097.42	2 730 352 911.27
财务费用	119 670 894.29	201 029 052.39	1 038 699 288.50	260 141 296.91
资产减值损失	638 104 926.31	612 470 216.02	545 235 198.94	273 067 009.54
加：公允价值变动净收益	31 527 644.51	100 924 432.37	-42 583 441.78	223 035 193.85
投资收益	-79 537 260.39	303 859 006.94	135 860 276.29	346 348 951.42
其中：对联营企业和合营企业的投资收益	18 342 467.54	41 188 823.51	32 290 347.55	36 601 030.39
二、营业利润	550 485 345.59	11 020 929.07	-1 188 550 766.54	1 170 456 856.75
加：营业外收入	572 188 890.67	574 455 273.37	446 621 464.74	357 571 525.72
减：营业外支出	106 356 862.91	51 948 586.49	698 525 742.22	86 150 434.19
其中：非流动资产处置净损失	95 409 775.00	18 657 444.94	13 630 816.95	79 748 186.84
三、利润总额	1 016 317 373.35	533 527 615.95	-1 440 455 044.02	1 441 877 948.28
减：所得税	259 086 961.25	266 025 396.79	284 076 089.44	282 443 670.60
四、净利润	757 230 412.10	267 502 219.16	-1 724 531 133.46	1 159 434 277.68
归属于母公司所有者的净利润	512 481 605.58	58 857 812.40	-1 975 865 687.11	554 784 735.52
少数股东损益	244 748 806.52	208 644 406.76	251 334 553.65	604 649 542.16
五、每股收益	—	—	—	—

表2-6-17(续)

会计年度	2013 年	2014 年	2015 年	2016 年
(一)基本每股收益	0.11	0.01	-0.43	0.12
(二)稀释每股收益	0.11	0.01	-0.43	0.12

(3)现金流量表(如表2-6-18所示)

表2-6-18 　　　　　　　　　　四川长虹现金流量表 　　　　　　　　　　单位:元

会计年度	2013 年	2014 年	2015 年	2016 年
一、经营活动产生的现金流量				
销售商品、提供劳务收到的现金	59 021 729 519.15	61 309 370 897.49	68 029 084 537.78	67 433 490 697.12
收到的税费返还	577 940 126.83	859 395 529.68	924 231 551.65	1 103 128 082.48
收到其他与经营活动有关的现金	2 537 183 306.82	262 868 731.92	809 378 276.80	347 776 543.83
经营活动现金流入小计	62 136 852 952.80	62 431 635 159.09	69 762 694 366.23	68 884 395 323.43
购买商品、接受劳务支付的现金	50 785 911 320.29	51 781 690 765.74	57 311 558 990.75	55 134 775 912.44
支付给职工以及为职工支付的现金	3 632 539 373.40	3 809 371 733.06	4 367 854 208.35	4 625 175 184.82
支付的各项税费	1 898 868 965.09	2 009 110 128.59	1 789 544 856.17	1 899 696 770.28
支付其他与经营活动有关的现金	2 930 250 146.96	2 910 718 045.89	3 057 505 296.36	2 554 249 919.21
经营活动现金流出小计	59 247 569 805.74	60 510 890 673.28	66 526 463 351.63	64 213 897 786.75
经营活动产生的现金流量净额	2 889 283 147.06	1 920 744 485.81	3 236 231 014.60	4 670 497 536.68
二、投资活动产生的现金流量				
收回投资收到的现金	597 538 342.08	1 432 342 462.72	2 195 494 639.52	3 897 573 629.00
取得投资收益收到的现金	19 137 639.24	29 454 868.23	46 083 173.94	64 552 140.22
处置固定资产、无形资产和其他长期资产收回的现金净额	266 146 602.86	211 160 229.30	26 592 271.26	45 545 609.53
处置子公司及其他营业单位收到的现金净额	—	51 812 140.91	19 403 393.63	-27 158 390.06
收到其他与投资活动有关的现金	608 829 550.62	797 365 564.66	730 099 953.30	895 200 433.99
投资活动现金流入小计	1 491 652 134.80	2 522 135 265.82	3 017 673 431.65	4 875 713 422.68
购建固定资产、无形资产和其他长期资产支付的现金	1 397 048 875.23	1 657 283 381.65	704 382 238.11	835 568 470.60
投资支付的现金	1 190 183 636.68	1 729 678 291.05	3 781 713 449.31	5 259 778 372.25
取得子公司及其他营业单位支付的现金净额	—	—	—	38 721 398.37
支付其他与投资活动有关的现金	22 592 062.58	65 706 484.13	1 443 844 722.33	1 667 859 614.77
投资活动现金流出小计	2 609 824 574.49	3 452 668 156.83	5 929 940 409.75	7 801 927 855.99

表2-6-18（续）

会计年度	2013 年	2014 年	2015 年	2016 年
投资活动产生的现金流量净额	-1 118 172 439.69	-930 532 891.01	-2 912 266 978.10	-2 926 214 433.31
三、筹资活动产生的现金流量				
吸收投资收到的现金	1 082 020 000.28	10 105 696.40	125 237 430.26	1 274 980 892.60
取得借款收到的现金	18 750 146 478.30	21 228 979 761.62	16 878 923 596.28	22 074 595 127.92
收到其他与筹资活动有关的现金	—	1 714 451 309.05	1 301 283 783.72	446 299 390.99
筹资活动现金流入小计	19 832 166 478.58	22 953 536 767.07	19 928 844 810.26	23 795 875 411.51
偿还债务支付的现金	17 960 884 312.19	17 931 004 689.18	22 337 606 804.40	23 105 555 298.57
分配股利、利润或偿付利息支付的现金	897 808 578.76	772 144 671.76	442 187 467.24	693 121 258.18
支付其他与筹资活动有关的现金	2 364 965 587.15	3 068 611 285.41	11 895 297.31	2 092 617.84
筹资活动现金流出小计	21 223 658 478.10	21 771 760 646.35	22 791 689 568.95	23 800 769 174.59
筹资活动产生的现金流量净额	-1 391 491 999.52	1 181 776 120.72	-2 862 844 758.69	-4 893 763.08
四、汇率变动对现金的影响	—	—	—	—
五、现金及现金等价物净增加额	221 083 831.4	2 279 463 422.34	-2 460 314 166.27	1 816 342 389.72
期初现金及现金等价物余额	9 569 403 745.80	9 790 487 577.18	12 069 950 999.52	9 609 636 833.25
期末现金及现金等价物余额	9 790 487 577.18	12 069 950 999.52	9 609 636 833.25	11 425 979 222.97

（二）康佳 A

1. 基本情况

康佳集团股份有限公司（简称康佳 A）是 1979 年成立的全国首家中外合资电子企业，由深圳特区华侨城经济发展总公司与香港港华集团有限公司合资经营。1991 年 8 月，改组为中外公众股份制集团公司，1992 年 3 月 27 日，康佳 A、B 股股票同时在深圳证券交易所上市。公司主要生产"彩霸"电视、"劲力"音响、"好运通"通信系列等共 14 大类 450 多种型号的电子产品，年生产能力达 200 万台，为全国彩电定点生产骨干企业和电子产品出口大户，每年仅彩电出口占全国的 1/5，为全国十大出口创汇最高、十大销售额最高"双优"企业。集团产品获国际标准认证并在全国彩电行业首家获得 ISO9001 国际质量保证体系合格证书，现已拥有海内外用户 1 100 万户。

公司经营范围：研究开发、生产经营电视机、冰箱、洗衣机、日用小家电等家用电器产品，家庭视听设备，IPTV 机顶盒，数字电视接收器（含卫星电视广播地面接收设备），数码产品，移动通信设备及终端产品，日用电子产品，汽车电子产品，卫星导航系统，智能交通系统，防火防盗报警系统，办公设备，电子计算机，显示器，大屏幕显示设备的制造和应用服务，LED（OLED）背光源、照明、发光器件制造及封装，生产经营电子元件、器件，模具，塑胶制品，各类包装材料，并从事相关产品的技术咨询和服务（上述经营范围中的生产项目，除移动电话外，其余均在异地生产）。从事以上所述产品（含零配件）的批发、零售、进出口及相关配套业务（不涉及国有贸易管理商品,涉及配额、许可证管理及其他专项规定管理的商品,按国家有关规定办理申请),销售自行开发的技术成果,提供电子产品的维修、培训、咨询等售后配套服务,普通货物运输,国内货运代理,仓储服务,企业管理咨询服务,自有物业租赁和物业管理业务,废旧电器电子产品回收(不含拆解)(由分支机构经营),以承接服务外包方式从事系统应用管理和维护、信息技术支持管理、银行后台服务、财务结算、人力资源服务、软件开发、呼叫中心、数据处理等信息技术和业务流程外包服务。

2.2013—2016年财务报表

(1)资产负债表(如表2-6-19所示)

表2-6-19　　　　　　　　　　　康佳A资产负债表　　　　　　　　　　单位:元

会计年度	2013年	2014年	2015年	2016年
货币资金	1 843 743 089.94	1 703 135 732.18	1 706 446 928.92	2 617 606 256.42
交易性金融资产	—	—	33 196 377.28	252 084 994.12
应收票据	4 150 779 374.32	3 819 417 076.37	2 880 860 750.44	2 871 633 498.82
应收账款	2 460 996 984.92	2 259 293 207.16	2 048 813 439.34	2 307 965 548.49
预付款项	164 272 929.59	315 150 044.57	193 664 620.66	274 810 658.72
其他应收款	298 749 414.95	298 975 391.68	160 165 779.82	222 389 921.80
应收利息	2 898 419.90	1 885 727.36	7 426 409.52	1 342 063.84
应收股利	—	—	—	10 171 609.48
存货	3 582 669 024.26	3 904 436 250.33	2 882 515 913.28	4 287 413 944.35
其他流动资产	—	568 020 200.48	647 311 938.45	562 204 116.20
流动资产合计	12 504 109 237.88	12 870 313 630.13	10 560 402 157.71	13 407 622 612.24
可供出售金融资产	941 999.30	245 033 609.00	311 974 282.66	314 967 639.36
长期股权投资	446 155 499.42	362 765 183.66	190 573 524.29	309 648 120.37
投资性房地产	237 986 524.12	233 349 452.80	227 718 178.53	222 086 904.26
固定资产	1 908 503 979.80	1 783 695 548.92	1 763 503 189.50	1 573 978 914.03
在建工程	49 924 027.97	159 604 884.09	207 854 180.88	315 536 437.05
无形资产	359 585 571.12	347 626 130.58	352 591 887.48	302 045 627.44
商誉	3 943 671.53	3 597 657.15	3 597 657.15	3 597 657.15
长期待摊费用	13 405 084.94	25 792 805.06	82 846 982.07	91 901 533.39
递延所得税资产	218 728 739.41	259 516 396.26	549 305 508.01	701 734 152.68
其他非流动资产	—	488 063 979.00	—	—
非流动资产合计	3 239 175 097.61	3 909 045 646.52	3 689 965 390.57	3 835 496 985.73
资产总计	15 743 284 335.49	16 779 359 276.65	14 250 367 548.28	17 243 119 597.97
短期借款	5 239 069 764.48	5 145 712 436.91	4 150 773 195.76	6 562 834 226.51
交易性金融负债	—	—	—	337 263.13
应付票据	565 137 790.84	911 355 028.47	929 176 857.06	863 709 138.39
应付账款	3 341 804 144.12	3 144 408 433.93	2 980 416 983.25	3 160 073 575.56
预收款项	482 716 035.68	302 904 453.86	349 784 807.32	1 201 426 223.70

表2-6-19（续）

会计年度	2013 年	2014 年	2015 年	2016 年
应付职工薪酬	332 090 987.76	299 272 715.05	279 631 258.71	273 059 516.65
应交税费	-94 670 496.91	112 557 005.85	92 097 951.90	121 905 421.18
应付利息	34 945 870.48	22 872 418.43	20 552 763.14	21 344 172.45
其他应付款	1 391 396 130.97	1 376 803 381.03	1 550 931 573.35	1 444 349 986.74
一年内到期的非流动负债	1 755 444.00	1 525 465.53	573 398 959.65	41 025.60
流动负债合计	11 294 245 671.42	11 317 411 339.06	10 926 764 350.14	13 649 080 549.91
长期借款	5 000 000.00	957 541 210.52	23 700 000.00	70 000 000.00
长期应付款	31 366 530.13	30 029 990.10	30 133 333.37	30 102 564.14
预计负债	911 085.41	—	4 629 554.61	7 551 985.10
递延所得税负债	—	1 049 498.77	3 468 031.97	19 162 818.83
其他非流动负债	131 658 369.11	28 554 734.16	—	—
非流动负债合计	168 935 984.65	1 164 491 432.57	248 152 781.01	275 540 153.39
负债合计	11 463 181 656.07	12 481 902 771.63	11 174 917 131.15	13 924 620 703.30
实收资本（或股本）	1 203 972 704.00	1 203 972 704.00	2 407 945 408.00	2 407 945 408.00
资本公积	1 274 405 942.78	1 289 403 563.99	78 209 535.19	79 723 092.04
盈余公积	847 908 466.28	847 908 466.28	847 908 466.28	847 908 466.28
未分配利润	737 991 722.40	746 022 758.89	-522 836 282.66	-427 163 254.63
少数股东权益	199 644 527.79	193 977 533.95	261 067 546.32	417 017 287.63
外币报表折算价差	16 179 316.17	—	—	—
归属母公司所有者权益（或股东权益）	4 080 458 151.63	4 103 478 971.07	2 814 382 870.81	2 901 481 607.04
所有者权益（或股东权益）合计	4 280 102 679.42	4 297 456 505.02	3 075 450 417.13	3 318 498 894.67
负债和所有者（或股东权益）合计	15 743 284 335.49	16 779 359 276.65	14 250 367 548.28	17 243 119 597.97

209

（2）利润表（如表2-6-20所示）

表2-6-20　　　　　　　　　　　**康佳 A 利润表**　　　　　　　　　　　单位：元

会计年度	2013 年	2014 年	2015 年	2016 年
一、营业收入	20 006 736 878.82	19 423 488 994.07	18 395 177 035.98	20 299 348 136.21
减：营业成本	16 660 981 623.13	16 733 746 581.45	16 055 497 185.62	17 518 330 342.99
税金及附加	66 486 229.01	60 527 648.50	94 523 398.90	111 967 480.96
销售费用	2 548 603 146.99	2 414 468 187.73	2 448 337 549.43	2 285 998 285.97
管理费用	674 386 382.45	686 930 373.50	695 731 013.59	607 579 115.65
财务费用	-59 637 103.92	132 763 824.46	350 616 323.55	154 764 546.12
资产减值损失	240 397 653.98	141 538 769.93	365 863 111.63	186 776 847.38
加：公允价值变动净收益	—	—	32 591 836.13	-14 617 369.08

表2-6-20（续）

会计年度	2013 年	2014 年	2015 年	2016 年
投资收益	54 985 150.49	596 873 633.39	13 574 652.77	348 445 927.65
其中：对联营企业和合营企业的投资收益	-12 083 013.71	316 248 002.07	-18 793 708.66	12 738 812.54
二、营业利润	-69 495 902.33	-149 612 758.11	-1 569 225 057.84	-232 239 924.29
加：补贴收入	—	—	—	—
营业外收入	274 574 465.25	258 877 423.01	158 538 297.00	270 828 423.34
减：营业外支出	23 017 661.08	16 884 982.71	134 780 910.57	10 853 641.54
其中：非流动资产处置净损失	14 360 857.36	9 752 806.72	12 339 287.69	2 967 838.13
三、利润总额	182 060 901.84	92 379 682.19	-1 545 467 671.41	27 734 857.51
减：所得税	122 216 964.78	31 854 983.02	-269 622 908.76	-64 440 500.57
四、净利润	59 843 937.06	60 524 699.17	-1 275 844 762.65	92 175 358.08
归属于母公司所有者的净利润	45 163 004.10	52 623 527.86	-1 256 819 314.51	95 673 028.03
少数股东损益	14 680 932.96	7 901 171.31	-19 025 448.14	-3 497 669.95
五、每股收益	—	—	—	—
（一）基本每股收益	0.04	0.04	-0.52	0.04
（二）稀释每股收益	0.04	0.04	-0.52	0.04

（3）现金流量表（如表2-6-21 所示）

表2-6-21　　　　　　　　　康佳 A 现金流量表　　　　　　　　单位：元

报告年度	2013 年	2014 年	2015 年	2016 年
一、经营活动产生的现金流量				
销售商品、提供劳务收到的现金	19 149 831 826.42	17 605 044 169.07	18 443 639 036.67	18 283 429 567.66
收到的税费返还	445 649 913.63	467 637 201.00	430 680 435.37	358 031 487.94
收到其他与经营活动有关的现金	399 682 475.55	391 719 282.33	443 686 424.74	436 160 333.16
经营活动现金流入小计	19 995 164 215.60	18 464 400 652.40	19 318 005 896.78	19 077 621 388.76
购买商品、接受劳务支付的现金	13 716 426 040.28	15 492 774 772.37	14 488 034 947.99	16 509 132 778.70
支付给职工以及为职工支付的现金	1 720 868 462.67	1 747 390 336.65	1 738 319 265.97	1 649 736 066.93
支付的各项税费	871 996 380.86	685 636 270.36	616 762 165.13	656 221 900.55
支付其他与经营活动有关的现金	1 402 619 130.90	1 178 984 455.07	1 185 289 035.03	1 234 666 430.01
经营活动现金流出小计	17 711 910 014.71	19 104 785 834.45	18 028 405 414.12	20 049 757 176.19
经营活动产生的现金流量净额	2 283 254 200.89	-640 385 182.05	1 289 600 482.66	-972 135 787.43
二、投资活动产生的现金流量				

表2-6-21（续）

报告年度	2013 年	2014 年	2015 年	2016 年
收回投资收到的现金	15 172 260.00	50 968 907.04	145 165 277.44	59 560 892.50
取得投资收益收到的现金	3 048 179.22	334 535 622.04	23 260 902.17	26 329 139.46
处置固定资产、无形资产和其他长期资产收回的现金净额	31 815 716.67	8 858 019.23	3 631 054.50	4 491 419.45
处置子公司及其他营业单位收到的现金净额	15 589 409.93	285 401 846.77	8 889.24	—
收到其他与投资活动有关的现金	—	2 424 872 043.31	3 646 914 849.00	9 883 683 340.31
投资活动现金流入小计	65 625 565.82	3 104 636 438.39	3 818 980 972.35	9 974 064 791.72
购建固定资产、无形资产和其他长期资产支付的现金	289 680 969.24	750 959 942.15	234 096 470.72	172 054 580.04
投资支付的现金	—	249 170 764.00	78 306 112.00	30 700 000.00
支付其他与投资活动有关的现金	—	2 473 083 497.35	3 658 501 268.22	9 680 013 361.99
投资活动现金流出小计	289 680 969.24	3 473 214 203.50	3 970 903 850.94	9 882 767 942.03
投资活动产生的现金流量净额	-224 055 403.42	-368 577 765.11	-151 922 878.59	91 296 849.69
三、筹资活动产生的现金流量				
吸收投资收到的现金	—	15 700 000.00	78 701 328.03	262 112 331.23
取得借款收到的现金	4 446 790 462.43	4 234 914 268.82	2 937 450 105.14	6 897 808 624.31
收到其他与筹资活动有关的现金	1 373 173 635.00	576 957 141.70	118 110 469.89	12 808 000.00
筹资活动现金流入小计	5 819 964 097.43	4 827 571 410.52	3 134 261 903.06	7 172 728 955.54
偿还债务支付的现金	6 328 759 973.89	3 208 016 241.44	4 071 657 524.17	5 256 766 118.99
分配股利、利润或偿付利息支付的现金	113 539 680.93	116 250 848.36	140 363 063.80	139 915 601.19
支付其他与筹资活动有关的现金	514 212 344.46	623 498 389.16	176 394 710.03	443 297 884.17
筹资活动现金流出小计	6 956 511 999.28	3 947 765 478.96	4 388 415 298.00	5 839 979 604.35
筹资活动产生的现金流量净额	-1 136 547 901.85	879 805 931.56	-1 254 153 394.94	1 332 749 351.19
四、汇率变动对现金的影响	—	—	—	—
五、现金及现金等价物净增加额	947 446 251.84	-131 252 584.13	-152 081 985.73	532 748 093.79
期初现金及现金等价物余额	824 043 169.37	1 771 489 421.21	1 640 236 837.08	1 488 154 851.35
期末现金及现金等价物余额	1 771 489 421.21	1 640 236 837.08	1 488 154 851.35	2 020 902 945.14

（三）海信电器

1. 基本情况

海信电器全称青岛海信电器股份有限公司，是一家成立于 1969 年的电子信息产业集团公司，主要投资家电、通信、信息、房地产、商业等产业。于 1997 年 4 月在上海证交所上市，是国内著名的家电上市公司。海信电器主要从事电视机、数字电视广播接收设备及信息网络终端产品的研究、开发、制造与销售，拥有中国最先进数字电视机生产线之一，年彩电产能 1 610 万台，是海信集团经营规模最大的控股子公司，并持有海信（Hisense）、科龙（Kelon）和容声（Ronshen）三个品牌。海信在南非、匈牙利、法国等拥有生产基地，在美国、欧洲、澳大利亚、日本等地设有销售机构，产品远销欧洲、美洲、非洲、东南亚等 100 多个国家和地区。

公司经营范围：电视机、平板显示器件、电冰箱、电冰柜、洗衣机、热水器、微波炉以及洗碗机、电熨斗、电吹风、电炊具等小家电产品、广播电视设备、电子计算机、通信产品、信息技术产品、家用商用电器和电子产品的制造、销售、服务和回收；非标准设备加工、安装售后服务；自营进出口业务（按外经贸部核准项目经营）；生产卫星电视地面广播接收设备；房屋租赁、机械与设备租赁、物业管理。

2. 2013—2016 年财务报表

（1）资产负债表（如表 2-6-22 所示）

表 2-6-22　　　　　　　　　海信电器资产负债表　　　　　　　　　单位：元

会计年度	2013 年	2014 年	2015 年	2016 年
货币资金	2 906 008 459.13	2 981 007 649.48	3 254 412 295.37	2 596 277 344.32
应收票据	9 935 224 827.37	9 347 764 520.59	9 598 734 013.38	8 498 557 751.62
应收账款	1 390 150 119.22	1 742 469 068.18	2 091 612 041.29	2 327 347 743.28
预付款项	47 059 645.88	35 348 724.36	39 681 312.19	48 217 239.63
其他应收款	60 963 668.36	66 623 579.62	57 348 536.53	8 257 592.12
应收利息	3 876 888.89	5 020 888.89	4 347 388.87	3 380 000.00
存货	3 077 205 091.79	3 465 052 648.40	2 800 555 525.69	3 738 931 824.65
其他流动资产	—	476 708 584.93	582 282 173.13	3 110 133 263.72
流动资产合计	17 420 488 700.64	18 119 995 664.45	18 428 973 286.45	20 331 102 759.34
可供出售金融资产	—	203 770 737.84	8 502 000.00	8 502 000.00
长期股权投资	276 648 890.07	49 596 412.79	49 626 749.46	171 795 928.83
投资性房地产	69 835 981.82	131 417 108.07	171 803 431.99	193 781 440.02
固定资产	1 434 135 262.46	1 416 801 166.88	1 389 455 940.75	1 225 597 580.20
在建工程	83 773 727.17	94 200 608.21	30 519 459.24	25 201 415.03
固定资产清理	326 570.40	75 603.03	—	—
无形资产	209 906 279.20	220 787 489.13	214 828 401.81	226 507 091.20
商誉	—	8 438 125.02		
长期待摊费用	58 796 235.66	62 641 825.91	94 245 207.26	83 506 446.15
递延所得税资产	313 224 883.84	395 788 515.90	460 470 783.53	425 370 344.02
其他非流动资产	—	—	72 893 025.00	
非流动资产合计	2 446 647 830.62	2 583 517 592.78	2 492 344 999.04	2 360 262 245.45
资产总计	19 867 136 531.26	20 703 513 257.23	20 921 318 285.49	22 691 365 004.79
应付票据	1 366 077 090.09	894 456 603.83	1 827 861 116.92	2 581 456 792.38
应付账款	5 289 968 088.55	5 760 216 713.36	3 893 402 812.34	3 901 049 804.53

表2-6-22(续)

会计年度	2013 年	2014 年	2015 年	2016 年
预收款项	593 899 156.50	522 604 815.61	479 117 525.55	343 924 732.36
应付职工薪酬	107 896 458.95	119 298 576.68	111 526 966.26	113 384 617.93
应交税费	169 455 562.43	202 905 183.81	233 886 465.46	241 956 726.06
应付利息	962 975.00	962 975.00	962 975.00	962 975.00
应付股利	—	—	7 350 000.00	7 350 000.00
其他应付款	2 105 127 157.87	1 972 804 948.30	2 069 491 791.50	1 777 253 681.64
流动负债合计	9 633 386 489.39	9 473 249 816.59	8 623 599 653.03	8 967 339 329.90
长期借款	6 500 000.00	6 500 000.00	6 500 000.00	6 500 000.00
预计负债	—	—	—	67 470 857.00
其他非流动负债	58 337 900.59	—	—	—
非流动负债合计	64 837 900.59	105 566 731.72	71 600 493.30	113 430 641.26
负债合计	9 698 224 389.98	9 578 816 548.31	8 695 200 146.33	9 080 769 971.16
实收资本（或股本）	1 308 481 222.00	1 308 481 222.00	1 308 481 222.00	1 308 481 222.00
资本公积	2 258 253 775.56	2 258 743 606.75	2 258 806 786.75	2 258 790 294.86
盈余公积	1 492 308 225.44	1 492 308 225.44	1 492 308 225.44	1 492 308 225.44
未分配利润	4 829 098 700.83	5 761 100 150.04	6 824 651 287.75	8 138 636 700.68
少数股东权益	280 855 914.56	304 240 747.67	341 941 160.44	426 320 005.12
外币报表折算价差	-85 697.11	—	—	—
归属母公司所有者权益（或股东权益）	9 888 056 226.72	10 820 455 961.25	11 884 176 978.72	13 184 275 028.51
所有者权益（或股东权益）合计	10 168 912 141.28	11 124 696 708.92	12 226 118 139.16	13 610 595 033.63
负债和所有者（或股东权益）合计	19 867 136 531.26	20 703 513 257.23	20 921 318 285.49	22 691 365 004.79

213

（2）利润表（如表2-6-23所示）

表2-6-23　　　　　　　　海信电器利润表　　　　　单位：元

会计年度	2013 年	2014 年	2015 年	2016 年
一、营业收入	28 479 859 095.63	29 007 069 215.72	30 189 986 791.79	31 832 456 026.90
减：营业成本	23 376 427 578.06	24 123 948 961.46	25 049 972 421.29	26 553 850 208.29
税金及附加	100 894 321.10	103 602 196.17	105 960 457.06	180 360 699.44
销售费用	2 501 147 741.09	2 549 084 150.03	2 684 140 513.89	2 251 858 456.92
管理费用	772 795 017.40	819 188 497.70	835 355 635.92	969 834 232.37
财务费用	-55 951 855.22	-43 135 729.36	-6 423 424.45	-24 533 799.54
资产减值损失	81 643 863.77	80 323 012.85	52 373 506.74	112 517 631.80
投资收益	82 258 429.79	45 062 944.19	10 946 432.72	46 861 696.56
其中：对联营企业和合营企业的投资收益	27 637 917.08	16 230 252.24	30 336.67	8 828 519.64

表2-6-23(续)

会计年度	2013 年	2014 年	2015 年	2016 年
二、营业利润	1 785 160 859.22	1 419 121 071.06	1 479 554 114.06	1 835 430 294.18
加：补贴收入	—	—	—	—
营业外收入	102 236 559.46	262 814 733.28	332 691 486.98	344 318 502.47
减：营业外支出	17 226 837.92	23 084 564.68	23 991 272.89	108 830 808.10
其中：非流动资产处置净损失	7 263 058.17	2 155 115.81	5 025 938.35	15 435 767.07
三、利润总额	1 870 170 580.76	1 658 851 239.66	1 788 254 328.15	2 070 917 988.55
减：所得税	246 821 270.75	216 049 079.51	251 775 790.55	281 761 701.45
四、净利润	1 623 349 310.01	1 442 802 160.15	1 536 478 537.60	1 789 156 287.10
归属于母公司所有者的净利润	1 582 879 067.44	1 400 041 987.42	1 488 782 382.67	1 758 869 028.41
少数股东损益	40 470 242.57	42 760 172.73	47 696 154.93	30 287 258.69
五、每股收益	—	—	—	—
（一）基本每股收益	1.21	1.07	1.14	1.34
（二）稀释每股收益	1.21	1.07	1.14	1.34

（3）现金流量表（如表2-6-24所示）

表2-6-24　　　　海信电器现金流量表　　　　单位：元

报告年度	2013 年	2014 年	2015 年	2016 年
一、经营活动产生的现金流量				
销售商品、提供劳务收到的现金	26 898 482 084.36	28 655 471 921.30	30 611 778 677.37	33 730 918 144.39
收到的税费返还	8 696 583.13	162 086 124.34	129 454 912.01	290 432 374.78
收到其他与经营活动有关的现金	536 462 890.12	796 914 608.63	547 547 669.67	525 177 025.52
经营活动现金流入小计	27 443 641 557.61	29 614 472 654.27	31 288 781 259.05	34 546 527 544.69
购买商品、接受劳务支付的现金	21 176 399 595.47	23 139 039 862.80	25 294 412 833.23	27 055 534 854.85
支付给职工以及为职工支付的现金	1 705 915 656.67	1 733 585 359.23	1 772 757 412.57	1 897 159 315.34
支付的各项税费	1 339 104 326.19	1 632 508 807.48	1 300 073 899.59	1 122 515 905.71
支付其他与经营活动有关的现金	1 907 264 336.82	2 154 836 150.07	1 816 207 753.98	2 000 882 761.44
经营活动现金流出小计	26 128 683 915.15	28 659 970 179.58	30 183 451 899.37	32 076 092 837.34
经营活动产生的现金流量净额	1 314 957 642.46	954 502 474.69	1 105 329 359.68	2 470 434 707.35
二、投资活动产生的现金流量				
收回投资收到的现金	1 482 000 000.00	500 000 000.00	644 902 000.00	3 078 239 318.24
取得投资收益收到的现金	61 318 150.59	29 839 148.05	19 720 958.90	38 033 176.92

表2-6-24(续)

报告年度	2013 年	2014 年	2015 年	2016 年
处置固定资产、无形资产和其他长期资产收回的现金净额	2 719 145.72	9 654 604.70	2 641 107.68	812 181.23
处置子公司及其他营业单位收到的现金净额	321 346.50	—	—	—
投资活动现金流入小计	1 546 358 642.81	539 493 752.75	667 264 066.58	3 117 084 676.39
购建固定资产、无形资产和其他长期资产支付的现金	546 657 318.82	412 088 083.13	298 841 532.58	291 908 199.24
投资支付的现金	500 000 000.00	500 000 000.00	772 893 025.00	5 560 956 122.72
取得子公司及其他营业单位支付的现金净额	13 574 100.00	21 610 271.36	—	—
支付其他与投资活动有关的现金	13 463 714.16	—	—	—
投资活动现金流出小计	1 073 695 132.98	933 698 354.49	1 071 734 557.58	5 852 864 321.96
投资活动产生的现金流量净额	472 663 509.83	− 394 204 601.74	− 404 470 491.00	− 2 735 779 645.57
三、筹资活动产生的现金流量				
吸收投资收到的现金	56 260 160.00	—	—	65 000 000.00
筹资活动现金流入小计	56 260 160.00	—	—	65 000 000.00
分配股利、利润或偿付利息支付的现金	486 643 732.10	487 395 646.03	427 894 067.15	455 926 353.48
支付其他与筹资活动有关的现金	—	—	356 777.16	1 278 000 000.00
筹资活动现金流出小计	486 643 732.10	487 395 646.03	428 250 844.31	1 733 926 353.48
筹资活动产生的现金流量净额	− 430 383 572.10	− 487 395 646.03	− 428 250 844.31	− 1 668 926 353.48
四、汇率变动对现金的影响	—	—	—	—
五、现金及现金等价物净增加额	1 357 237 580.19	72 902 227.0000000	272 608 024.37	− 1933840951
期初现金及现金等价物余额	1 552 562 681.45	2 906 008 459.13	2 981 404 055.38	3 252 118 295.37
期末现金及现金等价物余额	2 909 800 262.64	2 978 910 686.13	3 254 012 080.75	1 318 277 344.32

(四) ST 厦华

1. 基本情况

厦门华侨电子股份有限公司（简称 ST 厦华）是在厦门华侨电子有限公司的基础上，于 1995 年 1 月 28 日由厦门华侨电子企业有限公司、厦门经济特区华夏集团和厦门市电子器材公司 3 家共同发起设立的公众公司。ST 厦华主要生产彩电，始建于 1984 年，能够开发多制式彩电，产品出口量在同行业中名列前茅。按国际标准组织生产显示器，"厦华牌"显示器在国内外品牌中，质量名列前茅。2012 年 11 月 28 日完成非公开发行股票，股权结构发生了变更，目前公司不存在境外投资者直接持股比例超过 25% 的情形，根据现行法律法规规定，公司的企业性质不属于外商投资企业，公司性质由外商投资企业变更为非外商投资企业。

公司经营范围：各类视听设备；通信设备（包括通信终端设备，移动通信及终端设备，其他通信设备）；电子计算机；五金、注塑、模具、变压器、电路板等基础配套部件；公司自产产品的维修及销售服务；经营各类商品和技术的进出口（不另附进出口商品目录），但国家限定公司经营或禁止进出口的商品及技术除外；信息家电产品、技术开发及转让、技术咨询和技术服务；计算机软件开发、应用；税控收款机、税控打印机、税控器、银税一体机的开发、生产、销售及服务。主要产品：彩色电视机、移动通信、彩色显示器、计算机网络设备。

2. 2013—2016 年财务报表

（1）资产负债表（如表 2-6-25 所示）

表 2-6-25　　　　　　　　　　　ST 厦华资产负债表　　　　　　　　　单位：元

计年度	2013 年	2014 年	2015 年	2016 年
货币资金	142 813 594.53	39 817 937.42	33 120 038.73	48 731 353.03
应收票据	14 183 681.77	—	—	—
应收账款	295 514 268.10	1 940 389.49	2 027 387.05	3 075 251.28
预付款项	8 287 451.78	—	362 642.48	406 970.57
其他应收款	195 798 301.03	1 646 916.41	42 135.19	54 260.01
应收利息	—	1 730 725.00	—	—
存货	116 868 315.82	—	—	1 752.14
其他流动资产	17 664 196.23	497 994.70	—	—
流动资产合计	791 129 809.26	45 633 963.02	35 552 203.45	52 269 587.03
可供出售金融资产	—	1 153 000.00	—	—
长期股权投资	-38 866 977.45	—	—	—
固定资产	35 821 096.52	49 237.26	58 898.87	56 636.22
无形资产	14 586 981.93	11 320 754.76	—	—
长期待摊费用	48 985.42	—	—	290 000.00
递延所得税资产	734 784.31	—	—	—
非流动资产合计	12 324 870.73	12 522 992.02	58 898.87	346 636.22
资产总计	803 454 679.99	58 156 955.04	35 611 102.32	52 616 223.25
短期借款	197 270 397.68	—	—	—
应付票据	20 732 500.00	—	—	—
应付账款	225 233 173.64	864 383.70	575 707.06	420 785.56
预收款项	9 728 490.59	2 771 032.17	2 171 822.50	1 853 423.82
应付职工薪酬	13 246 007.41	564 057.12	448 281.94	287 860.22
应交税费	2 992 758.53	3 386 306.36	2 811 141.80	2 073 869.49
应付利息	941 836.20	1 058 994.95	—	—
应付股利	2 339 333.50	—	—	—
其他应付款	79 288 609.97	20 042 220.22	10 126 763.83	33 113 276.61
一年内到期的非流动负债	—	24 476 000.00	—	—

表2-6-25（续）

计年度	2013 年	2014 年	2015 年	2016 年
流动负债合计	551 773 107. 52	53 162 994. 52	16 133 717. 13	37 749 215. 70
长期借款	42 678 300. 00	—	—	—
其他非流动负债	8 844 567. 33	—	—	—
非流动负债合计	51 522 867. 33	—	—	—
负债合计	603 295 974. 85	53 162 994. 52	16 133 717. 13	37 749 215. 70
实收资本（或股本）	523 199 665. 00	523 199 665. 00	523 199 665. 00	523 199 665. 00
资本公积	2 222 054 367. 89	2 284 112 122. 15	2 284 202 940. 67	2 284 244 652. 99
盈余公积	55 004 947. 70	55 004 947. 70	55 004 947. 70	55 004 947. 70
未分配利润	− 2 643 785 151. 61	− 2 874 477 108. 61	− 2 860 486 834. 16	− 2 865 588 929. 33
少数股东权益	9 126 991. 09	—	—	—
外币报表折算价差	34 557 885. 07	—	—	—
归属母公司所有者权益（或股东权益）	191 031 714. 05	4 993 960. 52	19 477 385. 19	14 867 007. 55
所有者权益（或股东权益）合计	200 158 705. 14	4 993 960. 52	19 477 385. 19	14 867 007. 55
负债和所有者（或股东权益）合计	803 454 679. 99	58 156 955. 04	35 611 102. 32	52 616 223. 25

（2）利润表（如表2-6-26所示）

表2-6-26　　　　　　　　　　ST 厦华利润表　　　　　　　　　单位：元

会计年度	2013 年	2014 年	2015 年	2016 年
一、营业收入	1 187 691 426. 39	224 157 273. 59	216 772 844. 42	372 972 728. 82
减：营业成本	1 120 516 197. 05	198 151 743. 00	203 608 248. 79	360 205 752. 94
税金及附加	10 727 171. 99	4 521 823. 96	260 855. 76	354 341. 66
销售费用	108 360 748. 35	19 489 759. 00	111 286. 86	415 079. 04
管理费用	78 908 729. 99	67 076 443. 04	8 780 525. 15	16 460 357. 89
财务费用	74 191 851. 55	755 516. 37	− 4 412 070. 62	− 5 517 791. 03
资产减值损失	227 429 987. 91	144 967 808. 36	− 967 090. 49	5 455 145. 39
加：公允价值变动净收益	− 2 258 031. 30	—	—	—
投资收益	− 77 666. 95	130 384 286. 28	—	—
其中：对联营企业和合营企业的投资收益	− 77 666. 95	− 43 623. 46	—	—
二、营业利润	− 434 778 958. 70	− 80 421 533. 86	9 391 088. 97	− 4 400 157. 07
加：营业外收入	96 019 402. 72	53 363 493. 51	5 997 223. 04	363 563. 84
减：营业外支出	7 024 650. 03	205 045 507. 94	1 398 037. 56	931 692. 10
其中：非流动资产处置净损失	4 983 509. 93	4 197 818. 48	—	—
三、利润总额	− 345 784 206. 01	− 232 103 548. 29	13 990 274. 45	− 4 968 285. 33

表2-6-26(续)

会计年度	2013 年	2014 年	2015 年	2016 年
减：所得税	1 743 223.00	199 213.72	—	133 809.84
四、净利润	-347 527 429.01	-232 302 762.01	13 990 274.45	-5 102 095.17
归属于母公司所有者的净利润	-349 117 873.28	-230 691 957.00	13 990 274.45	-5 102 095.17
少数股东损益	1 590 444.27	-1 610 805.01	—	—
五、每股收益	—	—	—	—
（一）基本每股收益	-0.67	-0.44	0.03	-0.01
（二）稀释每股收益	-0.67	-0.44	0.03	-0.01

（3）现金流量表（如表2-6-27所示）

表2-6-27　　　　　　　　　ST厦华现金流量表　　　　　　单位：元

报告年度	2013 年	2014 年	2015 年	2016 年
一、经营活动产生的现金流量				
销售商品、提供劳务收到的现金	1 262 406 990.82	443 179 641.66	259 717 725.97	434 137 486.72
收到的税费返还	48 702 720.87	19 757 597.12	—	—
收到其他与经营活动有关的现金	70 484 233.70	96 814 848.48	30 362 655.37	1 842 699.51
经营活动现金流入小计	1 381 593 945.39	559 752 087.26	290 080 381.34	435 980 186.23
购买商品、接受劳务支付的现金	1 198 831 372.97	325 791 976.96	238 432 308.07	420 754 090.50
支付给职工以及为职工支付的现金	108 741 788.02	245 322 869.78	2 864 316.55	5 298 118.35
支付的各项税费	29 481 291.06	12 023 394.41	3 311 648.41	2 850 453.22
支付其他与经营活动有关的现金	127 823 812.88	89 303 037.05	5 327 182.31	11 431 098.40
经营活动现金流出小计	1 464 878 264.93	672 441 278.20	249 935 455.34	440 333 760.47
经营活动产生的现金流量净额	-83 284 319.54	-112 689 190.94	40 144 926.00	-4 353 574.24
二、投资活动产生的现金流量				
收回投资收到的现金	—	1 883 000.00	600 000.00	—
处置固定资产、无形资产和其他长期资产收回的现金净额	84 839 134.29	39 040 826.06	4 943 536.01	
处置子公司及其他营业单位收到的现金净额	—	15 838 389.87		
收到其他与投资活动有关的现金	—		1 947 400.00	
投资活动现金流入小计	84 839 134.29	56 762 215.93	7 490 936.01	
购建固定资产、无形资产和其他长期资产支付的现金	2 397 854.75	235 924.34	19 463.78	351 349.00

表2-6-27(续)

报告年度	2013 年	2014 年	2015 年	2016 年
投资支付的现金	3 803 406.91	—	—	—
投资活动现金流出小计	6 201 261.66	235 924.34	19 463.78	351 349.00
投资活动产生的现金流量净额	78 637 872.63	56 526 291.59	7 471 472.23	-351 349.00
三、筹资活动产生的现金流量				
取得借款收到的现金	612 695 613.02	8 438 365.64	—	—
收到其他与筹资活动有关的现金	300 000 000.00	200 000 000.00	—	20 000 000.00
筹资活动现金流入小计	912 695 613.02	208 438 365.64	—	20 000 000.00
偿还债务支付的现金	859 928 732.61	195 425 317.05	24 476 000.00	—
分配股利、利润或偿付利息支付的现金	42 609 506.28	8 033 824.71	1 191 217.98	—
筹资活动现金流出小计	902 538 238.89	203 459 141.76	25 667 217.98	—
筹资活动产生的现金流量净额	10 157 374.13	4 979 223.88	-25 667 217.98	20 000 000.00
四、汇率变动对现金的影响	—	—	—	—
五、现金及现金等价物净增加额	5 510 927.22	-51 183 675.47	21 949 180.25	15 295 076.76
期初现金及现金等价物余额	106 459 769.19	68 538 194.53	11 137 937.42	33 120 038.73
期末现金及现金等价物余额	68 538 194.53	11 137 937.42	33 120 038.73	48 496 353.03

二、　实训要求

（1）四人一组，每个人负责一个公司。

（2）分别对所在公司的资产负债表、利润表和现金流量表进行初步分析。

（3）计算各人所在公司 2014—2016 年有关偿债能力、营运能力、盈利能力、获现能力和发展能力的财务比率；共享各人所计算出公司的财务比率，每个人将其他三个公司的财务比率作为主要竞争对手数据，各自写出所在公司 2016 年财务状况分析报告。

案例五　雅戈尔杜邦分析

一、　案例资料

雅戈尔集团股份有限公司（以下简称雅戈尔）系 1993 年经宁波市体改委以"甬体改〔1993〕28 号"文批准，由宁波盛达发展公司和宁波富盛投资有限公司（原宁波青春服装厂）等发起并以定向募集方式设立的股份有限公司。1998 年 10 月 12 日，经中国证券监督管理委员会以"证监发字〔1998〕253 号"文批准，公司向社会公众公开发行境内上市内资股（A 股）股票 5 500 万股并在上海证券交易所上市交易。

公司的经营范围：服装制造；技术咨询；房地产开发；项目投资；仓储；针纺织品、金属材料、化工产品、建筑材料、机电、家电、电子器材的批发、零售；自营和代理各类商品及技术的进出口业务（国家规定的专营进出口商品和国家禁止进出口等特殊商品除外）。

以下是雅戈尔 2012—2015 年的财务报表。

1. 资产负债表（如表 2-6-28 所示）

表 2-6-28　　　　　　　　　　雅戈尔资产负债表　　　　　　　　　　单位：元

会计年度	2012 年	2013 年	2014 年	2015 年
货币资金	3 073 187 883.20	3 533 175 898.61	3 461 303 832.50	6 127 938 358.18
应收票据	14 050 215.41	6 930 950.00	3 133 570.00	2 284 700.00
应收账款	277 326 827.44	448 391 001.87	310 360 324.51	244 684 786.11
预付款项	1 417 447 462.34	222 243 217.58	150 860 841.92	576 627 640.14
其他应收款	2 628 194 263.62	2 902 355 779.90	1 914 576 811.17	2 195 281 729.99
应收利息	12 191 498.41	5 629 837.17	1 995 487.43	10 161 455.85
存货	23 472 966 928.66	22 645 442 235.60	17 803 299 155.05	14 030 307 208.34
其他流动资产	—	—	2 374 306 358.92	3 939 964 950.18
流动资产合计	30 895 365 079.08	29 764 168 920.73	26 019 836 381.50	27 127 250 828.79
可供出售金融资产	8 431 847 917.68	6 516 692 802.14	10 090 784 694.19	26 070 117 828.62
长期股权投资	4 474 478 575.28	6 476 377 249.85	6 063 523 993.29	7 227 569 714.32
投资性房地产	495 396 329.53	474 062 123.18	451 368 642.59	444 020 496.53
固定资产	4 596 478 089.56	4 304 897 640.37	4 006 113 633.23	3 832 883 461.69
在建工程	458 630 379.73	265 454 017.39	366 209 269.86	884 740 129.39
无形资产	253 190 737.37	307 861 407.85	354 260 769.69	305 896 286.71
商誉	47 814 252.96	47 814 252.96	45 196 688.32	45 196 688.32
长期待摊费用	7 694 237.32	7 352 656.18	20 938 585.46	19 757 425.19
递延所得税资产	198 841 049.83	181 445 479.84	198 723 968.95	292 237 186.38
其他非流动资产	—	—	6 765 486.46	27 613 008.91
非流动资产合计	18 964 371 569.26	18 581 957 629.76	21 603 885 732.04	39 150 032 226.06
资产总计	49 859 736 648.34	48 346 126 550.49	47 623 722 113.54	66 277 283 054.85
短期借款	15 115 552 010.24	12 920 611 987.36	11 081 987 406.66	13 316 396 484.80
应付票据	107 710 000.00	73 442 952.47	66 929 474.50	66 779 167.49
应付账款	1 041 902 715.68	940 833 589.43	961 842 337.37	774 850 934.79
预收款项	14 887 405 255.83	15 867 066 058.45	12 446 728 654.87	9 881 492 738.19
应付职工薪酬	297 831 250.63	323 001 708.89	297 019 485.72	288 655 215.23
应交税费	−601 884 558.82	61 501 078.30	885 502 742.52	1 029 784 708.91
应付利息	70 689 759.39	84 231 881.68	95 510 336.31	137 482 423.82
其他应付款	535 714 017.62	685 705 156.76	1 350 274 914.44	911 280 782.17
一年内到期的非流动负债	1 881 359 450.00	614 692 710.00	454 566 180.76	549 923 710.94
流动负债合计	33 336 279 900.57	31 571 087 123.34	27 640 361 533.15	26 956 646 166.34
长期借款	1 681 662 235.94	2 074 593 648.17	2 317 357 716.00	17 452 153 120.00
长期应付款	—	—	37 144 188.44	29 898 065.20
专项应付款	701 562.17	1 008 860.17	898 094.17	672 274.00

表2-6-28（续）

会计年度	2012 年	2013 年	2014 年	2015 年
递延所得税负债	539 596 585.21	409 465 623.01	780 962 220.29	965 771 300.85
其他非流动负债	—	69 574 691.00		
非流动负债合计	2 221 960 383.32	2 554 642 822.35	3 239 456 909.90	18 951 886 222.89
负债合计	35 558 240 283.89	34 125 729 945.69	30 879 818 443.05	45 908 532 389.23
实收资本（或股本）	2 226 611 695.00	2 226 611 695.00	2 226 611 695.00	2 226 611 695.00
资本公积	1 872 428 768.80	1 549 896 420.84	340 816 387.11	367 408 801.21
盈余公积	1 247 120 079.46	1 247 221 898.95	1 247 221 898.95	1 509 092 242.37
未分配利润	8 673 487 765.33	8 919 440 517.07	10 932 455 557.49	13 928 776 721.77
少数股东权益	296 117 597.67	289 294 939.94	216 724 928.09	216 632 267.66
外币报表折算价差	-14 269 541.81	-12 068 867.00	—	
归属母公司所有者权益（或股东权益）	14 005 378 766.78	13 931 101 664.86	16 527 178 742.40	20 152 118 397.96
所有者权益（或股东权益）合计	14 301 496 364.45	14 220 396 604.80	16 743 903 670.49	20 368 750 665.62
负债和所有者（或股东权益）合计	49 859 736 648.34	48 346 126 550.49	47 623 722 113.54	66 277 283 054.85

2. 利润表（如表2-6-29所示）

表2-6-29   雅戈尔利润表   单位：元

会计年度	2012 年	2013 年	2014 年	2015 年
一、营业收入	10 732 502 076.11	15 166 875 602.26	15 903 215 969.08	14 527 392 635.30
减：营业成本	5 448 222 090.68	8 102 648 971.53	9 647 110 086.03	9 028 878 163.51
税金及附加	566 405 242.73	1 534 496 249.66	1 261 935 908.11	1 059 636 818.65
销售费用	1 568 297 196.52	1 660 511 441.57	1 761 660 554.31	1 683 634 769.33
管理费用	752 462 561.64	758 758 437.36	772 178 403.73	760 102 496.52
财务费用	844 932 382.63	730 817 323.23	639 901 091.08	872 501 701.15
资产减值损失	13 446 654.71	446 400 955.76	1 177 140 286.71	139 668 231.11
投资收益	543 450 202.65	653 644 243.54	3 148 454 193.01	3 531 901 568.53
其中：对联营企业和合营企业的投资收益	98 777 045.00	28 869 316.13	565 968 641.70	884 140 453.91
二、营业利润	2 082 186 149.85	2 586 886 466.69	3 791 743 832.12	4 514 872 023.56
加：补贴收入	—	—	—	—
营业外收入	147 878 256.42	75 876 725.95	149 843 535.68	863 646 026.40
减：营业外支出	13 215 350.29	533 535 590.35	42 280 970.13	14 584 098.65
其中：非流动资产处置净损失	3 362 448.51	21 405 969.47	5 535 164.81	3 599 777.67
三、利润总额	2 216 849 055.98	2 129 227 602.29	3 899 306 397.67	5 363 933 951.31
减：所得税	558 977 266.45	770 265 208.93	684 487 674.51	987 919 256.54

表2-6-29(续)

会计年度	2012 年	2013 年	2014 年	2015 年
四、净利润	1 657 871 789.53	1 358 962 393.36	3 214 818 723.16	4 376 014 694.77
归属于母公司所有者的净利润	1 598 604 794.05	1 359 596 966.93	3 162 418 735.01	4 371 497 355.20
少数股东损益	59 266 995.48	−634 573.57	52 399 988.15	4 517 339.57
五、每股收益	—	—	—	—
（一）基本每股收益	0.72	0.61	1.42	1.96
（二）稀释每股收益	0.72	0.61	1.42	1.96

二、 分析要求

（1）计算雅戈尔 2014 年、2015 年净资产净利率、总资产净利率、总资产周转率、销售净利率、权益乘数。

（2）根据杜邦分析原理逐层分析 2015 年净资产收益率变动的原因。

（3）分别计算公司 2014 年、2015 年对外投资报酬率与总资产报酬率，并做简要分析。

案例六　雅戈尔与七匹狼财务能力对比分析

一、 案例资料

雅戈尔与七匹狼均系从事服装生产和销售的上市公司，其 2014 年、2015 年有关财务指标如表 2-6-30 所示。

表 2-6-30　　　　　　　　　　**雅戈尔与七匹狼有关财务指标**

比率	2014 年		2015 年	
	雅戈尔	七匹狼	雅戈尔	七匹狼
权益净利率（%）	20.76	6.182	23.58	5.627
权益乘数	3.099	1.445	3.069	1.438
总资产周转率	0.331	0.347	0.255	0.347
销售净利率（%）	20.21	12.312	30.12	11.264
总资产净利率（%）	6.7	4.278	7.68	3.913

二、 分析要求

（1）雅戈尔的权益净利率 2014—2015 年均高于七匹狼，请运用杜邦分析原理逐层分析差异的原因。

（2）通过对比分析，指出这两个公司在经营上各自存在的财务问题。

案例七　岭南控股财务状况分析

一、 案例资料

广州岭南集团控股股份有限公司（简称岭南控股）前身是广州市东方宾馆股份有限公司，于 1993 年 1 月 14 日经广州市工商行政管理局注册登记成立。于 1993 年 11 月

18 日在深圳证券交易所挂牌上市交易，股票代码为 000524。2015 年 6 月 11 日，"广州市东方宾馆股份有限公司"更名为"广州岭南集团控股股份有限公司"。截至 2017 年 12 月 31 日，公司总股本为 67 020.86 万股，其中流通股 26 967.083 万股。公司主要经营旅馆业、餐饮业、旅游业和场地出租等，目前是广州唯一上市的五星级会展商务酒店。公司连续获得"国际五星钻石奖"（2006—2009 年）、"中国十大最受欢迎酒店"等系列殊荣。

以下是岭南控股 2016 年第二季度至 2018 年第一季度的相关财务比率（如表 2 - 6 - 31 所示）。

表 2 - 6 - 31　　　　　　　　　岭南控股财务比率

比率	2018.03.31	2017.12.31	2017.09.30	2017.06.30	2017.03.31	2016.12.31	2016.09.30	2016.06.30
债务状况								
流动比率	1.12	1.29	1.1	1.83	0.83	1.6	1.62	1.55
速动比率	1.1	1.27	1.08	1.81	0.8	1.55	1.56	1.47
现金比率	0.78	1.01	0.77	1.47	0.41	1.17	1.17	1
权益负债比率	1.48	1.37	1.21	1.25	0.41	2.71	2.86	2.96
长期资产适合率	0.96	0.88	0.96	0.63	1.21	0.93	0.93	0.95
流动资产对负债总额比率	0.82	0.96	0.8	1.29	0.62	0.64	0.6	0.52
不良债权比率	0.15	0.14	0.18	0.18	0.46	0.04	0.05	0.05
存货流动负债比率（对金融企业无意义）	0.02	0.02	0.02	0.02	0.03	0.05	0.06	0.08
债务偿付比率	0.79	1.05	1.03	1.28	0.89	0.73	0.64	0.5
负债结构比率	2.68	2.92	2.61	2.41	3.02	0.67	0.58	0.51
清算价值比率	2.04	1.95	1.83	1.84	1.05	3.55	3.7	3.78
营运资产与总资产的比率	0.04	0.09	0.03	0.26	-0.09	0.06	0.06	0.05
现金与总资产的比率	0.23	0.31	0.25	0.46	0.21	0.12	0.11	0.08
获利能力								
净资产收益率	0.01	0.07	0.06	0.03	0.04	0.05	0.05	0.04
总资产收益率	0.01	0.04	0.03	0.02	001	0.04	0.04	0.03
资本金收益率	0.06	0.26	0.21	0.12	0.06	0.11	0.11	0.08
主营业务利润率	0.03	0.04	0.04	0.04	0.03	0.12	0.15	0.17
主营收入毛利润率（金融企业指标名称变化）	0.16	0.17	0.17	0.18	0.19	0.55	0.57	0.59
主营收入税前利润率（金融企业指标名称变化）	0.03	0.04	0.04	0.04	0.03	0.13	0.17	0.19
主营收入税后利润率（金融企业指标名称变化）	0.02	0.03	0.03	0.03	0.02	0.1	0.13	0.15
扣除非经常损益后的净利润率	0.02	0.02	0.03	0.03	0.02	0.08	0.1	0.12
营业利润率	0.03	0.04	0.04	0.04	0.03	0.12	0.15	0.17
营业比率	0.84	0.83	0.83	0.82	0.81	0.45	0.43	0.41

表2-6-31（续）

比率	2018.03.31	2017.12.31	2017.09.30	2017.06.30	2017.03.31	2016.12.31	2016.09.30	2016.06.30
成本费用利润率	0.03	0.04	0.04	0.04	0.03	0.15	0.2	0.23
销售期间费用率	0.12	0.13	0.13	0.14	0.15	0.42	0.42	0.42
非经常性损益比率	0.01	0.11	0.08	0.08	0.1	0.12	0.19	0.17
收益留存比率	16.79	3.4	4.01	6.28	10.09	2.31	2.37	2.87
运营能力								
应收账款周转率	12.4	89.4	64.8	30.61	19.9	17.81	12.76	7.97
应收账款回收期（天）（对金融企业无意义）	7.26	4.03	4.17	5.88	4.52	20.21	21.16	22.58
流动资产周转率	1	6.61	5.33	2.1	1.8	1.46	1.12	0.74
固定资产周转率（对金融企业无意义）	2.84	14.35	10.66	6.17	3.15	0.91	0.66	0.41
存货周转率（对金融企业无意义）	52.54	360.35	251.94	137.17	39.54	27.82	18.94	10.99
存货销售期（天）（对金融企业无意义）	1.71	1	1.07	1.31	2.28	12.94	14.26	16.38
总资产周转率（金融企业指标名称变化）	0.36	2.42	1.75	1.06	0.69	0.36	0.26	0.17
净资产周转率	0.62	4.03	3.06	1.82	1.84	0.49	0.36	0.23
主营利润比重	1	1	1	0.98	1	0.88	0.9	0.9
流动资产对总资产的比率	0.33	0.4	0.36	0.57	0.44	0.17	0.15	0.13
财务能力								
资产负债率	0.4	0.42	0.45	0.44	0.7	0.27	0.26	0.25
资本化比率	0.16	0.16	0.19	0.19	0.38	0.18	0.18	0.18
资本固定化比率	1.13	1.04	1.18	0.78	1.96	1.13	1.14	1.16
资本周转率	5.16	5.37	4.55	4.2	1.76	3.07	—	2.75
固定资产与长期负债率	1.17	1.2	1.01	1.02	1.02	2.34	2.4	2.46
固定资产与股东权益比率	0.22	0.22	0.23	0.24	0.63	0.52	0.53	0.55
权益系数	1.69	1.74	1.84	1.81	3.49	1.37	1.35	1.34
长期负债比率	0.11	0.11	0.12	0.13	0.18	0.16	0.16	0.17
产权比率	0.68	0.73	0.83	0.8	2.46	0.37	0.35	0.34
净值与负债比率	1.48	1.37	1.21	1.25	0.41	2.71	2.86	2.96
净值与固定资产比率	4.65	4.48	4.35	4.17	1.59	1.93	1.89	1.82
有形资产净值债务率	0.87	0.95	1.08	1.05	6.59	0.39	0.37	0.36
股东权益比率	0.59	0.57	0.54	0.55	0.29	0.73	0.74	0.75
成长能力								
主营业务增长率	0.1	20.11	20.81	19.46	20.07	-0.01	-0.02	-0.06
应收款项增长率	0.08	5.45	5.72	7.58	5.6	0.3	0.33	0.33
净利润增长率	0.13	4.79	3.85	2.79	4.18	-0.22	-0.01	-0.1

表2-6-31(续)

比率	2018.03.31	2017.12.31	2017.09.30	2017.06.30	2017.03.31	2016.12.31	2016.09.30	2016.06.30
固定资产投资扩张率	-0.07	0.76	0.78	0.78	0.78	-0.05	-0.05	-0.05
总资产扩张率	0.31	4.2	4.58	4.52	3.06	0.01	0.03	-0.04
每股收益增长率	-0.1	1.33	0.95	0.52	1.61	-0.22	-0.01	-0.1
净资产增长率(%)	1.71	3.09	3.09	3.08	0.57	0.01	0.05	-0.02
现金流量								
每股经营现金净流量(元)	-0.11	0.76	0.73	0.38	-0.05	0.16	0.11	0.02
资产的经营现金流量回报率(%)	-0.02	0.11	0.11	0.06	-0.01	0.05	0.04	0.01
净利润现金含量	—	2.69	1.63	13.83	—	—	—	—
经营现金净流量对负债的比率	—	0.27	0.23	0.13		0.18	0.14	0.03
经营活动产生的现金净流量增长率	—	11.03	15.57	40.28	-8.01	-0.22	-0.21	-0.62
营业活动收益质量	-1.32	2.06	2.51	2.39	-0.56	1.2	0.86	0.27
主营业务现金比率	-0.04	0.08	0.1	0.09	-0.02	0.14	0.13	0.05
现金流量结构比率	0.18	1.07	2.12	0.23	0.13	-0.32	-0.2	-0.04
单股指标								
每股净资产	3.86	3.8	3.76	3.67	1.78	2.31	2.28	2.23
每股收益	0.06	0.26	0.21	0.12	0.06	0.11	0.11	0.08
扣除非经常损益的每股收益	0.06	0.22	0.19	0.11	0.05	0.1	0.08	0.06
每股主营收入	2.39	9.54	7.17	4.2	2.71	1.12	0.82	0.51
每股经营活动产生的现金流量净额	-0.11	0.76	0.73	0.38	-0.05	0.16	0.11	0.02
每股资本公积	1.81	1.81	1.81	1.81	—	0.75	0.75	0.7

225

二、分析要求

观察岭南控股以上财务比率，你认为该公司在业务经营上有什么特点，请从财务角度对公司一年的财务状况和经营情况做出评价。

案例八　贵州茅台综合经济效益评价

一、案例资料

(一)贵州茅台基本情况

贵州茅台酒股份有限公司是根据贵州省人民政府黔府函〔1999〕291号文《关于同意设立贵州茅台酒股份有限公司的批复》，由中国贵州茅台酒厂有限责任公司作为主发起人，联合贵州茅台酒厂技术开发公司、贵州省轻纺集体工业联社、深圳清华大学研究院、中国食品发酵工业研究院、北京市糖业烟酒公司、江苏省糖烟酒总公司、上海捷强烟草糖酒(集团)有限公司共同发起设立的股份有限公司。公司成立于1999年

11 月 20 日，成立时注册资本为人民币 18 500 万元。经中国证监会证监发行字〔2001〕
41 号文核准并按照财政部企〔2001〕56 号文件的批复，公司于 2001 年 7 月 31 日在上
海证券交易所公开发行 7 150 万 A 股股票（其中，国有股存量发行 650 万股），公司股
本总额增至 25 000 万股。2001 年 8 月 20 日，公司向贵州省工商行政管理局办理了注册
资本变更登记手续。公司主营贵州茅台酒系列产品的生产和销售，同时进行饮料、食
品、包装材料的生产和销售，防伪技术开发，信息产业相关产品的研制开发。贵州茅
台酒股份有限公司茅台酒年生产量已突破一万吨；43°、38°、33°茅台酒拓展了茅台酒
家族低度酒的发展空间；茅台王子酒、茅台迎宾酒满足了中低档消费者的需求；15 年、
30 年、50 年、80 年陈年茅台酒填补了我国极品酒、年份酒、陈年老窖的空白，在国内
独创年代梯级式的产品开发模式。形成了低度、高中低档、极品三大系列 70 多个规格
品种，全方位跻身市场，从而占据了白酒市场制高点，称雄于中国极品酒市场。

公司的经营范围：贵州茅台酒系列产品的生产与销售；饮料、食品、包装材料的
生产与销售；防伪技术开发；信息产业相关产品的研制、开发。

（二）贵州茅台 2014—2016 年财务报表

1. 资产负债表（如表 2-6-32 所示）

表 2-6-32　　　　　　　　　　　　贵州茅台资产负债表　　　　　　　　　　　单位：元

会计年度	2014 年	2015 年	2016 年
货币资金	27 710 717 680.21	36 800 749 895.06	66 854 962 118.22
应收票据	1 847 838 617.83	8 578 935 406.82	817 627 172.00
应收账款	4 306 161.24	230 768.89	
预付款项	2 864 210 404.28	1 477 734 859.90	1 046 100 696.92
其他应收款	80 888 920.58	48 219 018.75	77 227 565.37
应收利息	80 602 922.33	85 347 051.47	140 904 856.88
存货	14 982 364 367.85	18 013 297 022.70	20 622 251 825.55
其他流动资产	—	—	231 474 570.63
流动资产合计	47 570 929 074.32	65 004 514 023.59	90 180 548 805.57
可供出售金融资产	4 000 000.00	29 000 000.00	29 000 000.00
持有至到期投资	60 000 000.00		
固定资产	10 375 757 771.59	11 415 953 189.72	14 453 177 439.34
在建工程	3 421 774 448.02	4 895 150 716.51	2 745 579 995.68
工程物资	260 855.92	260 855.92	
固定资产清理	—	682 594.04	
无形资产	3 582 623 682.24	3 582 462 431.04	3 531 740 625.60
长期待摊费用	5 408 286.83	198 603 537.81	188 118 776.51
递延所得税资产	821 601 105.71	1 155 336 074.14	1 745 539 120.68
其他非流动资产	30 810 000.00	—	—

表2-6-32(续)

会计年度	2014 年	2015 年	2016 年
非流动资产合计	18 302 236 150. 31	21 296 949 399. 18	22 753 989 474. 84
资产总计	65 873 165 224. 63	86 301 463 422. 77	112 934 538 280. 41
短期借款	62 552 484. 00	—	—
应付账款	707 534 647. 54	880 976 072. 09	1 040 608 203. 18
预收款项	1 476 233 096. 09	8 261 582 073. 04	17 541 082 237. 01
应付职工薪酬	988 643 842. 56	975 477 747. 06	1 628 507 252. 03
应交税费	2 105 178 165. 87	2 515 516 156. 83	4 272 289 194. 57
应付利息	15 365 197. 91	27 409 447. 40	34 481 635. 33
其他应付款	1 231 886 240. 35	1 423 139 205. 93	1 724 638 571. 44
其他流动负债	3 956 450 709. 19	—	—
流动负债合计	10 481 291 899. 51	20 051 723 001. 48	37 020 425 425. 69
专项应付款	17 770 000. 00	15 570 000. 00	15 570 000. 00
非流动负债合计	17 770 000. 00	15 570 000. 00	15 570 000. 00
负债合计	10 561 614 383. 51	20 067 293 001. 48	37 035 995 425. 69
实收资本（或股本）	1 141 998 000. 00	1 256 197 800. 00	1 256 197 800. 00
资本公积	1 374 964 415. 72	1 374 964 415. 72	1 374 964 415. 72
盈余公积	5 249 407 234. 62	6 210 524 497. 54	7 135 649 963. 12
未分配利润	45 566 057 337. 37	54 878 964 497. 77	62 717 808 036. 61
少数股东权益	1 881 148 395. 03	2 308 191 982. 30	3 004 405 071. 47
归属母公司所有者权益（或股东权益）	53 430 402 446. 09	63 925 978 438. 99	72 894 137 783. 25
所有者权益（或股东权益）合计	55 311 550 841. 12	66 234 170 421. 29	75 898 542 854. 72
负债和所有者（或股东权益）合计	65 873 165 224. 63	86 301 463 422. 77	112 934 538 280. 41

2. 利润表（如表2-6-33所示）

表2-6-33 贵州茅台利润表 单位：元

会计年度	2014 年	2015 年	2016 年
一、营业收入	31 573 928 530. 94	32 659 583 725. 28	38 862 189 993. 84
减：营业成本	2 338 550 532. 33	2 538 337 449. 06	3 410 104 085. 97
税金及附加	2 788 994 436. 05	3 449 170 637. 40	6 508 926 343. 26
销售费用	1 674 733 451. 06	1 484 961 519. 21	1 681 052 022. 90
管理费用	3 378 499 544. 59	3 812 852 076. 19	4 187 189 840. 42

表2-6-33（续）

会计年度	2014 年	2015 年	2016 年
财务费用	-123 168 793.84	-67 266 800.97	-33 175 188.52
资产减值损失	432 745.88	-540 313.39	12 327 496.22
投资收益	3 095 265.75	3 869 276.90	—
二、营业利润	22 102 973 250.90	22 158 991 962.87	24 265 625 169.42
加：补贴收入	—	—	—
营业外收入	6 562 552.18	4 823 183.32	8 553 926.06
减：营业外支出	227 193 365.75	162 100 184.85	316 298 138.37
其中：非流动资产处置净损失	86 754 481.23	188 439.42	1 960 971.07
三、利润总额	21 882 342 437.33	22 001 714 961.34	23 957 880 957.11
减：所得税	5 612 970 927.50	5 546 718 336.12	6 027 237 847.23
四、净利润	16 269 371 509.83	16 454 996 625.22	17 930 643 109.88
归属于母公司所有者的净利润	15 349 804 322.27	15 503 090 276.38	16 718 362 734.16
少数股东损益	919 567 187.56	951 906 348.84	1 212 280 375.72
五、每股收益	—	—	—
（一）基本每股收益	13.44	12.34	13.31
（二）稀释每股收益	13.44	12.34	13.31

3. 现金流量表（如表2-6-34所示）

表2-6-34　　　　　贵州茅台现金流量表　　　　　单位：元

报告年度	2014 年	2015 年	2016 年
一、经营活动产生的现金流量			
销售商品、提供劳务收到的现金	33 384 835 714.04	37 083 071 835.58	61 012 964 102.54
收到其他与经营活动有关的现金	2 103 013 963.42	153 647 241.24	189 142 723.95
经营活动现金流入小计	35 487 849 677.46	40 013 906 850.05	67 279 145 637.93
购买商品、接受劳务支付的现金	2 838 028 404.97	2 967 732 630.37	2 773 020 403.27
支付给职工以及为职工支付的现金	3 393 609 756.87	4 536 877 341.10	4 674 154 236.66
支付的各项税费	14 496 450 812.41	14 003 048 933.21	17 510 516 331.20
支付其他与经营活动有关的现金	2 127 238 266.61	1 867 442 431.65	2 371 486 776.88

报告年度	2014 年	2015 年	2016 年
经营活动现金流出小计	22 855 327 240.86	22 577 566 708.33	29 827 895 990.88
经营活动产生的现金流量净额	12 632 522 436.60	17 436 340 141.72	37 451 249 647.05
二、投资活动产生的现金流量			
收回投资收到的现金	5 000 000.00	60 050 000.00	—
取得投资收益收到的现金	3 095 265.75	3 869 172.05	—
处置固定资产、无形资产和其他长期资产收回的现金净额	10 226 939.39	8 772 937.39	92 084.50
收到其他与投资活动有关的现金	106 726 852.00	33 357 886.05	5 562 351.19
投资活动现金流入小计	125 049 057.14	106 049 995.49	5 654 435.69
购建固定资产、无形资产和其他长期资产支付的现金	4 431 065 066.05	2 061 470 481.32	1 019 178 136.92
投资支付的现金	15 000 000.00	25 050 000.00	—
支付其他与投资活动有关的现金	259 143 571.28	68 319 778.76	88 977 102.97
投资活动现金流出小计	4 705 208 637.33	2 154 840 260.08	1 108 155 239.89
投资活动产生的现金流量净额	－ 4 580 159 580.19	－ 2 048 790 264.59	－ 1 102 500 804.20
三、筹资活动产生的现金流量			
吸收投资收到的现金	34 800 000.00	—	16 000 000.00
取得借款收到的现金	67 382 607.00	—	—
收到其他与筹资活动有关的现金	—	22 000 000.00	—
筹资活动现金流入小计	102 182 607.00	22 000 000.00	16 000 000.00
偿还债务支付的现金	—	55 917 672.00	—
分配股利、利润或偿付利息支付的现金	5 121 609 336.33	5 554 101 966.61	8 350 512 252.23
支付其他与筹资活动有关的现金	22 000 000.00	—	—
筹资活动现金流出小计	5 143 609 336.33	5 610 019 638.61	8 350 512 252.23
筹资活动产生的现金流量净额	－ 5 041 426 729.33	－ 5 588 019 638.61	－ 8 334 512 252.23
四、汇率变动对现金的影响			
五、现金及现金等价物净增加额		9 783 256 706.81	28 014 308 908.42

报告年度	2014 年	2015 年	2016 年
期初现金及现金等价物余额	21 991 742 237. 67	24 997 229 197. 76	34 780 485 904. 57
期末现金及现金等价物余额	24 997 229 197. 76	34 780 485 904. 57	62 794 794 812. 99

（三）2016 年上市公司财务指标（如表 2－6－35）

表 2－6－35

比率	优秀值	良好值	平均值	较低值	较差值
速动比率（%）	340. 2	201. 2	80. 4	68	56
现金流动负债比（%）	53. 9	36. 3	13. 2	3. 2	－7. 3
利息保障倍数	76. 7	16. 5	4. 4	2. 4	1. 2
资产负债率（%）	17. 5	27. 5	60. 3	65. 8	73. 1
应收账款周转率	27. 5	14. 3	7. 6	3	1. 8
存货周转率	11. 7	8. 9	2. 7	1. 1	0. 5
总资产周转率	1. 1	0. 9	0. 6	0. 3	0. 2
流动资产周转率	2. 6	1. 8	1. 2	0. 5	0. 4
营业利润率（%）	22. 9	16. 7	6. 1	2. 8	－0. 5
总资产报酬率（%）	12. 7	9	5. 3	3. 2	1. 4
盈余现金保障倍数	4. 1	2. 8	1. 6	0	－0. 9
股本收益率（%）	62. 8	46. 8	25. 2	6. 2	－1. 2
净资产收益率（%）	16. 4	12. 2	7	1. 2	－1. 6
营业收入增长率（%）	63. 3	31. 8	9. 4	－1. 9	－9. 1
资本扩张率（%）	87. 9	34. 8	15. 7	2. 2	－1. 6
累计保留盈余率（%）	60. 1	53. 2	40. 1	15. 1	1. 3
总资产增长率（%）	68. 1	35. 8	15. 5	2	－3. 8
营业利润增长率（%）	95. 4	48. 9	12. 7	－14. 6	－53. 6

（四）综合绩效评价指标及权重（如表 2－6－36）

表 2－6－36

指标类别（100）	基本指标及权重（100）	修正指标及权重
盈利能力状况（34）	净资产收益率（20） 总资产报酬率（14）	营业（销售）利润率（10） 盈余现金保障倍数（9） 成本费用利润率（8） 资本收益率（7）

表2-6-36(续)

指标类别（100）	基本指标及权重（100）	修正指标及权重
资产质量状况（22）	总资产周转率（10） 应收账款周转率（12）	存货周转率（9） 流动资产周转率（7） 资产现金回收率（6）
债务风险状况（22）	资产负债率（12） 利息保障倍数（10）	速动比率（6） 现金流动负债比率（6） 带息负债比率（5） 或有负债比率（5）
经营增长状况（22）	销售增长率（12） 资本扩张率（10）	营业利润增长率（10） 总资产增长率（7） 累计保留盈余率（5）

二、　分析要求

（1）计算该公司2015—2016年资料三所列的财务比率。

（2）运用沃尔综合评分法，按照基本指标，以表2-6-35中的良好值为标准，根据表2-6-35中指标权重计算2016年的总评分。

（3）对贵州茅台2016年的经济效益进行综合分析与评价。

参考文献

[1] 张新民，王秀丽. 解读财务报表——案例分析方法 [M]. 北京：对外经济贸易出版社，2003.

[2] 张先治. 财务分析 [M]. 大连：东北财经大学出版社，2003.

[3] 陈勇，弓剑炜，荆新. 财务管理案例较程 [M]. 北京：北京大学出版社，2003.

[4] 张利，魏艳华. 财务报告分析 [M]. 上海：上海财经大学出版社，2009.

[5] 李莉. 财务报表阅读与分析 [M]. 北京：清华大学出版社，2009.

[6] 王茜. 财务报表分析 [M]. 杭州：浙江大学出版社，2009.

[7] 袁天荣. 企业财务分析 [M]. 北京：机械工业出版社，2010.

企业财务报表分析实训

附录 A
2014—2016 年年度中国上市公司业绩评价标准

表 1　　　　　　　　　　　　　2014 年上市公司财务指标

比率	优秀值	良好值	平均值	较低值	较差值
一、偿债风险状况					
速动比率%	314.6	174.6	69.8	57.1	40.8
现金流动负债比（%）	50.6	30.1	12.7	−0.3	−9.8
利息保障倍数	21.1	8.9	4.1	1.6	0.5
资产负债率（%）	18	29.6	60.6	66	74.8
带息负债比率（逆向指标）	5.7	22.5	44.9	56	69.5
二、资产质量状况					
应收账款周转率	31.6	16	9.2	3.2	2
存货周转率	11.5	9	3.3	1.3	0.5
总资产周转率	1.2	1	0.7	0.3	0.2
流动资产周转率	2.9	2	1.4	0.5	0.4
三、财务效益状况					
营业利润率（%）	20.9	12	5.4	1.8	−1.3
总资产报酬率（%）	12.1	8.4	5.7	2.7	0.5
盈余现金保障倍数	3.4	2.5	1.4	0	−1.5
股本收益率（%）	63.8	50	30.5	5.8	−4.7
净资产收益率（%）	16.1	11.9	8.2	0.6	−2.7
四、发展能力状况					
营业收入增长率（%）	43.2	19.1	3.8	−4.6	−15.9
资本扩张率（%）	47.6	24.1	12	1.3	−4.2
累计保留盈余率（%）	61	54.6	43.3	15.1	1.7

比率	优秀值	良好值	平均值	较低值	较差值
三年营业收入平均增长率	34.1	18.7	7	0.6	-7.7
总资产增长率（%）	46	23.7	11.4	2.4	-4.1
营业利润增长率（%）	67.1	31.8	-0.8	-20.1	-56.6
五、市场表现状况					
市场投资回报率	96.1	72.1	43.3	14.6	1.4
股价波动率	66.1	82	123.8	165.6	200.4

表2　　　　　　　　　　　2015 年度中国上市公司业绩评价标准

比率	优秀值	良好值	平均值	较低值	较差值
一、偿债风险状况					
速动比率	317.1	187	74.3	62.4	48.1
现金流动负债比（%）	49.9	36.2	13.9	3	-7
利息保障倍数	51.1	13.6	3.6	1.9	0.3
资产负债率（%）	18.7	28.7	60.1	65.7	73.3
带息负债比率	13.6	30.7	50.9	64	75.6
二、资产质量状况					
应收账款周转率	28.1	14.6	8	3.1	1.8
存货周转率	11.1	8.5	2.8	1.2	0.5
总资产周转率	1.2	0.9	0.6	0.3	0.2
流动资产周转率	2.6	1.8	1.2	0.5	0.4
三、财务效益状况					
营业利润率（%）	21.9	15.7	5	1.6	-3
总资产报酬率（%）	12.3	8.9	5.1	2.6	-0.4
盈余现金保障倍数	4.2	2.8	1.7	0.2	-1.1
股本收益率（%）	66.1	47.1	23.7	2.4	-11.9
净资产收益率（%）	15.9	11.7	6	-1	-6.5
四、发展能力状况					
营业收入增长率（%）	50.4	23.5	-3.6	-16.6	-25.4
资本扩张率（%）	92.6	34	15.7	-0.2	-6
累计保留盈余率（%）	60.3	54.4	41.5	14.9	1.5
三年营业收入平均增长率	37.3	19.5	3.2	-5.2	-10.2
总资产增长率（%）	66.6	30.7	13.1	1	-3.4

表2（续）

比率	优秀值	良好值	平均值	较低值	较差值
营业利润增长率（%）	78.3	30.7	-9.4	-40.5	-71
五、市场表现状况					
市场投资回报率	144.1	109.9	68.4	26.8	7.1
股价波动率	121.7	141.6	181.3	221	249.6

表3　　　　　　　　　　　　2016 年度中国上市公司业绩评价标准

比率	优秀值	良好值	平均值	较低值	较差值
一、偿债风险状况					
速动比率（%）	340.2	201.2	80.4	68	56
现金流动负债比（%）	53.9	36.3	13.2	3.2	-7.3
利息保障倍数	76.7	16.5	4.4	2.4	1.2
资产负债率（%）	17.5	27.5	60.3	65.8	73.1
带息负债比率（逆向指标）	9.1	29.1	49.1	61.6	72.8
二、资产质量状况					
应收账款周转率	27.5	14.3	7.6	3	1.8
存货周转率	11.7	8.9	2.7	1.1	0.5
总资产周转率	1.1	0.9	0.6	0.3	0.2
流动资产周转率	2.6	1.8	1.2	0.5	0.4
三、财务效益状况					
营业利润率（%）	22.9	16.7	6.1	2.8	-0.5
总资产报酬率（%）	12.7	9	5.3	3.2	1.4
盈余现金保障倍数	4.1	2.8	1.6	0	-0.9
股本收益率（%）	62.8	46.8	25.2	6.2	-1.2
净资产收益率（%）	16.4	12.2	7	1.2	-1.6
四、发展能力状况					
营业收入增长率（%）	63.3	31.8	9.4	-1.9	-9.1
资本扩张率（%）	87.9	34.8	15.7	2.2	-1.6
累计保留盈余率（%）	60.1	53.2	40.1	15.1	1.3
三年营业收入平均增长率	42.2	21.4	3.8	-5.4	-10.5
总资产增长率（%）	68.1	35.8	15.5	2	-3.8
营业利润增长率（%）	95.4	48.9	12.7	-14.6	-53.6
五、市场表现状况					
市场投资回报率	35.8	21.3	3.9	-13.5	-22.5
股价波动率	45.5	55.1	81.6	108	131.6

235

附录 B

2014—2016 年年度中国上市公司分行业财务指标平均值

表 1 中国上市公司分行业财务指标平均值

指标		上市公司平均值	行业平均值						
			煤炭	钢铁	有色金属	石油石化	电力	机械	汽车
净资产收益率（%）	2014 年	7.81	5.96	0.39	-1.5	7.41	13.66	4.26	14.13
	2015 年	5.61	-0.36	3.23	-4.69	3.25	12.96	2.66	13.25
	2016 年	6.77	4.52	2.28	2.49	2.7	10.31	3.33	13.26
总资产报酬率（%）	2014 年	5.74	5.6	2.61	2.47	6.31	8.63	3.95	8.5
	2015 年	5.11	2.62	0.89	2.81	4.17	8.54	3.69	8.29
	2016 年	5.32	4.96	2.98	4.18	4.01	6.65	3.63	7.93
营业利润率（%）	2014 年	5.55	8.74	0.48	0.21	4.1	16.58	4.24	6.74
	2015 年	5.06	2.16	3.16	-5.15	3.20	19.11	3.69	6.61
	2016 年	6.14	8.79	1.72	2.18	3.36	15.7	5.14	6.56
盈利现金保障倍数	2014 年	1.61	1.73	13.92	0	2.94	2.43	0.87	0.85
	2015 年	2.2	39.45	3.16	2.60	4.04	2.42	1.18	0.89
	2016 年	1.88	3.43	5.9	2.89	4.77	2.45	0.87	0.59
股本收益率（%）	2014 年	39.84	42.05	6.38	-0.35	41.72	49.84	22.41	—
	2015 年	30.96	-4.76	22.67	3.89	22.41	47.75	16.76	—
	2016 年	34.9	30.11	10.69	13.95	15.88	37.99	16.74	—
总资产周转率	2014 年	0.75	0.48	0.87	1.01	1.2	0.33	0.55	1.10
	2015 年	0.64	0.34	0.87	0.76	0.88	0.28	0.52	1.02
	2016 年	0.61	0.37	0.66	0.89	0.83	0.26	0.44	1.00

表1（续）

指标		上市公司平均值	行业平均值						
			煤炭	钢铁	有色金属	石油石化	电力	机械	汽车
流动资产周转率	2014 年	1.52	1.75	2.47	2.33	4.68	2.68	0.82	1.98
	2015 年	1.3	1.28	2.47	1.82	3.47	2.33	0.77	1.86
	2016 年	1.19	1.38	2.09	2.17	3.10	2.08	0.69	1.78
应收账款周转率	2014 年	9.69	9.95	32.86	22.33	25.65	9.02	2.74	12.94
	2015 年	8.25	6.75	32.86	35.01	18.48	9.06	2.59	10.51
	2016 年	7.89	7.54	27.29	19.46	18.10	8.79	2.6	9.24
存货周转率	2014 年	3.21	11.01	5.46	6.39	9.46	13.84	2.53	9.84
	2015 年	2.74	8.88	5.46	6.08	7.69	10.24	2.34	9.39
	2016 年	2.64	9.03	5.2	6.09	8.05	10.25	2.43	9.85
资产负债率（%）	2014 年	60.75	51.65	66.06	58.82	52.17	66.24	58.1	55.63
	2015 年	60.36	54.72	47.94	44.67	48.16	65.15	56.73	56.11
	2016 年	60.47	52.31	66.73	56.3	47.49	64.89	60.83	57.31
已获利息倍数	2014 年	5.06	4.5	1.51	1.34	5.39	3.07	4.69	23.25
	2015 年	3.74	1.51	1.51	7.34	3.79	3.23	3.42	12.88
	2016 年	4.46	3.08	1.88	2.22	3.87	3.01	4.13	13.57
速动比率（%）	2014 年	69.66	82.67	37.01	70.01	45.21	38.8	103.92	96.1
	2015 年	73.47	77.5	55.62	169.0	57.34	39.75	105.62	98.28
	2016 年	79.23	74.19	37.29	69.63	65.11	40.3	99.91	104.13
现金流动负债比率（%）	2014 年	12.65	18.46	13.48	12.73	31.97	38.37	4.41	12.09
	2015 年	13.88	13.71	31.77	20.79	30.84	41.39	4.75	11.75
	2016 年	13.11	26.22	10.56	10.83	30.57	31.57	3.11	7.26
带息负债比率（%）	2014 年	45.45	54.37	50.93	62.08	49.65	73.46	34.85	20.7
	2015 年	51.38	64.06	-6.36	60.40	53.47	76.02	46.58	39.83
	2016 年	51.03	63.33	62.22	69.7	49.83	71.6	59.18	40.2
营业收入增长率（%）	2014 年	4.34	-13.35	-5.54	6.9	1.14	-1.27	7.28	12.45
	2015 年	-1.98	-22.46	-24.41	6.89	-22.23	-0.75	9.61	9.51
	2016 年	10.52	11.65	10.38	10.39	-1.14	0.31	11.55	20.13
资本扩张率（%）	2014 年	12.45	5.05	4.37	6.26	5.77	13.8	13.18	14.93
	2015 年	16.96	-0.03	0.09	25.50	12.19	16.3	19.54	17.60
	2016 年	18.07	5.94	10.27	19.23	8.18	11.52	27.3	21.29

237

指标		上市公司平均值	行业平均值						
			煤炭	钢铁	有色金属	石油石化	电力	机械	汽车
累计保留盈余率（%）	2014 年	43.83	48.86	31.36	31.11	60.10	34.84	32.69	54.24
	2015 年	42.27	45.6	31.36	3.74	56.67	35.08	32.74	54.43
	2016 年	40.98	48.12	18.89	26.73	53.27	34.52	30.27	53.14
三年营业收入增长率（%）	2014 年	7.12	-2.49	-3.82	9.28	5.35	5.08	4.29	10.62
	2015 年	3.77	-14.51	-3.82	15.14	-5.98	1.57	7.48	12.97
	2016 年	4.25	-9.36	-8.03	4.39	-8.00	-0.24	9.39	13.96
总资产增长率（%）	2014 年	12.15	8.49	4.73	8.14	7.2	6.41	14.79	17.28
	2015 年	15.69	6.79	4.73	13.99	3.42	8.82	18.25	19.14
	2016 年	18.94	2.25	8.56	15.07	6.86	10.43	40.53	24.7
营业利润增长率（%）	2014 年	0.17	-33.22	2.19	-87.43	-9.49	11.14	5.45	7.51
	2015 年	-12.37	-80.98	2.19	-243.37	-39.9	13.52	-10.14	6.28
	2016 年	30.69	265.52	0	0	3.54	-17.31	40.26	19.57
市场投资回报率（%）	2014 年	44.68	34.69	82.6	47.89	39.09	70.76	46.76	50.96
	2015 年	74.18	-0.27	76	36.16	74.77	36.54	73.98	82.57
	2016 年	5.21	2.05	1.44	9.84	14.04	-4.58	5.37	10.98
股价波动率（%）	2014 年	124.99	116.1	167.73	130.5	120.54	148.9	132.6	134.95
	2015 年	9.26	3.42	167.73	172.63	183.54	157.71	187.82	180.9
	2016 年	82.91	85.8	81.92	94.95	89.02	62.81	84.26	90.07

表 2 中国上市公司分行业财务指标平均值

指标		上市公司平均值	行业平均值					
			农林牧业	环保行业	建筑	房地产	医药	信息技术
净资产收益率（%）	2014 年	7.81	3.32	9.3	11.47	10.45	10.77	6.75
	2015 年	5.61	5.49	7.14	6.00	9.46	10.6	6.94
	2016 年	6.77	11.73	8.94	1.43	10.54	10.29	5.16
总资产报酬率（%）	2014 年	5.74	4.77	7.02	4.15	4.67	10.77	5.31
	2015 年	5.11	6.20	7.11	4.70	5.00	9.25	5.81
	2016 年	5.32	9.44	7.08	5.46	5.00	9.24	5.56
营业利润率（%）	2014 年	5.55	2.56	12.59	3.72	15.76	9.23	5.41
	2015 年	5.06	3.81	14.00	4.28	13.11	9.72	5.43
	2016 年	6.14	7.44	14.04	6.19	13.49	10.17	6.00

表2(续)

指标		上市公司平均值	行业平均值					
			农林牧业	环保行业	建筑	房地产	医药	信息技术
盈利现金保障倍数	2014 年	1.61	1.48	0.58	0.82	−0.73	0.74	2.69
	2015 年	2.2	2.02	0.16	2.2	0.03	0.8	2.30
	2016 年	1.88	1.15	0.55	1.91	1.07	0.83	1.40
股本收益率(%)	2014 年	39.84	16.27	—	56.41	57.05	59.81	33.22
	2015 年	30.96	24.49	—	41.70	52.56	58.35	37.07
	2016 年	34.9	45.14	—	42.87	60.04	54.77	27.85
总资产周转率	2014 年	0.75	1.03	0.43	0.83	0.26	0.87	0.67
	2015 年	0.64	1.00	0.38	0.61	0.24	0.8	0.63
	2016 年	0.61	1.00	0.38	0.59	0.28	0.77	0.60
流动资产周转率	2014 年	1.52	2.06	0.82	1.11	0.29	1.46	1.51
	2015 年	1.30	2.12	0.82	1.06	0.32	1.35	1.39
	2016 年	1.19	2.11	0.76	1.02	0.33	1.33	1.16
应收账款周转率	2014 年	9.69	20.95	2.71	5.37	23.77	5.78	5.14
	2015 年	8.25	22.08	3.09	5.78	25.2	5.39	4.87
	2016 年	7.89	19.82	2.75	15.35	22.63	3.96	4.54
存货周转率	2014 年	3.21	4.32	2.54	2.26	0.27	4.23	6.06
	2015 年	2.74	4.74	4.68	2.25	0.33	3.5	5.54
	2016 年	2.64	5.08	2.36	7.64	0.35	5.13	5.03
资产负债率(%)	2014 年	60.75	46.8	52.01	80.33	75.4	42.21	52.65
	2015 年	60.36	41.30	45.55	65.94	65.08	44.69	51.29
	2016 年	60.47	43.08	52.38	52.52	77.26	40.29	48.75
已获利息倍数	2014 年	5.06	3.3	6.05	4.35	8.7	11.7	6.47
	2015 年	3.74	4.33	15.51	2.79	4.37	9.06	6.86
	2016 年	4.46	8.12	6.45	7.77	4.82	10.46	5.94
速动比率(%)	2014 年	69.66	77.77	98.32	67.87	41.11	127.09	77.01
	2015 年	73.47	88.40	139.17	70.78	46.2	116.62	83.09
	2016 年	79.23	92.46	98.79	143.56	54.64	139.63	133.6
现金流动负债比率(%)	2014 年	12.65	10.05	6.55	2.96	−3.77	13.81	20.16
	2015 年	13.88	23.49	11.68	9.23	−2.73	13.22	19.42
	2016 年	13.11	22.65	6.21	8.15	5.35	15.99	14.91

指标		上市公司平均值	行业平均值					
			农林牧业	环保行业	建筑	房地产	医药	信息技术
带息负债比率（%）	2014 年	45.45	60.37	43.15	34.32	45.3	37.99	63.22
	2015 年	51.38	58.44	46.19	49.68	46.39	46.65	37.84
	2016 年	51.03	57.08	42.28	38.56	44.79	45.55	52.78
营业收入增长率（%）	2014 年	4.34	1.94	23.01	10	24.5	14.21	6.13
	2015 年	-1.98	2.7	41.07	-0.95	42.11	15.07	11.27
	2016 年	10.52	22.32	21.58		30.76	17.48	33.05
资本扩张率（%）	2014 年	12.45	15.01	24.03	19.6	16.37	20.92	15.57
	2015 年	16.96	22.18	40.90	12.10	76.54	24.72	24.72
	2016 年	18.07	26.62	21.05	29.53	20.95	27.3	26.50
累计保留盈余率（%）	2014 年	43.83	28.9	34.53	42.39	50.47	45.15	26.64
	2015 年	42.27	29.42	-25.17	43.45	24.81	45.25	28.56
	2016 年	40.98	33.54	36.18	-13.25	46.9	44.41	25.41
三年营业收入增长率（%）	2014 年	7.12	6.22	18.72	11.3	23.37	17.19	10.05
	2015 年	3.77	4.03	22.92	7.82	22.59	15.81	9.76
	2016 年	4.25	8.95	22.32	14.50	27.75	15.03	25.66
总资产增长率（%）	2014 年	12.15	10.36	33.86	15.17	16.91	19.65	12.82
	2015 年	15.69	13.34	67.29	11.59	148.69	30.31	22.98
	2016 年	18.94	30.41	30.38	22.26	24.77	23.48	36.99
营业利润增长率（%）	2014 年	0.17	16.23	32.19	12.98	0.53	16.81	45.50
	2015 年	-12.37	33.65	40.70	-21.79	17.43	18.53	6.28
	2016 年	30.69	136.25	15.44	18.35	34.33	17.83	53.42
市场投资回报率（%）	2014 年	44.68	25.35	31.61	67.22	62.72	29.29	51.52
	2015 年	74.18	81.76	58.04	57.70	77.31	65.14	112.7
	2016 年	5.21	9.77	1.33	15.47	1.31	65.14	6.97
股价波动率（%）	2014 年	124.99	113.8	71.11	144.47	141.07	100.66	138.39
	2015 年	182	178.09	165.27	169.5	186.59	163.79	216.29
	2016 年	82.91	81.88	66.88	90.57	76.08	163.79	93.02

240

附录 C
基础训练参考答案

模块一　偿债能力分析

【参考答案】

一、单项选择题

1. C　　2. B　　3. D　　4. A　　5. C　　6. B　　7. A　　8. B　　9. C

10. A　　11. A　　12. B　　13. C　　14. B　　15. A　　16. C

二、多项选择题

1. ABCD　　2. ABC　　3. ABDE　　4. AB　　5. ACD

6. ABD　　7. ACD　　8. BD

三、判断题

1. √　　2. ×　　3. √　　4. √　　5. √　　6. ×　　7. ×　　8. ×

模块二　营运能力分析

【参考答案】

一、单项选择题

1. C　　2. C　　3. B　　4. C　　5. D　　6. C　　7. C　　8. C　　9. D

10. C　　11. A

二、多项选择题

1. ABC　　2. CD　　3. ABC　　4. BCE　　5. ABC

6. ABC　　7. ABC　　8. BD

三、判断题

1. √　　2. ×　　3. √　　4. ×　　5. ×　　6. √　　7. ×　　8. ×　　9. ×

10. ×

模块三　盈利能力分析

【参考答案】

一、单项选择题

1. B　　2. B　　3. A　　4. CD　　5. B　　6. C　　7. C　　8. C　　9. D

二、多项选择题

1. CD　　　　2. BCD　　　　3. ABC　　　　4. BD　　　　5. CDE

6. ACD　　　7. AB　　　　8. AD　　　　9. ABCD

三、判断题

1. √　　2. ×　　3. √　　4. √　　5. ×　　6. ×　　7. √　　8. ×　　9. ×

10. √

模块四　获现能力分析

【参考答案】

一、单项选择题

1. A　　2. B　　3. A　　4. C　　5. C　　6. B　　7. D　　8. A　　9. C

二、多项选择题

1. BD　　　　2. ABCD　　　　3. ACE　　　　4. BC　　　　5. ABC

6. ACDE

三、判断题

1. ×　　2. ×　　3. ×　　4. ×　　5. ×

模块五　发展能力分析

【参考答案】

一、单项选择题

1. A　　2. A　　3. B　　4. D　　5. B　　6. C　　7. C　　8. B

二、多项选择题

1. ABCD　　2. AB　　　　3. ABDE　　　4. ABCD　　　5. AC

三、判断题

1. ×　　2. ×　　3. ×　　4. √　　5. ×　　6. √　　7. √　　8. √　　9. ×

模块六　综合分析

【参考答案】

一、 单项选择题

1. A　　2. D　　3. C　　4. C　　5. B　　6. D　　7. C

二、 多项选择题

1. ABC　　2. AD　　3. ABD　　4. ACD　　5. ABC

6. BC

三、 判断题

1. ×　　2. √　　3. ×　　4. √　　5. ×　　6. √　　7. √